金茂法律丛书

# 城市建设类国有企业全流程实务指引

张莹琳◎著

法律出版社
LAW PRESS·CHINA
北京

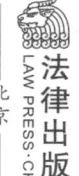

图书在版编目（CIP）数据

城市建设类国有企业全流程实务指引 / 张莹琳著.
北京：法律出版社，2025. -- （金茂法律丛书）.
ISBN 978-7-5197-9456-9

Ⅰ. D922.291.91

中国国家版本馆 CIP 数据核字第 2024P00B26 号

| 城市建设类国有企业全流程实务指引 | 张莹琳 著 | 策划编辑 肖 越 |
| --- | --- | --- |
| CHENGSHI JIANSHELEI GUOYOU QIYE QUANLIUCHENG SHIWU ZHIYIN | | 责任编辑 肖 越 |
| | | 装帧设计 马 帅 臧晓飞 |

| 出版发行 | 法律出版社 | 开本 | 710 毫米×1000 毫米 1/16 |
| --- | --- | --- | --- |
| 编辑统筹 | 法商出版分社 | 印张 | 17.5　字数　267 千 |
| 责任校对 | 张翼羽 | 版本 | 2025 年 3 月第 1 版 |
| 责任印制 | 胡晓雅 | 印次 | 2025 年 3 月第 1 次印刷 |
| 经　　销 | 新华书店 | 印刷 | 三河市龙大印装有限公司 |

地址：北京市丰台区莲花池西里 7 号（100073）
网址：www.lawpress.com.cn　　　　　　　销售电话：010-83938349
投稿邮箱：info@lawpress.com.cn　　　　　客服电话：010-83938350
举报盗版邮箱：jbwq@lawpress.com.cn　　　咨询电话：010-63939796
版权所有·侵权必究

书号：ISBN 978-7-5197-9456-9　　　　　　定价：78.00 元

凡购买本社图书，如有印装错误，我社负责退换。电话：010-83938349

# 金茂律师著述倾听市场关切（总序）

金茂律师专业著作一本又一本、一批又一批陆续出版发行，令人欣喜。

金茂律师事务所建所以来，每隔五年，出版一本金茂律师文集，回顾总结五年间金茂律师法律服务优秀专业成果，记录金茂律师的不俗业绩和执业经验。

金茂律师在为当事人服务中，在不同领域培养了一批专业团队，不仅专业水准高超，且专业著作频出，形成了金茂律师专业著作系列。如金茂环境专业委员会单独或与复旦大学、华东理工大学等高校专家教授合作，自2015年以来的九年间，出版发行了《非公有制企业经营管理法律知识及风险以案释法读本》《HSE法治热点面对面》《企业环境法律风险管理实务》《企业环境健康安全风险管理》《ESG理论与实务》《环境法律实务——争议解决与合规发展》六部专著，在生态环境、员工健康、公共安全领域形成了系统性研究成果。

自2021年以来，金茂法律丛书系列已陆续出版了《外商投资法律实务》《科创企业运营与上市法律实务》《建设工程全流程实务指引——基于司法裁判的大数据分析》《房地产全流程实务指引——基于司法裁判的大数据分析》《城市更新法律实务指引——基于上海城市更新的探索与实践》《数据与个人信息疑难问题法律指引》《行政法律实务笔记》等专著，目前又有两部专著即将出版发行。

本次出版发行的金茂法律丛书，包括由韩春燕、张莹琳、袁青、林烽、李文一律师撰写的《合作实施城市更新法律实务指引——基于上海的探索与实践》，张莹琳律师撰写的《城市建设类国有企业全流程实务指引》。这使得丛书又有了新的视角和主题，是有关上海这座特大型国际大都市城市更新合作开发的重大课题，以及城市建设类国有企业全流程的法律观察和实践思考，从实务操作的角度来回应市场关注热点。

倾听市场关切，凭借丰富的实践案例和经验，以实务类法律著作给出解答，金茂律师创作著述已入佳境。金茂已有众多律师构成了著书立说的群体，而源源不断的高质量法律服务实践，为著述提供永不枯竭的创作源泉。金茂律师的创作热情，会催生更多更好的律师专著。

希望更多的金茂律师参与出版发行更多更优秀的金茂法律丛书，不断提高律师法律服务的专业水平和执业能力，更好地服务当事人，服务社会，引领法律服务业发展。

上海市金茂律师事务所创设律师、合伙人

吴伯庆

2024年6月

# 序一　法治之光照亮城市建设前行之路

在法治星空中,每一位法律从业者都是孜孜不倦的探索者,他们手捧法律之光,照亮前行之路,为社会和谐与发展铺设坚实的基石。张莹琳律师以其丰富的实践经验,以及不懈的探索精神,在法治星空中绽放出了独特的光芒。

我与张律师,既是同事,又是志同道合的朋友。我于2007年踏入了金茂律师事务所,张律师约于2017年加入金茂所的行列,我有幸见证了张律师的成长与蜕变。在这几年的多个项目合作中,张律师作为事务所的中坚力量,凭借着自己的专业知识和不懈奋斗,取得了令人瞩目的成绩,不仅赢得了广泛赞誉,也为金茂所增添了新的光彩。她的才华和努力有目共睹,她的每一次突破,都让我们深感骄傲与自豪,成为许多青年律师的榜样。

张律师深知法律的力量,更明白作为一名法律人的责任与担当。如今,张律师将其多年的心血结晶——《城市建设类国有企业全流程实务指引》一书呈现在我们面前。这本书不仅是对她这些年服务国企、地产等项目的经验总结,更是她对城市建设类国有企业法律实务的深刻洞察和独到见解。

本书是一幅城市建设类国有企业法律实务的全景画卷。从土地整治到房地产合作开发,从招投标到建设工程,再到资产运营,几乎涵盖了城市建设类国有企业全流程的各个环节。书中,她以严谨的逻辑、清晰的条理,将城市建设类国有企业的全流程实务娓娓道来,为我们揭示了一个又一个法律难题的破解之道,是对城市建设类国有企业法律风险的深度剖析与精准指引。

法律的生命不在于逻辑,而在于经验。张律师的这本书,正是对这一理念的生动诠释。她不仅从理论层面对城市建设类国有企业的法律风险进行了深入剖析,更从实践层面为读者提供了宝贵的经验和策略。张律师在书中不仅传授了法律知识,还传递了一种法律人的精神和态度。她强调法律服务的专业性与严谨性，同时也注重与客户的沟通与协作，力求在法律的框架内为客户寻求最佳解决方案。这种以客户为中心的服务理念，正是现代法律服务业所倡导的。

回顾张律师的过往作品，无论是内容的深度还是广度，都赢得了业界的广泛好评。本书不仅是她个人职业生涯的一次总结，更是对我们金茂所多年来法律服务经验的传承和发扬。在阅读这本书的过程中，我仿佛看到了张律师在金茂所与同事们携手进步的点点滴滴，这些年共同创造的丰硕成果都深深地印刻在了这本书的字里行间。愿这本书能够成为城市建设类国有企业法务工作者的案头必备，为他们的日常工作提供有力的支持和帮助。

法律乃公正与善良之术，张莹琳律师以其卓越的法律才华和不懈的探索精神，为我们呈现了一部法律与城市建设相结合的佳作。愿张莹琳律师在法律的道路上继续前行，不断攀登新的高峰。在法治的道路上，希望每一位读者都能从这本书中汲取法律的智慧与力量，如张律师一般，怀揣法律之梦，勇往直前，共同为中国法治社会的建设贡献自己的力量。

袁春

2025 年 1 月

# 序　二

有缘结识张莹琳律师十多年，并有幸曾共事多载，见证了她从一位初出校门、充满激情的年轻律师逐步成长为一名专业精湛、深受客户信赖的房地产建筑领域合伙人。这既有中国房地产发展大潮的驱动、机缘巧合的名师指引，更重要的原因是她持之以恒的勤奋、专注与自律。

作为张律师房地产建筑领域全程流系列专业实务书籍的第三本专著（另外已出版的两本分别是《建设工程全流程实务指引——基于司法裁判的大数据分析》和《房地产全流程实务指引——基于司法裁判的大数据分析》），本书将理论与实践紧密结合，以城建类国有企业为切入视角，每一章节的内容都源于对大量实际案例的深入分析与总结，同时又紧密结合前沿法律法规与政策导向。例如，在探讨城市建设类企业的融资模式时，本书不仅详细介绍了特许经营、PPP、专项债、F+EPC、XOD类运作模式以及公募REITs等常见模式的概况，还深入剖析了这些模式在实际操作中可能遇到的法律风险，并提出了切实可行的风险防控对策。在委托代建的探讨中，辨析了委托代建类型、合同法律性质、合同效力影响因素等核心问题，为城市建设类企业在委托代建过程中提供了明确的法律指导。在资产运营的篇章里，深入剖析了城市建设类企业资产运营模式的选择与法律风险，以及定建租赁模式的法律性质与风险防控，为城市建设类企业提供了有力的法律支持。

众所周知，目前中国房地产行业正处于深度调整的大周期中，城市建设类企业同样面临众多困难和挑战，也产生了大量法律纷争。本书的出版恰逢其时，不仅能够成为城市建设类国有企业在日常运营中的实用工具，更能够为其项目合作与转让、争议解决以及化解复杂矛盾提供法律助力。

我深信，在中国这样一个发展中大国，城市建设仍将会扮演重要角色，房地产建筑领域专业律师仍会有大量业务机会。当然,因循守旧、刻舟求剑、随波逐流式的法律服务方式一定会被淘汰。在这个关键时刻,张律师铆足定力在专业领域持续深耕,必将会迎来自己职业生涯发展的新阶段,并取得更高的专业成就。

中伦律师事务所合伙人

2025 年 1 月

# CONTENTS 目 录

## 第一章 城市建设类国有企业及相关概念概述

001 | 第一节 城市建设类企业的认定与识别
001 | 一、城市建设类企业的产生背景
001 | 二、城市建设类企业的分类
003 | 第二节 城市建设类国有企业的认定与识别
003 | 一、国有企业立法背景
004 | 二、国有企业的概念由来
005 | 三、国有企业概念的争议与分歧
007 | 四、立法重心的转移：从"国有企业"到"国家出资企业"
007 | 五、"国有企业"下位概念的界定
008 | 六、法律法规梳理
011 | 七、结论

## 第二章 城市建设类企业与融资

012 | 第一节 常见融资模式概述
012 | 一、基础设施投融资项目的三类主体
013 | 二、常见的基础设施投融资模式
019 | 第二节 特许经营模式概述
019 | 一、特许经营模式概况

025 | 二、特许经营运行流程

028 | 三、风险

030 | 四、风险对策

031 | 第三节　PPP 概述

031 | 一、PPP 模式概况

034 | 二、PPP 创新模式

035 | 三、PPP 模式的制度冲突

036 | 四、PPP 模式的法律风险

042 | 第四节　专项债模式概述

042 | 一、专项债模式概况

044 | 二、专项债发行制度

046 | 三、专项债使用方式

047 | 四、专项债模式的法律风险与对策

049 | 第五节　F+EPC 模式概述

049 | 一、F+EPC 模式概述

049 | 二、《工程总承包管理办法》出台后 F+EPC 实施流程

052 | 三、F+EPC 模式的法律风险

053 | 四、F+EPC 模式法律风险防控

054 | 第六节　XOD 类运作模式概述

054 | 一、XOD 类模式概况

055 | 二、TOD 运作模式

058 | 三、EOD 运作模式概况

061 | 第七节　公募 REITs 概述

061 | 一、公募 REITs 概况

061 | 二、公募 REITs 法律风险

062 | 三、公募 REITs 的法律风险对策

064 | 四、发行过程中需重点关注的问题

065 | 五、可探索方案

## 第三章 城市建设类企业与土地整治

067 | 第一节　土地招拍挂概述
067 | 一、土地招拍挂出让制度概述
068 | 二、我国现行土地使用权出让的方式及特点

071 | 第二节　土地分类及土地性质变更
071 | 一、土地类型的划分
073 | 二、其他土地相关概念
075 | 三、土地性质变更审批程序
076 | 四、关于土地性质变更规则梳理

079 | 第三节　土地一二级联动开发
079 | 一、土地一二级联动开发的背景
080 | 二、一二级联动开发模式的优势
081 | 三、一二级联动开发模式存在的风险

082 | 第四节　上海市建设项目涉及土地房屋征收全流程
082 | 一、征地前期工作阶段
085 | 二、农转用征收报批和核发供地批文阶段
085 | 三、农转用征收批后阶段
087 | 四、验收登记阶段

088 | 第五节　城市更新中的土地政策
088 | 一、城市更新中土地的概况
089 | 二、城市更新土地政策的现状——以上海为例
090 | 三、城市更新土地政策的未来发展

## 第四章　城市建设类企业与房地产合作开发

091 | 第一节　房地产合作开发概述
091 | 一、相关法律规定
091 | 二、常见的房地产合作开发模式
094 | 三、名为"房地产合作开发"合同的司法实务认定
097 | 第二节　国有企业的房地产合作开发法律风险防控——国资规范视角
097 | 一、关于合作方选择的法律风险及风险防控
099 | 二、关于非货币出资的风险及风险防控
100 | 三、关于合作方违约的风险及风险防控
105 | 四、关于项目公司的控制风险及风险防控
108 | 五、项目公司的不当关联交易风险及风险防控
109 | 六、派驻项目公司人员违反竞业禁止义务的风险及风险防控
110 | 七、通知时限与"公司僵局"风险及风险防控
111 | 八、关于投资退出的风险及风险防控
112 | 第三节　国有企业的房地产合作开发法律风险防控——小股东视角
112 | 一、国企作为小股东在实践中的常见问题
113 | 二、国企作为小股东权益受侵害的情形
114 | 三、国企作为小股东保护的预防与制约
118 | 第四节　国有企业房地产合作开发项目的建设管理风险防控
119 | 一、目标成本控制
121 | 二、规划设计管理
122 | 三、项目招标采购管理
123 | 四、安全生产管理
125 | 五、工程目标管理和质量管理
126 | 六、管理费用与营销管理
127 | 七、财务费用管理
128 | 八、运营管理

## 第五章　城市建设类企业与招投标

131 | 第一节　招投标概述
131 | 一、招投标法律体系
132 | 二、国有企业招投标的特殊规定
132 | 三、招投标与国有企业采购、政府采购的关系
133 | 四、招投标与其他竞争性采购方式的辨析
134 | 第二节　必须招标的项目范围
135 | 一、必须招标的项目范围
137 | 二、依法必须进行招标的工程建设项目
139 | 三、必须招标项目范围的常见问题
141 | 第三节　招投标常见问题解析
141 | 一、招标中的常见问题
145 | 二、投标中的常见问题
147 | 三、合同签订、履行与变更中的常见问题
149 | 四、招投标中涉及的法律责任
153 | 第四节　国有企业的招投标合规管理
153 | 一、国有企业招投标合规管理制度的架构体系
154 | 二、国有企业招投标合规体系的建设

## 第六章　城市建设类企业与建设工程

156 | 第一节　施工总承包合同中发承包双方均应重视的条款
156 | 一、应注意"签约合同价与合同价格形式"条款的审查
157 | 二、应注意"工程质量"条款的审查
158 | 三、应注意"工期条款"的审查
161 | 四、应注意"支付条款"的审查
162 | 五、应注意"变更条款"的审查
163 | 六、应注意"竣工结算"条款的审查

165 | 七、应注意"违约条款"的审查

166 | 八、争议解决条款

166 | 第二节　施工总承包合同中发包方应特别重视的条款

166 | 一、承包方主体和履约能力审查

168 | 二、应注意对招标文件的审核

168 | 三、应注意对"工程承包范围"的审查

169 | 四、应注意对项目经理、监理人权限的审查

170 | 第三节　施工总承包合同中承包人应特别重视的条款

170 | 一、应注意验收条款的审查

171 | 二、缺陷责任期与质量保证条款

172 | 三、应注意工程保险条款的审查

172 | 四、应注意涉税条款

172 | 五、合同签订后的履约管理

173 | 第四节　工程总承包模式要点梳理

173 | 一、《总承包管理办法》要点梳理

174 | 二、发包阶段的合规性问题及建议

175 | 三、建设单位要求的深度问题及建议

176 | 四、工程总承包单位资质要求及限制

177 | 五、工程总承包一般采取总价合同形式

178 | 六、总承包单位可分包类型

179 | 第五节　工程总承包合同(示范文本)重点条款解读

180 | 一、新设《发包人要求》《项目清单》《价格清单》

181 | 二、细化联合体模式承包工程

182 | 三、修改设计文件的审查机制

183 | 四、新增工程师角色

184 | 五、设置现场负责人

184 | 六、工期不再分别约定设计、施工等期限,注重衔接

185 | 七、发承包双方合理分担风险

187 | 八、通过发包人行使变更权、接受承包人的合理化建议发出变更指示等程序要件,界定是否构成变更

188 | 九、发包人未按约提供支付担保情形下承包人有合同解除权

189 | 十、区分税率,细化合同价格组成

189 | 十一、提升承包人基于工程总承包合同的赔偿最高限额,将工程总承包商的风险限定在可预见的合理范围之内

189 | 十二、理顺了竣工验收相关条款的顺序,细化竣工试验、竣工验收条件、程序和退场要求

190 | 十三、引入 FIDIC 争议评审机制,多元化解决争议,降低争议解决成本

191 | 第六节　发承包人签订工程总承包合同的要点

191 | 一、应注意签约合同价与合同价格形式审查

192 | 二、应注意变更、调整条款的审查

193 | 三、应注意付款和发票开具

194 | 四、应注意发包人要求条款

195 | 五、应注意工程师条款

196 | 六、应注意联合体条款

197 | 七、应注意承包人建议书条款审查

198 | 八、应注意发包人代表条款

198 | 九、设计、采购、施工负责人条款

199 | 十、应注意审查分包人条款

200 | 十一、应注意审查发包人代表的权限条款

201 | 十二、工程总承包项目经理的授权范围及相关违约责任

202 | 十三、担保条款

202 | 十四、竣工验收条款

203 | 十五、工程概况及审批手续取得情况

204 | 十六、应注意项目清单和价格清单

205 | 十七、应注意关于施工过程中完成的知识产权归属认定问题

205 | 十八、应注意关于发包人提供基础资料的义务与工期条款

206 | 十九、应注意关于承包人现场勘查的合同义务

207 | 二十、应注意材料及工程设备所有权的转移问题
207 | 二十一、应注意关于工程照管与交接

# 第七章 城市建设类企业与委托代建

209 | 第一节　委托代建类型及相关概念辨析
209 | 一、委托代建的产生背景
209 | 二、法律法规梳理
211 | 三、委托代建的类别
214 | 四、政府代建、商业代建和资本代建的比较
215 | 五、委托代建与项目管理的区别
216 | 六、委托代建与工程总承包的区别
216 | 第二节　委托代建合同的法律性质辨析
217 | 一、民事合同与行政合同之争
218 | 二、建设工程合同、房地产开发经营合同与委托合同之争
221 | 第三节　影响委托代建合同效力的因素辨析
221 | 一、资质要求对代建合同效力的影响
224 | 二、招标投标程序对代建合同效力的影响
227 | 第四节　委托代建合同中委托方的要点解析
227 | 一、代建方的选择
227 | 二、代建模式的选择
228 | 三、代建管理费的设置
229 | 四、业绩管理目标的制定
229 | 五、监管措施的制定
231 | 六、责任条款的制定
233 | 第五节　委托代建合同中代建方的要点解析
234 | 一、委托方的选择
234 | 二、项目可行性的预先分析

234 | 三、代建合同性质的约定

235 | 四、代建工作范围的细化

236 | 五、管理目标的设定

236 | 六、工程造价的管理

237 | 七、违约责任的风险规避

# 第八章 城市建设类企业与资产运营

239 | 第一节　城市建设类企业资产运营模式选择与法律风险解析

239 | 一、城市建设类企业发展背景

239 | 二、城市建设类企业特点与缺憾

240 | 三、城市建设类企业资产运营模式概述

248 | 第二节　城市建设类企业资产运营模式的法律风险

256 | 第三节　定建租赁模式概述及法律性质

256 | 一、定金租赁的概念

256 | 二、定建租赁的法律性质

258 | 第四节　定建租赁模式的法律风险防控

258 | 一、定建租赁合同的效力问题

259 | 二、设计标准的确定与变更

260 | 三、交叉施工的风险控制

261 | 四、设备调试与试生产的税收风险控制

261 | 五、关于定建房屋验收标准的特殊性

261 | 六、定建方对定建工程施工过程的监控、查验的权利及其限制

261 | 七、定建工程风险的承担约定

261 | 八、定建后的转让、出租风险

# 第一章　城市建设类国有企业及相关概念概述

## 第一节　城市建设类企业的认定与识别

### 一、城市建设类企业的产生背景

改革开放以来,随着新形势下经济发展及城镇化趋势速度加快,各地基础设施建设和城市管理面临全新挑战。为盘活城市资产及土地资源,许多城市都在城市建设模式上进行了调整,城市建设类的企业群体作为其中的一项重要内容迅速在许多城市出现,以助力解决城市建设资金不足但城市基础设施等质量亟待提升的现实问题。可以说,城市建设类企业是我国城镇化发展和未来城市经营的刚需,亦是城市资产运行、城建投融资、城市设施建设体制改革的必然结果。

相较于其他类型的企业,城市建设类企业对政府的财政和政策支持有较大依赖性,通常也能据此获得更多资源支持。在该背景下,城市建设类企业通过整合城市资源及优质资产,借力于政府提供的财政和政策支持等,大范围、多维度拓宽融资渠道,盘活资金及存量资产,并且通过积极大范围地介入土地收储、房地产开发等业务,以在长期内获得较高的投资回报。

### 二、城市建设类企业的分类

(一)以核心业务领域为依据划分

目前,城市建设类企业的核心业务主要集中在土地开发、环境、交通、股权投资四大板块,具体来说,在土地开发领域,城市建设类企业主要经营土地整理、一二级联动开发等业务;在环境领域,城市建设类企业主要经营固体垃圾处理、污水处理等业务;在交通领域,城市建设类企业主要经营道桥、停车场、给排水等业务。其中,市政收费道路和桥梁、土地整理开发、户外广告等业务,在建成后具有收费基础，因而得以取得合理利润并获得用于还贷的长期现金流；供水、供气、教育产业化、轻轨系统、污水处理厂、垃圾处理厂等业务，通常收费偏低，因此具备部分公益性，一般要通过政府适当贴息或政策优惠维持运营；而绿化、排水、学校、非收费式路桥等业务，一般属于无偿提供、无回报的公益性的业务成果，其开发投资的核心目的在于获取社会效益和环境效益，并不依赖于市场经营运作发挥调节作用。将前述业务领域进行细化，可以将城市建设类企业分为以下类别。

1. 城市综合开发运营类

主要从事土地整理、城市道路、城市广场、文化体育场馆、绿化等市政建设相关业务。

2. 交通运输类

主要负责投资开发建设高速公路、铁路、城市轨道交通、机场、跨行政区的国道和乡道，也可能包括部分快速路的建设业务。

3. 棚改、保障房开发类

主要负责保障性安居工程的建设，该业务得以区别于传统房地产企业，即主要涉及商品房，未涉及保障性安居工程的房地产企业。

4. 公用事业类

主要包括供水、污水处理、水利建设等水务类业务，供热、燃气供应相关等燃气类业务及综合公用类业务。

5. 能源类

主要包括电力供应板块业务，包括但不限于火力发电、水力发电、风力发电、生物发电等业务。

6. 文化旅游类

主要包括景区建设和运营，或其他文化娱乐建设板块投资等业务。

(二) 以资金来源为依据划分

1. 城市建设类民营企业

因城市开发及基础设施建设项目融资规模较大，民营企业以及背后的信托、私募机构在类似开发项目中的增信有限，前期融资成功但后期不具备长期现金流及匹配的偿还能力的案例不在少数，企业因项目超融、过度杠杆导致无法盘活的案例亦较为常见。前述局面均系市场各参与方对项目后期的销售预期信心不足、对民营企业在城市建设类及建设工作中的负荷能力存疑所致。但鉴于城市建设类项目总体盘量不断增多,市场逐渐释放出民营企业提高参与度的积极需求信号,民营企业在城市建设类项目中的角色得以重新定位。从中长期来看,城市建设类项目中民营企业的项目数量仍占据相当的比例,土地整备、利益统筹等各类大型项目均未排斥民营企业的参与;即便广州等地涉及城市改造的部分政策中明确了国企主导的制度,但依旧给民营企业预留了参与空间,实力充足的民营企业得以在城市建设类项目中发挥其机制灵活、熟悉市场运作等各方优势。

2. 城市建设类国有企业

国有企业在城市建设类项目中占据不可替代的重要地位。在城市建设类过程中,各交易环节均可能涉及政府融资、盘活国有资产等内容,对于政府政策落实、指令落地具有重要的执行作用,并且能满足各地政府借助相关项目刺激当地经济发展、带动当地就业等附加意义,因此前述社会责任的承担离不开国有企业的推动及引导。从宏观视角来看,城市建设类国有企业基于其国资背景及国有企业特有的管理制度,是得以按照国家目标任务和布局开展相关业务,发挥优化国有资本布局、促进国有资本合理流动的重要意义。相较于民营企业,城市建设类国有企业在认定识别、管理模式、组织决策等各方面均存在其独特性,故下节就城市建设类国有企业作进一步细化论述。

## 第二节 城市建设类国有企业的认定与识别

### 一、国有企业立法背景

我国现行法律、行政法规、部门规章尚未对"国有企业"进行明确界定,鉴于国有企业监督管理体系所涉及的部门众多,各部门监管重心与出发点不同,对国有企业及国有企业监管的认定范围也不尽相同。依照基本逻辑:主体定性决定交易定性、交易定性决定交易程序;企业作为交易标的或交易主体,判断是否需要适用国有企业管理规定或国有资产交易规则时,就必须准确界定其是否属于"国有企业"。在国有体系相对复杂的管理规范下,对"国有企业"的定义厘清和主体性质判断,是后续规则适用的首要前提。

**二、国有企业的概念由来**

"国有企业"的概念最早出现在 1993 年的《宪法修正案》(以下简称 1993 年《宪法修正案》)中。1993 年《宪法修正案》第 8 条将 1988 年《中华人民共和国宪法》(以下简称 1988 年《宪法》)第 16 条"国营企业在服从国家的统一领导和全面完成国家计划的前提下,在法律规定的范围内,有经营管理的自主权。国营企业依照法律规定,通过职工代表大会和其他形式,实行民主管理"修改为"国有企业在法律规定的范围内有权自主经营。国有企业依照法律规定,通过职工代表大会和其他形式,实行民主管理"。尽管"国有企业"与"国营企业"仅一字之差,但这一字的变动却反映了企业经营理念的更迭。

1978 年以前,我国实行的是计划经济体制,国营企业仅指全民所有制企业。在全民所有制企业的组织形式下,企业的全部财产属于全民所有,国家依照所有权和经营权分离的原则将国有资产授予企业经营管理,企业对国家授予其经营管理的财产享有占有、使用和依法处置的权利。全民所有制企业的全部产权都属于国家,企业的经营目标也是完成国家计划,因此以"国营企业"的概念指代全民所有制企业实至名归。但随着经济体制改革的深入,国营企业的经营机制发生了深刻的变革。1986 年 12 月 5 日,国务院作出《国务院关于深化企业改革、增强企业活力若干的规定》,提出全民所有制小型企业可积极试行租赁、承包经营,全民所有制大中型企业要实行多种形式的经营责任制,各地可以选择少数有条件的全民所有制大中型企业进行股份制试点。1992 年,以党的十四大提出的"建立和完善社会主义市场经济体制"为契机,全民所有制企业的股份制开始积极试点。1992 年《全民所有制工业企业转换经营机制条例》第 2 条规定:"企业转换经营机制的目标是:使企业适应市场的要求,成为依法自主经营、自负盈亏、自我发展、自我约束的商品生产和经营单位,成为独立享有民事权利和承担民事义务的企业法人。"此后,除极少数必须由国家独资经营的企业外,大部分全民所有制企业开始按照"产权清晰、权责明确、政企分开、管理科学"的要求,逐渐引入民营资本。

随着全民所有制企业改革的推行,企业原有的国家经营方式逐渐被股份制经营所代替,"国营"的概念已经难以与企业改革的要求相适应。在这一背景下,1993 年《宪法修正案》将 1988 年《宪法》第 16 条中的"国营企业"改为"国有企业"。

### 三、国有企业概念的争议与分歧

随着"国有企业"的概念被《宪法》采纳,一个新的问题又浮出水面。全民所有制企业的全部财产属于国家,因此全民所有制企业无论是被称为"国营企业"还是"国有企业"都是当之无愧的。但是,在股份制改革后,国家以控股的形式参与企业经营管理,企业股东既包括国有投资主体,也包括民资背景的投资者,这种混合所有制的企业还能称作"国有企业"吗?国有资本的比例达到多少时才能称为"国有企业"呢?由于宪法和其他法律都语焉不详,导致理论界和实务界对于"国有企业"的界定产生了巨大的争议。限于篇幅,本节仅列举几种代表性观点。

(一) 全民所有制企业说

1998年,国家统计局、国家工商行政管理总局制定的《关于划分企业登记注册类型的规定》第3条规定:"国有企业是指企业全部资产归国家所有,并按《企业法人登记管理条例》规定登记注册的非公司制的经济组织。不包括有限责任公司中的国有独资公司。"值得注意的是,国家统计局、国家工商行政管理总局于2011年9月30日颁布《关于划分企业登记注册类型的规定调整的通知》未对该项规定作出任何修改。依据这一观点,国有企业仅包括未完成股份制改革的全民所有制企业,而不包括采取公司制的国有独资公司、国有资本控股公司和国有资本参股公司。

(二) 国有资本控制力说

2003年,公安部曾发函征求财政部和国家统计局关于如何认定"国有企业"的意见。财政部在复函中认为应从以下两个方面认定"国有公司、企业":第一,从企业资本构成的角度看,"国有公司、企业"应包括企业的所有者权益全部归国家所有,并属《企业法》调整的各类全民所有制企业、公司(指《公司法》颁布前注册登记的非规范公司),以及《公司法》颁布后注册登记的国有独资公司,由多个国有单位出资组建的有限责任公司和股份有限公司。第二,从企业控制力的角度看,"国有公司、企业"还应涵盖国有控股企业。其中,对国有股权超过50%的绝对控股企业,因国有股权处于绝对控制地位,应属"国有公司、企业"范畴;对国有股权处于相对控股的企业,因股权结构、控制力的组合情况相对复杂,如需纳入"国有公司、企业"范畴,须认真研究提出具体的判断标准。按照这一观点,应从资本构成和控制力两个角度来界定国有企业,即所有者权益全部归国家所有的企业、国有股权超过50%的绝对控股企业、国有股权虽未超过50%但国有资本具有控制力的企业均属于"国有企业"范畴。我们可以将财政部的观点概括为"国有资本控制力说",即国有资本实际控制的企业均属于"国有企业"。

(三)区分说

针对前述公安部的征询函,国家统计局亦曾复函答复,认为国有企业有广义、狭义之分。广义的国有企业是指具有国家资本金的企业,可分为三个层次:第一个层次,纯国有企业,包括国有独资企业、国有独资公司和国有联营企业三种形式,企业的资本金全部为国家所有。第二个层次,国有控股企业。根据国家统计局《关于统计上国有经济控股情况的分类办法》的规定,国有控股包括国有绝对控股和国有相对控股两种形式。国有绝对控股企业是指在企业的全部资本中,国家资本(股本)所占比例大于50%的企业。国有相对控股企业(含协议控制)是指在企业的全部资本中,国家资本(股本)所占的比例虽未大于50%,但相对大于企业中的其他经济成分所占比例的企业(相对控股),或者虽不大于其他经济成分,但根据协议规定,由国家拥有实际控制权的企业(协议控制)。第三个层次,国有参股企业,是指具有部分国家资本金,但国家并不控股的企业。国有与其他所有制的联营企业,按照上述原则分别划归第二、三层次中。狭义的国有企业,仅指纯国有企业。依据这一观点,狭义的国有企业仅指国有独资企业、国有独资公司和国有联营企业,而广义的国有企业还包括国有控股企业和国有参股企业。

由于观察视角的差异,不同的国家机关对"国有企业"的理解不同在所难免。但如果要探求"国有企业"的法律含义,绝不能脱离《宪法》对"国有企业"的定位。当《监察法》第15条第3项中的"国有企业"存在多种解释可能,应尽量择取与《宪法》不相抵触的解释方案。尽管《宪法》并没有直接对"国有企业"的概念作出界定,但其对"国有经济"的界定却具有重要的参考价值。1993年《宪法修正案》将1988年《宪法》的两个条文中的"国营"改为"国有",一处为上文所提到的1988年《宪法》第16条"国营企业"被改为"国有企业",另一处则是1988年《宪法》第7条中的"国营经济"被改为"国有经济"。1993年《宪法修正案》将上述两个条文中的"国营"改为"国有"的原因是一致的,都是确认国家对全民所有制经济从直接经营管理到实行所有权和经营权适当分离的这一实际情况。因此,这两处被修改的《宪法》条文中"国有"的含义是完全相同的。1993年《宪法》第7条规定:"国有经济,即社会主义全民所有制经济,是国民经济中的主导力量。国家保障国有经济的巩固和发展。"显而易见,1993年《宪法》中的"国有"是指"国家(全民)所有"。由此可以推知,《宪法》中的"国有企业"是指全部资本归国家所有的企业。在中共中央、国务院于2015年发布的《关于深化国有企业改革的指导意见》中,也曾开宗明义地指出"国有企业属于全民所有"。

**四、立法重心的转移：从"国有企业"到"国家出资企业"**

尽管国有企业在我国的政治、经济生活中发挥着十分重要的作用,除了1988年《全民所有制工业企业法》以外,我国没有制定任何以"国有企业"为调整对象的专门立法,这是因为在国有企业股份制改革的背景下,大多数国有企业的单一资本结构已被打破,形成了国有独资企业、国有控股企业、国有资本参股企业并存的局面,如果继续将立法重心放到"国有企业"特殊地位的塑造上,不仅是对立法资源的浪费,也是立法重点的信失。因此,有学者提出,出于体现国有资本保值增值、体现政企分开的目的,应对国有企业进行再定义,用"国资企业"替代"国有企业"。2008年《企业国有资产法》显然采纳了这一建议。该法并未直接定义"国有企业",而是对"国有资产"进行了界定,并以此为基础提出了"国家出资企业"的概念。《企业国有资产法》第2条规定："本法所称企业国有资产(以下简称国有资产),是指国家对企业各种形式的出资所形成的权益。"第5条规定："本法所称国家出资企业,是指国家出资的国有独资企业、国有独资公司,以及国有资本控股公司、国有资本参股公司。"由此可以看出,国有企业立法的重心已经由"管企业"转移到"管资本"上,因此,国企立法的重点应该是确保国家规范地行使其对企业资本的控制权。

严格来说,"国有企业"与"国家出资企业"的内涵并不完全一致。正如前文所述,"国有企业"强调企业本身的国有属性,《宪法》中的"国有企业"仅指全部资产归国家所有的企业。"国家出资企业"则强调企业资产的国有属性,所有存在国家出资的企业都可以被称作"国家出资企业",所以国有独资企业、国有独资公司,以及国有资本控股公司、国有资本参股公司都属于"国家出资企业"。

**五、"国有企业"下位概念的界定**

我们可以借鉴《企业国有资产法》的配套规定对"国有独资企业""国有控股企业""国有资本参股企业"等"国有企业"的下位概念作出界定。国务院国资委、财政部联合颁布的《企业国有资产交易监督管理办法》对国有独资公司、国有资本控股公司作出了如下界定：

1.国有独资企业是指政府部门、机构、事业单位直接或间接合计持股为100%的企业。

2.国有控股企业分为两类：第一类是政府部门、机构、事业单位合计拥有产（股）权比例超过50%，且其中之一为最大股东的企业；第二类是国有独资企业或一级国有控股企业再次对外出资，拥有股权比例超过50%的各级子企业。

从国务院国资委、财政部的上述规定可以看出，国有股东的持股比例是否超过50%是国有独资企业、国有控股企业与国有资本参股企业的分水岭。因此，"国有资本参股企业"可以界定为"政府部门、机构、事业单位、国有及国有控股企业合计拥有产（股）权比例未超过50%的企业"。

### 六、法律法规梳理

关于国有企业定义的法律法规梳理见表1-1。

**表1-1 关于国有企业定义的法律法规梳理**

| 层级 | 名称 | 内容 |
|---|---|---|
| 法律 | 《企业国有资产法》 | 第五条 本法所称国家出资企业，是指国家出资的国有独资企业、国有独资公司，以及国有资本控股公司、国有资本参股公司。 |
| | 《公司法》 | 2023年修订的《公司法》新增第七章国家出资公司组织机构的特别规定，其中第186条第2款规定，本法所称国家出资公司，是指国家出资的国有独资公司、国有资本控股公司，包括国家出资的有限责任公司、股份有限公司。 |
| 部门规章 | 《企业国有资产交易监督管理办法》（国务院国有资产监督管理委员会、财政部令第32号） | 第四条 本办法所称国有及国有控股企业、国有实际控制企业包括：<br>（一）政府部门、机构、事业单位出资设立的国有独资企业（公司），以及上述单位、企业直接或间接合计持股为100%的国有全资企业；<br>（二）本条第（一）款所列单位、企业单独或共同出资，合计拥有产（股）权比例超过50%，且其中之一为最大股东的企业；<br>（三）本条第（一）、（二）款所列企业对外出资，拥有股权比例超过50%的各级子企业；<br>（四）政府部门、机构、事业单位、单一国有及国有控股企业直接或间接持股比例未超过50%，但为第一大股东，并且通过股东协议、公司章程、董事会决议或者其他协议安排能够对其实际支配的企业。 |

续表

| 层级 | 名称 | 内容 |
|---|---|---|
| 部门规章 | 《国务院国有资产监督管理委员会关于施行〈上市公司国有股东标识管理暂行规定〉有关问题的函》(国资厅产权〔2008〕80号) | 持有上市公司股份的下列企业或单位应按照《上市公司国有股东标识管理暂行规定》(国资发产权〔2007〕108号)标注国有股东标识：<br>1. 政府机构、部门、事业单位、国有独资企业或出资人全部为国有独资企业的有限责任公司或股份有限公司。<br>2. 上述单位或企业独家持股比例达到或超过50%的公司制企业；上述单位或企业合计持股比例达到或超过50%，且其中之一为第一大股东的公司制企业。<br>3. 上述"2"中所述企业连续保持绝对控股关系的各级子企业。<br>4. 以上所有单位或企业的所属单位或全资子企业。 |
| | 《国家统计局关于对国有公司企业认定意见的函》(国统函〔2003〕44号) | 我们认为，国有企业有广义、狭义之分。广义的国有企业是指具有国家资本金的企业，可分为三个层次：<br>一、纯国有企业。包括国有独资企业、国有独资公司和国有联营企业三种形式，企业的资本金全部为国家所有。<br>二、国有控股企业。根据国家统计局《关于统计上国有经济控股情况的分类办法》的规定，国有控股包括国有绝对控股和国有相对控股两种形式。<br>国有绝对控股企业是指在企业的全部资本中，国家资本(股本)所占比例大于50%的企业。<br>国有相对控股企业(含协议控制)是指在企业的全部资本中，国家资本(股本)所占的比例虽未大于50%，但相对大于企业中的其他经济成分所占比例的企业(相对控股)；或者虽不大于其他经济成分，但根据协议规定，由国家拥有实际控制权的企业(协议控制)。<br>三、国有参股企业。是指具有部分国家资本金，但国家不控股的企业。 |
| | 《财政部关于国有企业认定问题有关意见的函》(财企函〔2003〕9号) | 三、对"国有公司、企业"的认定，应从以下角度加以分析：<br>1. 从企业资本构成的角度看，"国有公司、企业"应包括企业的所有者权益全部归国家所有、属《企业法》调整的各类全民所有制企业、公司(指《公司法》颁布前注册登记的非规范公司)以及《公司法》颁布后注册登记的国有独资公司、由多个国有单位出资组建的有限责任公司和股份有限公司。<br>2. 从企业控制力的角度看，"国有公司、企业"还应涵盖国有控股企业，其中，对国有股权超过50%的绝对控股企业，因国有股权处于绝对控制地位，应属"国有公司、企业"范畴；对国有股权处于相对控股的企业，因股权结构、控制力的组合情况相对复杂，如需纳入"国有公司、企业"范畴，须认真研究提出具体的判断标准。 |

续表

| 层级 | 名称 | 内容 |
|---|---|---|
| 部门规章 | 《关于划分企业登记注册类型的规定》（国统字〔1998〕200号） | 第三条　国有企业是指企业全部资产归国家所有，并按《中华人民共和国企业法人登记管理条例》规定登记注册的非公司制的经济组织。不包括有限责任公司中的国有独资公司。 |
| | 《最高人民法院、最高人民检察院关于办理国家出资企业中职务犯罪案件具体应用法律若干问题的意见》（法发〔2010〕49号） | 七、关于国家出资企业的界定<br>本意见所称"国家出资企业"，包括国家出资的国有独资公司、国有独资企业，以及国有资本控股公司、国有资本参股公司。<br>是否属于国家出资企业不清楚的，应遵循"谁投资、谁拥有产权"的原则进行界定。企业注册登记中的资金来源与实际出资不符的，应根据实际出资情况确定企业的性质。企业实际出资情况不清楚的，可以综合工商注册、分配形式、经营管理等因素确定企业的性质。 |

长期以来，"国有企业"的法律内涵及外延尚未在部门法这一效力层级作出规范性表述，相关定义散见于国家统计局、原国家工商总局、国家发展改革委、财政部、原劳动保障部及税务总局等颁布的各类规范性文件。相较而言，《企业国有资产交易监督管理办法》（以下简称32号令）对于国有企业的认定与识别更具参考价值，明确了国有及国有控股企业、国有实际控制企业的两个定性标准——持股比例及实际控制权，便于对各主体是否具备国有企业属性进行甄别。另外，32号令引入了"实际控制人"概念，相较于前述持股比例及实际控制权的定性标准，"实际控制人"侧重于对国有企业实际经营过程中的法律属性进行灵活判断，体现了国资监管对形式判断与实质判断的兼顾，本书对32号令中涉及国有企业的类型进行了梳理，见表1-2。

表1-2　32号令中涉及国有企业的类型梳理

| 类型 | | 出资人 | 持股比例 |
|---|---|---|---|
| 国有企业 | 国有独资企业 | 政府部门、机构、事业单位 | 出资设立 |
| | 国有独资公司 | 政府部门、机构、事业单位 | |
| | 国有全资企业 | 政府部门、机构、事业单位<br>国有独资企业<br>国有独资公司 | 直接或间接合计持股100% |

续表

| 类型 | 出资人 | 持股比例 |
|---|---|---|
| 国有控股企业 | 政府部门、机构、事业单位<br>国有独资企业<br>国有独资公司<br>国有全资企业 | 单独或共同出资,合计拥有产(股)权比例超过50%,且其中之一为最大股东 |
| | 国有独资企业<br>国有独资公司<br>国有全资企业<br>及以上企业单独或共同出资,合计拥有产(股)权比例超过50%,且其中之一为最大股东的企业 | 拥有股权比例超过50%的各级子企业 |
| 国有实际控制企业 | 政府部门、机构、事业单位、单一国有及国有控股企业直接或间接持股比例未超过50%,但为第一大股东,并且通过股东协议、公司章程、董事会决议或者其他协议安排能够对其实际支配的企业 | |

## 七、结论

关于国有企业的认定与识别,在我国现有法律体系框架下,相关法律、行政法规、部门规章暂未对"国有企业"形成统一定义或明确界定范围;目前,实务中办理国有企业资产交易时基本援用32号令的有关规定。32号令较为完整地规定了国有企业的类别体系,将受监管的企业分为"国有企业""国有控股企业""国有实际控制企业",并对三类国企进行明确定义,一定程度上解决了实践中国有企业身份认定模糊的问题。

但应当注意,实践中企业的股权设计往往层次复杂、股东众多,股东协议、公司章程、董事会决议或者其他协议安排所涉及的内容也会影响国有企业类型的认定,例如通过一致行动人并合计持有公司股东会表决权超过50%、单独拥有或与一致行动人合计持有公司过半数的董事会席位、实现合并财务报表等,势必存在仅依据32号令尚无法认定企业法律性质的情况,需要根据具体问题的实际情况具体梳理、分析,并加强与国资监管部门的有效沟通,以期准确认定企业性质。

# 第二章 城市建设类企业与融资

## 第一节 常见融资模式概述

从政府工作报告、国务院常务会议到国家发展改革委、中国人民银行印发通知,再到中央财经委会议、中央政治局会议等系列重要会议和政策明确定调全面加强基础设施建设,实务中也经常涉及 ABO 等模式相关问题,笔者借此将常见的基础设施投融资模式进行梳理。下文首先介绍基础设施投融资项目的三类主体,其次结合出台的各类办法规定,对常见的基础设施投融资模式如政府直接投资、特许经营、PPP、地方政府专项债、片区开发 ABO、F+EPC、XOD、REITs 进行简要梳理。

### 一、基础设施投融资项目的三类主体

(一)政府

《政府投资条例》第 2 条规定:"本条例所称政府投资,是指在中国境内使用预算安排的资金进行固定资产投资建设活动,包括新建、扩建、改建、技术改造等。"

(二)地方政府融资平台公司

《国务院关于加强地方政府融资平台公司管理有关问题的通知》规定:"地方政府融资平台公司(指由地方政府及其部门和机构等通过财政拨款或注入土地、股权等资产设立,承担政府投资项目融资功能,并拥有独立法人资格的经济实体)通过举债融资,为地方经济和社会发展筹集资金,在加强基础设施建设以及应对国际金融危机冲击中发挥了积极作用。"

(三)社会资本

《财政部关于推广运用政府和社会资本合作模式有关问题的通知》第 1 条规

定:"政府和社会资本合作模式是在基础设施及公共服务领域建立的一种长期合作关系。通常模式是由社会资本承担设计、建设、运营、维护基础设施的大部分工作,并通过'使用者付费'及必要的'政府付费'获得合理投资回报;政府部门负责基础设施及公共服务价格和质量监管,以保证公共利益最大化。"

## 二、常见的基础设施投融资模式

（一）政府直接投资

《政府投资条例》明确了政府投资以直接投资方式为主。政府采取直接投资方式,项目单位应当编制项目建议书、可行性研究报告、初步设计,按照政府投资管理权限和规定的程序,报投资主管部门或者其他有关部门审批。国家通过建立项目库等方式加强对使用政府投资资金项目的储备。

《政府投资条例》第3条规定:"政府投资资金应当投向市场不能有效配置资源的社会公益服务、公共基础设施、农业农村、生态环境保护、重大科技进步、社会管理、国家安全等公共领域的项目,以非经营性项目为主。国家完善有关政策措施,发挥政府投资资金的引导和带动作用,鼓励社会资金投向前款规定的领域。国家建立政府投资范围定期评估调整机制,不断优化政府投资方向和结构。"

《政府投资条例》第6条规定:"政府投资资金按项目安排,以直接投资方式为主……"

（二）特许经营

基础设施特许经营是政府授权企业在约定期限内拥有经营权、收益权,企业在经营期限届满后将设施无偿移交政府。该模式下需兼顾政府、企业和社会利益。

根据《基础设施和公用事业特许经营管理办法》第2条规定:"中华人民共和国境内的交通运输、市政工程、生态保护、环境治理、水利、能源、体育、旅游等基础设施和公用事业领域的特许经营活动,适用本办法。"第3条第1款规定:"本办法所称基础设施和公用事业特许经营,是指政府采用公开竞争方式依法选择中华人民共和国境内外的法人或者其他组织作为特许经营者,通过协议明确权利义务和风险分担,约定其在一定期限和范围内投资建设运营基础设施和公用事业并获得收益,提供公共产品或者公共服务。"

实践中,政府特许经营协议的签约主体一般是政府和投资人。此外,若成立项目公司,则由政府与投资人签订初步协议后,再由政府与项目公司签订特许经营协议。

需要注意的是,政府特许经营协议属于行政协议,投资人、项目公司可就协议提起行政诉讼的,人民法院应依法受理;若政府认为行政相对人不依约履行,其无法提起诉讼。只能在催告后不履行且协议具有可执行性时,才可以向人民法院申请强制执行。

根据《基础设施和公用事业特许经营管理办法》第7条规定,基础设施和公用事业特许经营可以采取以下方式:

(1)在一定期限内,政府授予特许经营者投资新建或改扩建、运营基础设施和公用事业,期限届满移交政府,即BOT(Build-Operate-Transfer)模式"建造—经营—移交"。

(2)在一定期限内,政府授予特许经营者投资新建或改扩建、拥有并运营基础设施和公用事业,期限届满移交政府,即BOOT(Build-Own-Operate-Transfer)模式"建造—拥有—经营—移交"。

(3)在一定期限内,政府将已经建成的基础设施和公用事业项目转让特许经营者运营,期限届满移交政府,即BTO(Build-Transfer-Operate)模式"建设—转让—经营"。

(4)国家规定的其他方式,如BOO(Build-Own-Operate)模式"建造—拥有—经营"或TOT(Transfer-Operate-Transfer)模式"移交—经营—移交"。

(三)PPP

为贯彻落实党的十八届三中全会关于"允许社会资本通过特许经营等方式参与城市基础设施投资和运营"精神,尽快形成有利于促进政府和社会资本合作模式(Public-Private Partnership,PPP)发展的制度体系,2014年《财政部关于推广运用政府和社会资本合作模式有关问题的通知》(财金〔2014〕76号)(已失效)、《政府和社会资本合作模式操作指南(试行)》(财金〔2014〕113号)(现已失效)相继出台,此时PPP进入蓬勃发展时期。但伴随《财政部关于推进政府和社会资本合作规范发展的实施意见》(财金〔2019〕10号)出台后,基于"有效防控地方政府隐性债务风险,充分发挥PPP模式积极作用",PPP发展逐渐归于平静。究其原因,是该模式在实践中暴露出诸多问题如政府付费不及时、总投资超概、付费收入不足、入库信息不完善等。因此,后续仍需不断完善相关政策指引促进后续

PPP长期规范发展。

根据《国家发展改革委关于开展政府和社会资本合作的指导意见》第1条规定:"政府和社会资本合作(PPP)模式是指政府为增强公共产品和服务供给能力、提高供给效率,通过特许经营、购买服务、股权合作等方式,与社会资本建立的利益共享、风险分担及长期合作关系。开展政府和社会资本合作,有利于创新投融资机制,拓宽社会资本投资渠道,增强经济增长内生动力;有利于推动各类资本相互融合、优势互补,促进投资主体多元化,发展混合所有制经济;有利于理顺政府与市场关系,加快政府职能转变,充分发挥市场配置资源的决定性作用。"

(四)地方政府专项债

2014年5月19日,《2014年地方政府债券自发自还试点办法》(财库〔2014〕57号)出台。该文件是"对2014年地方政府债券自发自还试点工作的指导",开启了地方政府自主发债的序幕。发行至今,专项债发行存在限额管理,过分强调指标和控制,导致不能实际地满足建设需求。实践发现,落后地区与发达地区存在财力、负债差异,进而导致专项债额度下发时出现需求错配问题。除此之外,地方政府专项债的资本来源于土地出让收入,且该收入存在显著的不稳定性从而存在违约的风险,因此仍需进一步优化限额管理、健全风险管理,加快地方政府专项债市场化。

《地方政府债券发行管理办法》第2条规定:"本办法所称地方政府债券,是指省、自治区、直辖市和经省级人民政府批准自办债券发行的计划单列市人民政府(以下称地方政府)发行的、约定一定期限内还本付息的政府债券。地方政府债券包括一般债券和专项债券。一般债券是为没有收益的公益性项目发行,主要以一般公共预算收入作为还本付息资金来源的政府债券;专项债券是为有一定收益的公益性项目发行,以公益性项目对应的政府性基金收入或专项收入作为还本付息资金来源的政府债券。"

(五)片区开发ABO

ABO模式即授权(Authorize)、建设(Build)和运营(Operate)。由地方政府通过竞争性程序或者直接授权企业作为项目业主,项目业主提供项目投融资、建设及运营服务,合作期满后项目设施移送地方政府,政府按约给予财政资金支付的合作方式。此类模式的常规操作为地方政府授权城市建设类公司建设并按约支付ABO费用。城市建设类公司通过招投标等形式选择社会资本方合作,社会资本方直接垫资，即通过工程款的支付取得垫资，或者与城市建设类公司成立项目公司，项目公司作为项目业主，最终通过股权回购形式获益。

大多数片区开发项目虽是政府主导，但因是国有资金投资，从而属于"企业投资项目"。实践中，虽存在财政资金给予补贴或作为国有资本投入，但项目实施主体、签约主体、支付主体等均是城市建设类公司而非政府，所以并不能认定为政府投资项目。但也存在极少数项目由政府直接作为项目实施主体，直接将特许经营授权给项目公司，且在特许经营协议中明确政府给予缺口补助。所以，该运作模式极易产生违规举债或隐性债务风险。

基于片区开发项目涉及诸多领域如投融资、工程、法律、财务、土地、招投标等，而现阶段缺乏上行且针对的法律法规及政策，故从现有涉及 ABO 模式规定来看，该模式还是存在一定的问题的，如《财政部对十三届全国人大四次会议第 9528 号建议的答复》第 1 条就提到，由于 PPP 监管趋严等原因，部分地方开始采用"授权—建设—运营"（ABO）、"融资＋工程总承包"（F＋EPC）等尚无制度规范的模式实施项目，存在一定地方政府隐性债务风险隐患。

（六）F＋EPC

F＋EPC 模式，即在 EPC 模式基础上衍生出"融资"功能。根据社会资本方筹措项目建设资金的方式不同，F＋EPC 模式可分为股权融资＋EPC 和债权融资＋EPC。"EPC"部分由项目业主向工程总承包商支付工程费用，"F"部分可由项目业主支付，或者从项目公司股权投资中获取分红收益。

实践中，对于政府投资项目，无论是采用股权融资还是债权融资，均由选定的社会资本方在承揽工程总承包时筹资，即项目建设资金来源并非预算资金，该运行模式本质上属于政府融资举债行为。因此，根据《关于进一步规范地方政府举债融资行为的通知》（财预〔2017〕50号）等文件规定，地方政府举债方式应严格限定，不允许通过违规方式变相融资举债，防止形成政府隐性债务。

所以，为了防范隐性债务，现行模式需脱离与政府方的联系，亦即需要落实企企合作。就是由城市建设类公司作为项目业主以 F＋EPC 模式招选项目合作单位，不再与财政支付或担保相关联，实现彻底完全的商业合作。与此同时，社会资本方需综合考虑项目业主能否如期履约。

虽然上述模式初衷是解决基础设施项目融资问题，但从合法合规性及保障社会资本方角度出发该模式仍需进一步完善。

《房屋建筑和市政基础设施项目工程总承包管理办法》第 3 条规定:"本办法所称工程总承包,是指承包单位按照与建设单位签订的合同,对工程设计、采购、施工或者设计、施工等阶段实行总承包,并对工程的质量、安全、工期和造价等全面负责的工程建设组织实施方式。"

(七) XOD

XOD 模式,是 TOD(交通导向)、EOD(教育设施导向)、COD(文化设施导向)、HOD(综合医疗设施导向)、SOD(体育运动设施导向)、POD(生态设施导向)等模式在内的、满足现代城镇发展多种需求的开发模式的统称。目前常见的"XOD 模式"如下。

TOD 模式,即 Transit Oriented Development,以公共交通为导向的开发。

EOD 模式,即 Educational Facilities Oriented Development,以学校等教育设施为导向。

COD 模式,即 Cultural Facilities Oriented Development,以博物馆、图书馆、文化馆、歌舞剧院等文化设施为导向。

HOD 模式,即 Hospital Oriented Development,以医院等综合医疗设施为导向。

SOD 模式,即 Stadium and Gymnasium Oriented Development,以体育场馆等体育运动设施为导向。

POD 模式,即 Park Oriented Development,以城市公园等生态设施为导向。

XOD 模式实质上是围绕一个具备吸引力、凝聚力的资源体进行集中开发,该资源体是生活必备或品质需求。当然,XOD 模式也存在多种模式下各配套设施相重叠。

实践中,该模式面临诸多挑战如人口流动、复杂配套需求、影响阈值等,因此需科学有效地对设施运营进行评估、跟踪、总结等。

《关于促进市域(郊)铁路发展的指导意见》第 13 条规定:"发挥综合开发效能。树立 TOD 开发理念,按照《国务院办公厅关于支持铁路建设实施土地综合开发的意见》(国办发[2014]37 号)的相关政策,发挥市域(郊)铁路对新型城镇化的支撑服务作用,集约利用资源,拓展城市综合服务功能,提高城市综合承载能力;依托市域(郊)铁路通道推进城市新区和外围城镇组团建设,引导人口布局,不断优化城市空间。支持通过既有铁路站场土地综合开发,盘活利用既有铁路设施,规范推进新建市域(郊)铁路站场土地综合开发。鼓励市域(郊)铁路相关企业通过物业开发、物业租赁和管理、车站和车辆商业开发等形式,构建综合开发溢价回收机制,支持市域(郊)铁路发展。"

(八)REITs

REITs(Real Estate Investment Trusts,不动产投资信托基金)是指在证券交易所公开交易,通过证券化方式将具有持续、稳定收益的不动产资产或权益转化为流动性较强的上市证券的标准化金融产品。

2014年9月29日,《关于进一步做好住房金融服务工作的通知》(银发〔2014〕287号)印发,首次明确"扩大市场化融资渠道,支持符合条件的房地产企业在银行间债券市场发行债务融资工具。积极稳妥开展房地产投资信托基金(REITs)试点"。2020年4月24日,《中国证监会、国家发展改革委关于推进基础设施领域不动产投资信托基金(REITs)试点相关工作的通知》(证监发〔2020〕40号)出台,标志着基础设施领域REITs正式开启试点。

基础设施REITs是并列于股票、债券、基金和衍生品的证券品种,是国际通行的配置资产,具有流动性较强、收益相对稳定、安全性较强等特点,能有效盘活存量资产,填补当前金融产品空白,拓宽社会资本投资渠道,提升直接融资比重,增强资本市场服务实体经济质效。

《中国证监会、国家发展改革委关于推进基础设施领域不动产投资信托基金(REITs)试点相关工作的通知》三、(二)规定:"聚焦重点行业。优先支持基础设施补短板行业,包括仓储物流、收费公路等交通设施,水电气热等市政工程,城镇污水垃圾处理、固废危废处理等污染治理项目。鼓励信息网络等新型基础设施,以及国家战略性新兴产业集群、高科技产业园区、特色产业园区等开展试点。"

《公开募集基础设施证券投资基金指引(试行)》第8条规定:"基础设施基金拟持有的基础设施项目应当符合下列要求:(一)原始权益人享有完全所有权或经营权利,不存在重大经济或法律纠纷,且不存在他项权利设定,基础设施基金成立后能够解除他项权利的除外;(二)主要原始权益人企业信用稳健、内部控制健全,最近3年无重大违法违规行为;(三)原则上运营3年以上,已产生持续、稳定的现金流,投资回报良好,并具有持续经营能力、较好增长潜力;(四)现金流来源合理分散,且主要由市场化运营产生,不依赖第三方补贴等非经常性收入;(五)中国证监会规定的其他要求。"

本书仅就基础设施的常见投融资模式进行了列举并简要介绍，因篇幅受限并不深入，如涉及 F+EPC 模式根据《关于进一步规范地方政府举债融资行为的通知》规定："地方政府及其所属部门不得以文件、会议纪要、领导批示等任何形式，要求或决定企业为政府举债或变相为政府举债。"由于项目常基于政府信用，但无实质性担保和兜底，对于金融机构而言，地方政府并无直接偿还义务，会产生还款风险；同时，地方政府也存在借平台公司举债嫌疑，工程款支付若由地方财政承担，其本质上会带来地方政府隐性债务。

虽然极易陷入上述风险，但基础设施的投融资初衷是满足社会发展、人口增长对基础设施等的巨大需求，亦即借助社会资本方的力量，优势互补，共同推进国内新型城镇化建设、"一带一路"建设、海外基建能源建设等领域的发展。那么，不忘初心，拭目以待吧。

## 第二节　特许经营模式概述

### 一、特许经营模式概况

#### （一）内涵

特许经营模式需经立项、投资、建设、运营、移交等流程，若要保障流程顺利需严密合同对其进行约束，故特许经营协议的重要性不言而喻。特许经营协议是指政府授权的实施机构与特许经营者签订权利义务的协议。特许经营协议签约内容包括但不限于项目名称、特许经营模式、范围和期限、项目公司有关信息、履约担保、风险分担规则、政府保障、项目资产移交、违约责任、争议解决方式等。根据《基础设施和公用事业特许经营管理办法》第 7 条规定："基础设施和公用事业特许经营可以采取以下方式：（一）在一定期限内，政府授予特许经营者投资新建或改扩建、运营基础设施和公用事业，期限届满移交政府；（二）在一定期限内，政府授予特许经营者投资新建或改扩建、拥有并运营基础设施和公用事业，期限届满移交政府；（三）在一定期限内，政府将已经建成的基础设施和公用事业项目转让特许经营者运营，期限届满移交政府；（四）国家规定的其他方式。禁止在建设工程完成后直接将项目移交政府，或者通过提前终止协议等方式变相逃避运营义务。"

另外，根据《基础设施和公用事业特许经营管理办法》第 2 条规定："中华人民共和国境内的交通运输、市政工程、生态保护、环境治理、水利、能源、体育、旅游等基础设施和公用事业领域的特许经营活动，适用本办法。"但根据《国家发展改革委关于切实做好〈基础设施和公用事业特许经营管理办法〉贯彻实施工作的通知》可知，特许经营适用的范围扩大到社会事业领域，而社会事业领域包括保障性安居工程、医疗、卫生、养老、教育、文化等，故说明该通知扩大了特许经营的适用范围。

（二）基本规定

2004 年出台《市政公用事业特许经营管理办法》，该文件是原建设部制定的用以规范市政公用事业特许经营活动的规定。此文件是我国在 2015 年前规范市政公用事业特许经营的主要规范。与此同时，各级地方政府依据《市政公用事业特许经营管理办法》制定了一系列市政公用事业特许经营管理规范。而至 2015 年 4 月，国家发展和改革委员会等六部委联合发布《基础设施和公用事业特许经营管理办法》，明确基础设施和公用事业特许经营是指政府采用竞争方式依法授权中国境内外的法人或者其他组织，通过协议明确权利义务和风险分担，约定其在一定期限和范围内投资建设运营基础设施和公用事业并获得收益，提供公共产品或者公共服务。因此，可以说该文件是 2014 年 PPP 领域迅猛发展以后我国制定出台的直接规范特许经营的规定，是现有内容最全、层级最高的规范。并且该文件发布后虽《市政公用事业特许经营管理办法》仍有效，但《基础设施和公用事业特许经营管理办法》出台后，《市政公用事业特许经营管理办法》已经逐渐被《基础设施和公用事业特许经营管理办法》所取代。

1.《基础设施和公用事业特许经营管理办法》是对政府和社会资本合作的制度设计

国务院、国家发展改革委、财政部等陆续发布《国务院关于加强地方政府性债务管理的意见》《国务院关于创新重点领域投融资机制鼓励社会投资的指导意见》《财政部关于推广运用政府和社会资本合作模式有关问题的通知》《政府和社会资本合作模式操作指南（试行）》《财政部关于政府和社会资本合作示范项目实施有关问题的通知》《财政部关于规范政府和社会资本合作合同管理工作的通知》《政府和社会资本合作项目财政承受能力论证指引》《国家发展和改革委员会关于开展政府和社会资本合作的指导意见》等规范性文件,上述文件说明国家对基础设施和公用事业领域特许经营已从单一推进市场化,变更为调整国民经济结构、解决地方政府负债、提高公共服务质量和效率、激活社会资本、促进国民经济发展等方向。

2.《基础设施和公用事业特许经营管理办法》较《市政公用事业特许经营管理办法》有更高的效力

《基础设施和公用事业特许经营管理办法》由国务院常务会议决定,由国家发展和改革委员会等六部委联合发布。《市政公用事业特许经营管理办法》由原建设部制定发布。故在实践中除各地出台了有关公用事业特许经营的地方性实施细则外,否则《市政公用事业特许经营管理办法》无法在地方上予以落实。

3.《基础设施和公用事业特许经营管理办法》呼应PPP规范性文件,但仍与之存在差异

《基础设施和公用事业特许经营管理办法》对实施机构、实施方案、物有所值评估、财政承受能力、可行性缺口补助、绩效评价机制、政府补贴纳入年度预算等进行了规定,上述规定呼应了国务院、国家发展和改革委员会、财政部等出台的PPP规范性文件。故在具体的项目执行中,对于上述问题的具体机制可以按照PPP规范性文件执行。因此,可以说PPP项目有多种操作模式,特许经营只是其中的一种,仅就PPP模式的特许经营而言,《基础设施和公用事业特许经营管理办法》以及已出台的PPP规范性文件已初步勾勒出基础设施和公用事业领域特许经营的法律体系。

此外,PPP规范性文件可区分为财政部体系和发展改革委体系。两者在PPP项目性质界定、对社会资本的要求、社会投资人选择方式、实施主体等均存在差异,造成PPP项目操作实践中政府部门和投资者均存在多重困惑。而《基础设施和公用事业特许经营管理办法》未对上述问题给出解答,项目操作中,前述困惑一定程度上将继续存在。

4.《基础设施和公用事业特许经营管理办法》强调特许经营协议中签约主体需平等

根据《基础设施和公用事业特许经营管理办法》第5条第2项规定,转变政府职能,强化政府与社会资本协商合作。该条款为特许经营实施原则之一。该办法区分了协议主体的实施机构和政府主管部门,实施机构作为平等主体参与

协议的签订和履行,政府主管部门依据法律法规赋予的职能行使监管职责,并非作为协议主体介入协议的签订和履行。

5.《基础设施和公用事业特许经营管理办法》亦对投资者的权益进行保护

以往实践中政府因各种原因无法兑现导致社会资本风险大,投资者产生很大顾虑,该办法新设许多条款注重投资者权益保护。《基础设施和公用事业特许经营管理办法》明确规定如下条款说明有此目的,包括但不限于:

第5条第3项规定,保护社会资本合法权益,保证特许经营持续性和稳定性。

第20条规定,作为政府方的实施机构应当与依法选定的特许经营者签订特许经营协议,通过协议来约定各方的权利义务。

第30条规定,特许经营协议各方当事人应当遵循诚实信用原则,按照约定全面履行义务。

第31条规定,依法保护特许经营者合法权益。任何单位或者个人不得违反法律、行政法规和本办法规定,干涉特许经营者合法经营活动。

第38条规定,实施机构应当按照特许经营协议严格履行有关义务,为特许经营者建设运营特许经营项目提供便利和支持,提高公共服务水平。行政区划调整,政府换届、部门调整和负责人变更,不得影响特许经营协议履行。

第54条第1款规定,特许经营者认为行政机关不依法订立、不依法履行、未按照约定履行或者违法变更、解除特许经营协议的,有陈述、申辩的权利,并可以依法申请行政复议或者提起行政诉讼。这明确了特许经营权授予行政行为的行政可裁决性。

6.《基础设施和公用事业特许经营管理办法》未规定特许经营协议能否依法提起仲裁或诉讼

首先,根据《政府和社会资本合作模式操作指南(试行)》规定:"在项目实施过程中,按照项目合同约定,项目实施机构、社会资本或项目公司可就发生争议且无法协商达成一致的事项,依法申请仲裁或提起民事诉讼。"

其次,根据《基础设施和公用事业特许经营管理办法(修订征求意见稿)》(以下简称征求意见稿)规定:"特许经营者与实施机关就特许经营协议发生争议并难以协商达成一致的,可以依法提起民事诉讼或仲裁。特许经营者认为有关人民政府及其有关部门不依法履行、未按照约定履行或者违法变更、解除政府特许经营协议作出的具体行政行为侵犯其合法权益的,有陈述、申辩的权利,并可以依法提起行政复议或者行政诉讼。"

故均将特许经营协议有关的争议作为平等民事主体之间的争议,不仅如此,征求意见稿还区分特许经营权授予行为和特许经营协议签订、履行行为,将特许经营权的授予作为行政行为,将特许经营协议签订、履行作为平等主体的民事行为。但是,《基础设施和公用事业特许经营管理办法》未对特许经营下的政府和社会资本在履行特许经营协议中产生的纠纷如何适用争议解决机制进行规定,同时明确将特许经营下的行政机关行为视为行政监督管理行为。

(三)融资方法

1. 申请银行贷款

为鼓励特许经营项目,对符合条件的项目,政策性开发金融机构给予此类贷款期限最长可达30年之久。另外,根据《国家发展改革委、国家开发银行关于推进开发性金融支持政府和社会资本合作有关工作的通知》,重点强调"开发银行为PPP项目建设提供投资、贷款、债券、租赁、证券等综合金融服务,并联合其他银行、保险公司等金融机构以银团贷款、委托贷款等方式",力求拓宽PPP项目的融资渠道。并且,我国也在尝试利用特许经营项目预期收益质押贷款,在最高人民法院指导性案例53号中确认特许经营项目收益权可进行质押贷款融资,其中"特许经营权的收益权可以质押,并可以作为应收账款进行出质登记,特许经营权的收益权依其性质不宜折价、拍卖或变卖,质权人主张优先权优先受偿权的,人民法院可以判令出质债权的债务人将收益权的应收账款优先支付质权人"。

具体而言,银行对特许经营项目进行融资时会要求在特许经营协议中设置保障融资方权利条款。

(1)需明确银行的主债权和担保债权

如项目公司以项目资产或其他权益,或社会资本以其持有的与项目相关的权利为担保向银行申请融资,银行在主张其担保债权时可能会导致项目公司股权以及项目相关资产或权益的权属变更。故银行首先要确认特许经营协议中已明确规定社会资本和项目公司有权设置上述担保,并且政府方可以接受银行行使主债权或担保债权所可能导致的法律后果,以确保银行权益能够得到充分有效的保障。

(2)需明确银行介入的权利

如特许经营项目出现提前终止等情形的,可能会影响银行的债权实现,因此银行一般会要求在特许经营协议中约定:"当项目发生严重违约事件且项目公司无法在约定期限内补救的,为保障银行的权利,银行有权直接介入或者通过与政府、项目公司签订直接介入协议。"

2. 发行项目收益票据、资产支持票据

根据《城市地下综合管廊建设专项债券发行指引》《养老产业专项债券发行指引》《城市停车场建设专项债券发行指引》《项目收益债券管理暂行办法》等规定,除银行贷款融资外,特许经营项目可以通过设立产业基金等形式提供项目投融资支持,进行结构化融资发行项目收益票据和资产支持票据。特许经营项目可以通过成立私募基金,发行企业债券、项目收益债券、公司债券、非金融企业债务融资工具等方式进行融资。

3. 设立基础设施和公用事业特许经营引导基金

根据《政府投资基金暂行管理办法》规定,财政部可以设立投资基金,支持基础设施和公共服务领域的投融资。

(四)合同内容

如需成立项目公司的,政府或实施机构应当与依法选定的投资人签订初步协议,约定其在规定期限内注册成立项目公司,并与项目公司签订特许经营项目合同。

一般特许经营项目合同主要包括以下内容:(1)项目名称、内容;(2)特许经营方式、区域、范围和期限;(3)项目公司的经营范围、注册资本、股东出资方式、出资比例、股权转让等;(4)所提供产品或者服务的数量、质量和标准;(5)设施权属,以及相应的维护和更新改造;(6)监测评估;(7)投融资期限和方式;(8)收益取得方式,价格和收费标准的确定方法以及调整程序;(9)履约担保;(10)特许经营期内的风险分担;(11)政府承诺和保障;(12)应急预案和临时接管预案;(13)特许经营期限届满后,项目及资产移交方式、程序和要求等;(14)变更、提前终止及补偿;(15)违约责任;(16)争议解决方式;(17)需要明确的其他事项。

特许经营项目所涉及合同主体包括但不限于政府与社会资本之间,项目公司的股东之间,项目公司与项目的融资方、承包商、专业运营商、原料供应商、产品或服务购买方、保险公司等其他参与方之间,特许经营项目合同体系包括但不限于特许经营协议、股东协议、工程承包合同、运营服务合同、原料供应合同、产品服务购买合同、融资合同和保险合同等,其中特许经营协议是特许经营项目合同体系的基础。

## 二、特许经营运行流程

### (一)识别

根据《基础设施和公用事业特许经营管理办法》第10条规定:"地方各级人民政府应当规范推进本级政府事权范围内的特许经营项目,依法依规授权有关行业主管部门、事业单位等作为基础设施和公用事业特许经营项目实施机构(以下简称实施机构),负责特许经营项目筹备、实施及监管,并明确其授权内容和范围。"特许经营项目应满足PPP项目的一般特征,即通过筛选论证确保项目适合PPP模式,而且应当符合国民经济和社会发展总体规划、主体功能区规划、区域规划、环境保护规划和安全生产规划等专项规划、土地利用规划、城乡规划、中期财政规划等。

1. 开展特许经营的基础设施和公用事业项目,项目提出部门需按照要求编制项目实施方案

特许经营项目实施方案一般包括以下内容:(1)项目名称;(2)项目实施机构;(3)项目建设规模、投资总额、实施进度,以及提供公共产品或公共服务的标准等基本经济技术指标;(4)投资回报、价格及其测算;(5)可行性分析,即降低全生命周期成本和提高公共服务质量效率的分析估算等;(6)特许经营协议框架草案及特许经营期限;(7)特许经营者应当具备的条件及选择方式;(8)政府承诺和保障;(9)特许经营期限届满后资产处置方式;(10)应当明确的其他事项。

2. 开展项目可行性评估,完善特许经营项目实施方案,需政府提供可行性缺口补助或者开展物有所值评估

特许经营可行性评估一般包括以下内容:(1)特许经营项目全生命周期成本、技术路线和工程方案的合理性,可能的融资方式、融资规模、资金成本,所提供公共服务的质量效率,建设运营标准和监管要求等;(2)相关领域市场发育程度,市场主体建设运营能力状况和参与意愿;(3)用户付费项目公众支付意愿和能力评估。

**3. 经有关部门根据职责审查后分别出具书面审查意见方可实施**

项目实施方案编制完成后,由发展改革、财政、城乡规划、国土、环保、水利等有关部门对特许经营项目实施方案进行审查,项目提出部门综合各部门书面审查意见,报本级人民政府或其授权部门审定特许经营项目实施方案。项目实施方案经政府审定后,由项目实施方案确定的项目实施机构开展具体工作。

**(二)投标**

根据《政府和社会资本合作项目政府采购管理办法》(已失效)第 4 条规定:"PPP 项目采购方式包括公开招标、邀请招标、竞争性谈判、竞争性磋商和单一来源采购。"实施方案经政府审批后,实施机构根据上述采购方式选择特许经营者。根据《政府和社会资本合作项目政府采购管理办法》(已失效)规定:"项目采购实行资格预审。"故在项目正式选择特许经营者前,应进行资格预审。

根据资格预审结果决定是否进入项目正式采购阶段。根据项目实施方案确定竞争方式,按照规定要求发布公告。另外,潜在的社会资本可根据通知公告的内容参加项目资格预审并决定是否参与投标,如参加应按照通知公告的要求准备投标文件。经过评审后,选定特许经营投资者的,应按照法律规定的要求履行公示公告程序。

**(三)执行**

**1. 项目公司和项目实施机构签订特许经营协议**

选定特许经营投资者后,应根据项目实施机构与特许经营者签订的特许经营初步协议,按照签订股东协议要求拟定项目公司章程成立项目公司,项目公司成立后由项目公司与项目实施机构签订正式特许经营协议。

**2. 社会资本或项目公司应及时开展融资方案设计、机构接洽、合同签订等工作以完成项目融资交割程序**

如社会资本或项目公司依照项目合同的约定完成融资的,政府可提取履约保函直至终结合同;如遇系统性金融风险或不可抗力的,政府、社会资本或项目公司可依约协商修订融资部分相关条款;如项目出现重大经营或财务风险,威胁或侵害债权人利益时,银行等金融机构可依据与政府、社会资本或项目公司签订的直接介入协议或条款,要求社会资本或项目公司改善管理等;如重大风险已解除,金融机构应停止介入。

3. 特许经营项目涉及新建或改扩建有关基础设施和公用事业的,应当符合城乡规划、土地管理、环境保护、质量管理、安全生产等有关法律、行政法规规定

特许经营者应根据有关法律、行政法规、标准规范和特许经营协议,提供优质、持续、高效、安全的公共产品或者公共服务,需定期对设施进行检修和保养。实施机构可定期对建设运营情况监测分析并进行绩效评价,建立据绩效评价结果对价格或财政补贴进行调整,保障服务质量。

县级以上人民政府有关部门需对特许经营者执行法律、行政法规、行业标准、产品或服务技术规范,以及其他有关监管要求进行监督管理。特许经营者应配合上述监督检查工作。

4. 特许经营者可根据协议约定向用户收费或者通过可行性缺口补助

在特许经营期限内,特许经营者可通过向用户收费等方式获得收益,如付费无法满足需求,需政府提供可行性缺口补助,应按照预算法规定综合考虑政府财政承受能力和债务风险状况,合理确定财政付费总额和分年度数额。如法律、行政法规修改或政策调整损害特许经营者预期利益,或另外要求特许经营者提供协议约定以外的产品或服务的,应给予特许经营者补偿。

5. 特许经营协议需当事人协商一致后变更

在特许经营有效期内,如需变更协议内容,协议当事人应当在协商一致的基础上签署补充协议;如对存续债务产生重大影响的,应征求债权人意见;如特许经营项目涉及直接融资行为的,应当及时做好相关信息披露;如特许经营期限届满后确有必要延长的,应经充分评估论证协商一致并报批准。

6. 特许经营协议提前终止的,政府应当回收项目,给予补偿

在特许经营期限内,因特许经营协议一方严重违约或不可抗力等原因,特许经营者无法继续履行协议,或者出现特许经营协议约定的提前终止协议情形的,在与债权人协商一致后可以提前终止协议;如特许经营协议提前终止的,政府应当收回特许经营项目,并根据实际情况和协议约定给予原特许经营者相应补偿。

7. 有关资料予以保存,相应报告予以公开

在特许经营期限内,项目实施机构和特许经营者应当对特许经营项目建设、运营、维修、保养过程中有关资料进行归档保存。并按照规定将实施方案、特许经营者选择、特许经营协议及其变更或终止、项目建设运营、所提供公共服务标准、监测分析和绩效评价、经过审计的上年度财务报表等相关信息按规定向社会公开。

8. 移交

当特许经营期限届满或发生特许经营提前终止事项的,特许经营者应办理有关设施、资料、档案等的性能测试、评估、移交、接管、验收等手续。

(1) 如采取无偿移交的,特许经营者应配合完成项目设施的移交工作;如采用有偿移交的,特许经营者和项目实施机构需拟定移交补偿方案,移交补偿方案的基本原则是恢复相同经济地位。

(2) 设立项目设施移交工作小组,根据确认的移交情形和补偿方式,制定特许经营项目资产评估和性能测试方案,并对移交资产进行性能测试。性能测试结果不达标的,移交工作组应要求社会资本或项目公司进行恢复性修理、更新重置或提取移交维修保函。

(3) 社会资本或项目公司应将满足性能测试要求的项目资产、知识产权和技术法律文件,连同资产清单移交项目实施机构或政府指定的其他机构,办理过户、管理权等移交手续。项目移交完成后,政府应组织有关部门对项目产出、成本效益、监管成效、可持续性、特许经营应用等进行绩效评价,并按相关规定公开评价结果。

## 三、风险

(一) 法律风险

1. 定性风险

(1) 民事合同说

如前文所述,PPP 模式采用并应用特许经营作为主要方式,但与特许经营模式也有差别,PPP 模式强调政府与社会各方的平等关系。《基础设施和公用事业特许经营管理办法》第 20 条对特许经营协议的内容做出了相关规定,笔者认为除项目定价调价机制、政府承诺和保障、应急预案和临时接管、提前终止等事项涉及行政职权的运用外,其他所有事项都是作为普通经济活动主体的政府与其对应方之间确立的公民权利和义务。

(2) 行政协议说

根据《最高人民法院关于审理行政协议案件若干问题的规定》第 1 条规定:"行政机关为了实现行政管理或者公共服务目标,与公民、法人或者其他组织协商订立的具有行政法上权利义务内容的协议,属于行政诉讼法第十二条第一款第十一项规定的行政协议。"第 2 条规定:"公民、法人或者其他组织就下列行政协议提起行政诉讼的,人民法院应当依法受理。(一)政府特许经营协议;"特许经营协议主体的特殊性、目的的公共利益性质和适用规则的公法性质认定存在行政协议之说。

(3)复合合同说

依据特许经营协议的内容、标的、目的等内容,不能简单地将其定义为行政协议或民事合同,因为特许经营协议的基础在于政府向社会资本授予特许权,具有官方授权的性质,但是这不能否认合同其他内容的通过平等协商实现的民商性质。

2. 效力风险

根据《基础设施和公用事业特许经营管理办法》第 15 条规定:"特许经营方案按照政府投资项目审批权限和要求,报投资主管部门或者其他有关部门审核,合理控制项目建设内容和规模,明确项目产出方案。审核特许经营方案时,应当对项目是否适合采取特许经营模式进行认真比较和论证,根据职责分工征求有关部门意见,必要时可以委托专业咨询机构进行评估。"

(二)政府担保风险

特许经营模式中的政府担保是指特许经营者为降低风险要求政府对项目中的有关事项作出承诺。政府担保分为政策性承诺与商业性保证。政策性承诺是指政府应特许经营者的要求就税收优惠、原材料供应和土地征用;商业性保证主要是根据特许经营者要求,政府对投资回报等。国务院 2010 年 6 月 10 日出台《关于加强地方政府融资平台公司管理有关问题的通知》,其中明确"坚决制止地方政府违规担保承诺行为"。在特许经营项目的实践中,即使政府作出某些承诺或保证,特许经营者仍面临因该担保违反《民法典》等规定而被认定为无效。

(三)融资风险

1. 政策调整风险

国务院为控制地方政府债务规模,制定《国务院关于加强地方政府性债务管理的意见》(国发〔2014〕43 号),通知"严格限制地方政府融资平台的融资",导致政府投资建设的在建项目的融资受到严重影响,以至于《国务院办公厅转发财政部人民银行银监会关于妥善解决地方政府融资平台公司在建项目后续融资问题意见的通知》(国办发〔2015〕40 号)要求银行支持融资平台在建项目的后续融资,不得盲目抽贷、压贷、停贷。

《国务院关于调整和完善固定资产投资项目资本金制度的通知》(国发

〔2015〕51号）调整了各行业固定资产投资项目的最低资本金比例，促进特许经营项目融资，但对于产能严重过剩行业，通知要求金融机构要严格执行《国务院关于化解产能严重过剩矛盾的指导意见》（国发〔2013〕41号）有关规定。

2. 恶性通货膨胀风险

针对融资过程中发生的不可抗力风险，一般在特许经营协议中约定不可抗力风险发生后的沟通解决机制。

3. 融资成本过高风险

融资成本过高直接影响项目融资的可行性，为减少融资成本，特许经营者提供足额优质的担保物，或者通过投保商业保险等形式，降低项目建设期和运营期的风险，从而降低项目的融资成本。或者采用创新融资工具，通过设立私募基金、发行企业债券等多种形式融资，总体上降低项目融资成本。

## 四、风险对策

（一）协议风险对策

1. 要加强对协议内容的完善

严格遵守《基础设施和公用事业特许经营管理办法》第20条规定，政府应当与依法选定的特许经营者主动签订特许经营协议，并依照管理办法的要求将本条所列的18项内容约定在特许协议中。

2. 加强特许经营项目前期的立项审查研究

政府应加强对特许经营项目的审查，严格按照《基础设施和公用事业特许经营管理办法》的规定，对特许经营项目进行可行性评估，并专门对特许经营项目实施方案进行审查并出具书面审查意见。

特许经营者要加强对项目的调研，对项目的合规性、项目发起人的资质、资信状况进行全面的尽职调查。

政府和特许经营者都要严格遵守相应的法律、法规、规章甚至政策文件中对特许经营项目的要求。

（二）政府担保的风险对策

1. 担保性承诺函

根据《关于贯彻国务院关于加强地方政府融资平台公司管理有关问题的通知相关事项的通知》规定，担保性承诺函主要表现下列形式：为融资平台公司融资行为出具担保函;承诺在融资平台公司偿债出现困难时,给予流动性支持,提供临时性偿债资金;承诺当融资平台公司不能偿付债务时,承担部分偿债责任;承诺将融资平台公司的偿债资金安排纳入政府预算。担保性承诺函可能因违反《民法典》等规定而被认定为无效。

2.非担保性承诺函

非担保性承诺函是指未直接或间接提供担保,而是提供协助、配合、辅助、管理、确认、支持等方面的承诺。主要表现为:在融资平台无力偿还债务时,承诺协助处置担保物、质押物等支持事项;承诺在担保期内维持资助平台的正常运作,并监督资金使用情况;将相应债务纳入公共预算管理。非担保性承诺函因无法执行而不具有担保效力。

## 第三节 PPP 概述

### 一、PPP 模式概况

(一)内涵

PPP,是指政府和企业签署合同,鼓励私营企业、民营资本与政府进行合作,参与公共基础设施的建设。

财政部于 2014 年 9 月 23 日发布的《关于推广运用政府和社会资本合作模式有关问题的通知》规定,将 PPP 同样定义为政府与社会资本合作模式,其认为政府和社会资本合作模式是在基础设施及公共服务领域建立的一种长期合作关系。2014 年 12 月 2 日,国家发展改革委发布的《发展改革委关于开展政府和社会资本合作的指导意见》规定,将 PPP 定义为政府和社会资本合作,其是指政府为增强公共产品和服务供给能力、提高供给效率,通过特许经营、购买服务、股权合作等方式,与社会资本建立的利益共享、风险分担及长期合作关系。2014 年 11 月 29 日,财政部印发了《政府和社会资本合作模式操作指南(试行)》(财金〔2014〕113 号,以下简称财政部 113 号文);2015 年 12 月 31 日,财政部印发了《政府和社会资本合作项目政府采购管理办法》(财库〔2014〕215 号)。

通常模式是由社会资本承担设计、建设、运营、维护基础设施,并通过"使用者付费"及必要的"政府付费"获得合理投资回报；政府部门负责价格和质量监管，以保证公共利益最大化。根据财政部 113 号文，PPP 项目采购方式包括公开招标、邀请招标、竞争性谈判、竞争性磋商和单一来源采购五种方式；PPP 项目的一般采购流程包括资格预审、采购文件的准备和发布、提交采购响应文件、采购评审、采购结果确认谈判、签署确认谈判备忘录、成交结果及拟定项目合同文本公示、项目合同审核、签署项目合同、项目合同公告及备案等。

（二）基本特征

1. 平等

根据国家发展和改革委员会《关于开展政府和社会资本合作的指导意见》规定，转变职能，合理界定政府的职责定位，要求政府树立平等意识及合作观念。根据国家发展改革委《关于开展政府和社会资本合作的指导意见》规定，诚信守约，保证合作双方的合法权益，要求政府与社会资本平等订立合同。

2. 共赢

根据国家发展和改革委员会《关于开展政府和社会资本合作的指导意见》规定，因地制宜，建立合理的投资回报机制：首先，允许授予特许经营、核定价费标准、给予财政补贴、明确排他性约定，稳定社会资本收益预期。其次，完善投资回报机制，提出可行性举措，深化价格管理体制改革，对于涉及中央定价的 PPP 项目，可适当向地方下放价格管理权限。

3. 同担风险

根据国家发展和改革委员会《关于开展政府和社会资本合作的指导意见》规定，合理设计，构建有效的风险分担机制，按照风险收益对等原则政府和社会资本间合理分配项目风险。社会资本方承担项目的建设、运营风险，政府承担法律、政策调整风险，双方共同承担自然灾害等不可抗力风险。

4. 周期长

PPP 模式相比传统模式而言，更加重视合作选择，一个完整的 PPP 项目需经历识别、准备、采购、执行、移交 5 个阶段，项目运营期限一般在 10 年以上。

（三）优缺点

1. 优点

（1）有利于创新投融资机制，拓宽社会资本投资渠道，增强经济增长内生动力

基础设施建设项目往往周期长、资金需求大，如政府单独进行基础设施建设

将面临资金压力,且技术、管理等配套制度相对落后。故政府通过PPP模式引进社会资本方进行竞争,不仅减轻政府资金压力,也减少政府融资环节降低融资成本。

(2)有利于推动各类资本相互融合、优势互补,促进投资主体多元化,发展混合所有制经济

社会资本方相较于政府而言拥有一定优势,政府与社会资本方之间是合作伙伴关系,而不再是"监管"与"被监管"的关系,政府可以充分利用社会资本方所提供的先进的技术与管理体系,提高基础设施项目的工作效率,同时成立相对独立的项目公司,将传统意义上的外部矛盾转化为内部矛盾进行协商解决,有效提高项目的运作效率。

(3)有利于理顺政府与市场关系,加快政府职能转变,充分发挥市场配置资源的决定性作用

传统模式下政府部门担当"篮球员"与"裁判员"的双重角色,项目实施缺乏监督,易滋生权力腐败。按照PPP模式政府与社会资本方负责不同的分工,政府由"提供者"转变为"监管者",实现政府与社会资本方权力制衡,保证了工程进度与质量。

2. 缺点

(1)融资渠道收窄,融资成本要比传统模式的融资成本高

首先,PPP项目融资渠道过窄,国内主要融资渠道为商业贷款以及上市投资两种模式,企业融资成本高,融资利息成本一般高出同等条件公司贷款的0.3%~1.5%。私营机构并不同于政府机构,其没有政府的信用保证,也没有财政支持,其融资难度更大,融资成本相对更高。

其次,PPP项目融资市场缺少第三方评级机构风险揭示,金融机构又缺乏对PPP项目风险的判断经验,更多依据投资者的主体信用和外部增信为项目提供债务资金,实质仍未脱离公司融资。

目前,国内大部分PPP项目融资都是由母公司向银行贷款或发行企业债券,以母公司的资产基础为支持,无形中增加了母公司的风险。国内金融机构青睐于有政府信用背书的项目,不利于市场化发展,限制使用者付费模式项目的融资渠道,并且导致金融机构对项目风险的判断容易高估,反而加大了项目的融资成本,使民营企业项目融资难、融资贵。

（2）PPP模式的交易结构更为复杂，社会资本参与基础设施PPP项目的积极性受影响

PPP模式交易结构复杂，包括但不限于参与主体、建设周期、运营结构、合同文件数量等。再者，私营机构需要补偿项目相关的全部成本并获得合理水平的投资收益，故对产品或服务进行市场化的定价，公众直接使用成本需要增加。

尤其是城际高速铁路和城际轨道交通、新能源汽车充电桩、特高压等传统基建短板领域中的新基础设施PPP项目，由于投资体量大、建设周期长，不确定性风险大，民营企业受制于资金、技术很难进入，参与PPP项目的意愿不高。社会资本方多以追求短期利益最大化为主，PPP项目多以公益性民生项目居多，导致项目盈利缺乏稳定，社会资本方参与度不高。

此外，与政府方相比，社会资本方处于劣势地位，如政府无法按时保证资金划拨、影响资金的及时回收等，都使社会资本方参与的积极性受影响。

各类民营企业是最活跃的市场主体，在特定领域已经具备相对竞争优势，但由于融资环境和条件的严格限制，难以普遍、持续、大规模开展重资产的PPP项目投资。这种过度依赖于背景和强信用主体的融资主体筛选机制，严重制约着PPP项目全生命周期综合运营效率的实质性增强。

（3）政策、法律法规有待进一步健全

对PPP模式规范更多的是政策性文件，PPP模式制度上的缺陷，给项目的融资、建设、运营等方面造成不同程度的影响。新基建PPP项目的发力，需要国家政策的引导，包括标准确定以及刺激政策。如信息基础设施领域的PPP项目，缺乏统一行业标准和规范指引。项目操作时无所适从，实施方案的编制和后期项目的落地存在困难；信息基础设施建设的核心目标是通过信息间的互联实现资源共享，若标准和指引不同将带来不同区域甚至同一区域项目之间无法有效衔接。

## 二、PPP创新模式

（一）项目捆绑

项目存在天然性的收益差距，收益好的能够吸引投资人，收益差甚至无法覆盖投资成本的项目无法吸引投资人，需要政府提供财政补贴。而后就是将非经营项目和收益好的经营性项目进行捆绑打包，以确保投资人获取回报，同时能够

带动非经营项目和准经营 PPP 项目的开发建设。

（二）设备供应商加入

投资人通常为国有企业，但随着国企所参与的 PPP 项目增多，项目资本金的出资也是巨大压力，故吸引设备供应商的加入既缓解了投资的重任，又可以通过参与项目承担施工任务。

（三）基金介入

以往基金参与 PPP 项目只作为阶段性股东收取固定回报，在项目建设完成后两年到三年时间内即退出，并不分担运营风险。新模式下基金长期持股，基金公司对项目进行全面评判后作为项目公司股东，其存续时间与项目的特许经营期等长。

### 三、PPP 模式的制度冲突

（一）与土地制度的冲突

土地使用权的获得包括无偿划拨、有偿出让等方式。有偿出让方式又可细分为招标、拍卖、挂牌和协议出让，而针对工业、商业、旅游、娱乐和商品住宅等经营性用地，法律规定采用招拍挂公开出让土地使用权方式。针对含经营性的 PPP 项目，极有可能出现政府通过招标、竞争性谈判、直接授予等方式选择 PPP 项目投资人，但是又不得不通过招拍挂公开方式出让 PPP 项目的经营性用地，从而造成投资人虽中标 PPP 项目却无法获得土地使用权。

（二）与税收制度的冲突

地方政府在招标文件或与投资人签订的投资协议中承诺税收优惠政策，但由于税务主管部门实行垂直领导且税收优惠承诺缺乏税收制度法律支持，故实践中，税收优惠政策无法实现，不仅打击投资人的投资热情，而且严重影响政府诚信。

（三）与价格制度的冲突

投资人投资的 BOT 项目中，运营环节的收益为投资人收入来源，但对于直接关系到社会公共利益的 BOT 项目如轨道交通、高速公路等道路基础设施和污水处理等项目，其定价须经地方政府和物价部门批准，投资人无法决定收费标准，难以根据运营成本或市场供求变化自行及时调整，将在一定程度上影响投资人的营运收入。

(四)与国有股权转让制度的冲突

BT投融资模式下的回购分为资产回购和股权回购。在全部项目投资均由投资人负责的BT项目中,通常以资产回购的方式进行;但在投资人投资仅占部分项目时,回购则只能以股权回购的方式体现。

根据《企业国有产权转让管理暂行办法》规定,国有资产和国有股权的性质一样,都为国有产权。两者转让都应通过产权交易所挂牌转让。如BT项目在以资产方式进行回购中可以突破现有规定不通过挂牌转让,应该也接受以股权方式进行回购时无须进场挂牌转让。因此,BT项目中的股权回购与通常的股权回购存在很大差异。如果一味强调进场挂牌的要求,势必影响该模式发展。

### 四、PPP模式的法律风险

(一)外部法律风险

1. 法律法规适用的模糊性

(1)法律法规之间的冲突

当前PPP模式下的项目并未形成一套自有的且成熟的规制体系,规范PPP项目的法律法规散见于不同的法律文件中,这便为开展PPP实践埋下潜在的法律风险。如国家发展改革委等六部委颁布的《基础设施和公用事业特许经营管理办法》第16条规定并未对适用《招标投标法》还是《政府采购法》予以明确。

(2)国家部委的部门规章与政策性文件之间的冲突

在当前的PPP模式发展中形成了两大政策体系,一个是以国家发展和改革委员会为核心,另一个是以财政部为核心。财政部认为PPP模式属于地方政府新型投融资手段,而国家发展和改革委员会则认为PPP模式是基础设施领域的新型投资方式。由于两个部门对PPP模式的认识存在不同,自然在政策制定上存在分歧,造成PPP模式适用时存在潜在的法律风险。

2. 争议解决机制的不确定性

根据《政府和社会资本合作法(征求意见稿)》第49条规定:"开展政府和社会资本合作,社会资本与实施单位就合作协议发生争议并难以协商达成一致的,可以依法提起民事诉讼或仲裁。"但是该法律并未出台,因此不具有法律强制力。此外,根据《PPP项目合同指南(试行)》第二十节"适用法律及争议解决",财政部认为，PPP争议应采用友好协商、专家裁决、仲裁与民事诉讼的方式进行解决。而依据《基础设施和公用事业特许经营管理办法》第54条第1款规定："特许经营者认为行政机关不依法订立、不依法履行、未按照约定履行或者违法变更、解除特许经营协议的，有陈述、申辩的权利，并可以依法申请行政复议或者提起行政诉讼。"将PPP协议认定为特许经营协议，应采用行政复议或行政诉讼方式。

目前，司法实践中法院对PPP协议的争议救济途径并没有明确的统一标准，法官基于自由裁量权针对具体案件具体分析。目前呈现三种解决路径：将PPP争议认定为民事合同，采取民事诉讼的方式进行解决；PPP争议应采取行政复议或行政诉讼方式的解决；根据双方当事人所争议的具体法律行为来判断该行为是民事性质还是行政性质，进而选择适用。

PPP争议解决机制的不确定性，会影响司法的权威性和判决的统一性，也会影响社会资本方参与PPP模式的积极性，降低其对PPP模式的可期待性。

（二）内部法律风险

1. 性质性风险

（1）《行政协议案件规定》赋予政府方申请强制执行权

《行政诉讼法》第2条第1款规定："公民、法人或者其他组织认为行政机关和行政机关工作人员的行政行为侵犯其合法权益，有权依照本法向人民法院提起诉讼。"我国行政诉讼法遵循的是被告恒定原则，即行政机关仅能作为行政诉讼案件的被告而不得主动提起行政诉讼。

对于政府方权利救济，《最高人民法院关于审理行政协议案件若干问题的规定》（以下简称《行政协议案件规定》）第24条赋予政府方申请强制执行的权力。第24条第1款规定："公民、法人或者其他组织未按照行政协议约定履行义务，经催告后不履行，行政机关可以作出要求其履行协议的书面决定。公民、法人或者其他组织收到书面决定后在法定期限内未申请行政复议或者提起行政诉讼，且仍不履行，协议内容具有可执行性的，行政机关可以向人民法院申请强制执行。"

在社会资本方违约的情况下，《行政协议案件规定》第24条的内容是赋予政府方权利救济的途径。如对政府方所作出的书面决定内容不服的，社会资本方应当按照行政诉讼法和行政复议法规定的期限及时提出申请。否则，社会资本方将会面临因逾期主张权利导致丧失救济途径。

（2）行政诉讼和民事诉讼的时效差别

《行政协议案件规定》第25条规定，若对行政机关不依法履行、未按照约定履行行政协议提起诉讼的，诉讼时效参照民事法律规范确定；若对行政机关变更、解除行政协议等行政行为提起诉讼的，起诉期限依照行政诉讼法及其司法解释确定。《行政诉讼法》第46条和第48条规定，行政诉讼的起诉期限为6个月，除非因不可抗力或不属于自身原因耽误起诉期限的，被耽误的时间不计算在起诉期限内。资本方应当注意行政诉讼的起诉期限自行政相对人知道或应当知道行政机关作出的行政行为之日起开始起算的6个月，且不适用诉讼时效中止或中断的情形。适用行政诉讼时效的，一旦社会资本方逾期起诉，人民法院将不予受理。行政诉讼的起诉期限较民事诉讼更短，且逾期起诉的后果更加严重。

（3）行政诉讼适用规范类型更广泛

根据《最高人民法院关于裁判文书引用法律、法规等规范性法律文件的规定》第5条规定："行政裁判文书应当引用法律、法律解释、行政法规或者司法解释。对于应当适用的地方性法规、自治条例和单行条例、国务院或者国务院授权的部门公布的行政法规解释或者行政规章，可以直接引用。"

与民事案件法院引用规范文件对比，行政案件所适用规范更多。当双方对行政协议解释发生争议，非当事人的行政机关依职权作出解释会影响法院审查行政协议，而民事诉讼主要由法院对协议争议事项进行解释，故行政诉讼对协议解释的不确定性更强。

（4）行政协议约定仲裁作为争议解决方式无效

根据《行政协议案件规定》第26条规定，行政协议约定仲裁条款的，除法律、行政法规或者我国缔结、参加的国际条约另有规定的外，人民法院应当确认该条款无效。若将PPP项目合同定性为行政协议，则双方当事人无法再选择仲裁作为争议解决方式。目前，对于PPP项目合同的定性尚无统一判断标准，实践中即使在PPP项目合同中约定仲裁，仲裁机构也不一定会受理，或者出现仲裁机构与人民法院争议的情形。

2. 效力性风险

（1）遵守国家部委规范性文件

通过前文对PPP项目合同效力问题的分析，目前PPP项目合同违反规范性文件的规定并不会在法律层面导致PPP项目合同的无效。但是，政府方和社会资本方仍然应当遵守规范性文件的各项要求。如政府方应当按规定开展"两个论证";政府方应当授权合适的签约主体;政府方不得在合同中承诺固定回报或以其他形式违规举债担保;政府方不得将 BT 项目伪装成 PPP 项目等。

根据财政部的要求,PPP 项目或拟采用 PPP 模式的项目均需纳入财政部的 PPP 项目库予以管理,一旦 PPP 项目违反相关规定的则可能被清退出库导致项目无法继续采用 PPP 模式。另外,PPP 项目合同出现的违规情形可能导致 PPP 项目合同无法通过政府审批,因而无法继续执行。PPP 项目投资巨大,政府方和社会资本方为签订 PPP 项目合同前期已开展大量工作并投入了相应的资源,一旦 PPP 项目合同涉嫌违规,政府方和社会资本方将承担由此遭受的损失。

(2)社会公共利益对 PPP 项目合同效力造成影响

虽然 PPP 项目合同违反规范性文件并不构成"违反法律、行政法规强制性规定"的情形,但是若 PPP 项目合同违反规范性文件将严重影响社会公共利益的,PPP 项目合同无效。

PPP 项目合同与普通民事合同的最大区别就在于 PPP 项目合同的制定目的为追求公共利益,除体现合同双方当事人的自由意志外,PPP 项目合同更体现国家意志和社会公众的意志。具体到 PPP 项目,公共利益体现在公共服务的价格、质量和安全性等问题上。因此,PPP 项目合同的条款设置应当充分考虑并维护社会公共利益,避免造成 PPP 项目合同无效的法律风险。

(3)关注现行法律法规对 PPP 项目合同效力的影响

虽然目前系统规范 PPP 模式的法律文件大多为国家部委的规范性文件,但是 PPP 参与各方不能因此而忽视了现行法律法规可能对 PPP 项目合同效力产生的影响。例如,在用地问题中,若取得 PPP 项目用地的物权行为违法的,则 PPP 项目合同无效。又如,在 2020 年以前实施的乡村振兴类 PPP 项目中,若项目公司非法占用集体土地开展非农建设的,则项目公司的用地程序违法,由此将导致 PPP 项目合同无效。

3. 违约性风险

政府方违约主要是指政府部门未遵照事先的约定或者协议来履行相关的责任和义务,使合作方的利益受损,进而对 PPP 项目产生直接或者间接的损失。导致政府方违约的原因是多方面的,如政策法律的变化、政府决策的失误、不合理的政府承诺或不可抗力等其他因素。

社会资本方违约是指社会资本方在追求利益的目的下，实施了违反PPP项目合同的约定的行为，造成PPP项目产生直接或间接的损失。

社会资本方与政府方参与PPP模式的出发点并不相同，其旨在追求经济利益的最大化，因此在实施PPP项目过程中面临着成本上涨、市场价格大幅波动、企业投资能力下降、融资困难等问题时，社会资本方则可能从自身企业利益角度出发而违约。

（1）行政协议中的违约责任承担

一是明确了行政协议的给付判决。《行政协议案件规定》第19条第1款规定："被告未依法履行、未按照约定履行行政协议，人民法院可以依据行政诉讼法第七十八条的规定，结合原告诉讼请求，判决被告继续履行，并明确继续履行的具体内容；被告无法履行或者继续履行无实际意义的，人民法院可以判决被告采取相应的补救措施；给原告造成损失的，判决被告予以赔偿。"

二是明确了行政协议的违约责任。《行政协议案件规定》第19条第2款规定："原告要求按照约定的违约金条款或者定金条款予以赔偿的，人民法院应予支持。"第20条规定："被告明确表示或者以自己的行为表明不履行行政协议，原告在履行期限届满之前向人民法院起诉请求其承担违约责任的，人民法院应予支持。"

三是明确了被告的缔约过失责任。《行政协议案件规定》第13条、第15条第2款规定："行政协议约定被告负有履行批准程序等义务而被告未履行，原告要求被告承担赔偿责任的，人民法院应予支持。""因被告的原因导致行政协议被确认无效或者被撤销，可以同时判决责令被告采取补救措施；给原告造成损失的，人民法院应当判决被告予以赔偿。"

（2）细化合同中的违约情形和违约责任

对于合同履行的违约行为，除了法律规定的违约情形，更多是通过合同条款进行约定。为了维护合同双方当事人的合法权益，应当在合同条款中尽量细化违约行为的类型、方式和对应的责任，尤其是明确约定合同变更、解除的条件等内容，避免因约定不清而无法有效行使权利，或者即使进入诉讼程序也不得不承担过重的举证责任。

**4. 解除性风险**

PPP合同可能既包含作出行政许可、授权等行政法律行为，也包含订立民事合同等民事法律行为。根据《行政协议案件规定》第2条第5款规定,对于"符合本规定第一条规定的政府与社会资本合作协议",公民、法人或者其他组织提起行政诉讼的,人民法院应当依法受理。因此,PPP合同的解除涉及行政法意义上的解除和民法意义上的解除。

行政法意义上行政机关行使行政优益权可导致PPP合同的解除。

根据《行政协议案件规定》第11条规定,人民法院需对行政行为的合法性进行审查,包括"是否具有法定职权、是否滥用职权、适用法律法规是否正确、是否遵守法定程序、是否明显不当、是否履行相应法定职责"等。

民法意义上的合同解除包括约定解除和法定解除两种情形。

约定解除包括合同双方协商一致解除合同和事先约定一方解除合同的条件,当解除合同的条件成就时,解除权人可以解除合同。

法定解除的情形分为五类,分别是:①因不可抗力致使不能实现合同目的;②在履行期限届满之前,当事人一方明确表示或者以自己的行为表明不履行主要债务;③当事人一方迟延履行主要债务,经催告后在合理期限内仍未履行;④当事人一方迟延履行债务或者有其他违约行为致使不能实现合同目的;⑤法律规定的其他情形。因此,当出现上述五类情形之一时,当事人可以解除合同。这里虽未明确规定违约方是否享有法定解除权,但通说认为仅是赋予守约方的法定解除权。

但是,违约方并非在任何情况下均无合同解除权,《全国法院民商事审判工作会议纪要》第48条规定:"违约方不享有单方解除合同的权利。但是,在一些长期性合同如房屋租赁合同履行过程中,双方形成合同僵局,一概不允许违约方通过起诉的方式解除合同,有时对双方都不利。在此前提下,符合下列条件,违约方起诉请求解除合同的,人民法院依法予以支持:①违约方不存在恶意违约的情形;②违约方继续履行合同,对其显失公平;③守约方拒绝解除合同,违反诚实信用原则。人民法院判决解除合同的,违约方本应当承担的违约责任不能因解除合同而减少或者免除。"

(1)设置合同解除的前置程序

PPP项目从项目识别至最终移交的生命周期长,项目涉及基础设施和公共服务的建设,因政府方违约或社会资本方违约而终止PPP项目合同无疑会对公共服务的提供产生较大冲击。而且在前期准备工作中,无论是政府方还是社会资本方均为开展PPP项目投入了巨大的时间、精力和财力,一旦PPP项目终止则可能让双方的前期准备工作成果付诸东流。因此,虽然合同双方当事人享有法定解除权和约定解除权,但是在合同解除前应当增加一定的程序性条款,例如协商、调解、通知等,以确保合同解除是最终的解决办法。

(2)对政府单方解除权的限制

PPP项目合同的特殊之处体现在政府方享有行政优益权。行政优益权主要表现为政府方对社会资本方的选择权、介入权、单方解除权和变更权、强制执行权和制裁权。行政优益权的行使应当以公共利益为限。财政部PPP项目合同指南中提出,在特定情形下政府方可以单方终止PPP项目。为了避免因"公共利益"的解释范围扩大化导致合同解除的恣意性,双方宜对涉及"公共利益"的合同解除条件进行尽量明确的界定,或者约定对"公共利益"的解释程序。

除了在PPP项目合同中对该政府单方解除权进行限制,《行政协议案件规定》赋予了社会资本方通过诉讼方式救济权利的途径,规定将举证责任倒置,要求政府方承担其解除项目合同合法性的证明责任,并要求人民法院主动审查政府方解除项目合同的合法性。

(3)合理设置政府回购条款

政府回购是合同解除的法律效果之一,不应当因社会资本方违约而有所区别。鉴于目前PPP项目合同指南里有政府选择回购权的规定,建议政府方和社会资本方在签署PPP项目合同时避免约定类似"政府方有权但无义务补偿"的内容。避免因政府作出错误决策导致双方当事人将来产生更大的争议,也避免社会资本方因此而面临巨大的损失。同时,政府方和社会资本方都应当严格按照合同的约定履行各自的义务,避免出现违约行为。

# 第四节 专项债模式概述

## 一、专项债模式概况

(一)内涵

2014年9月21日,国务院发布《关于加强地方政府性债务管理的意见》(国发〔2014〕43号）二、（二）规定："建立规范的地方政府举债融资机制。地方政府举债采取政府债券方式。没有收益的公益性事业发展确需政府举借一般债务的，由地方政府发行一般债券融资，主要以一般公共预算收入偿还。有一定收益的公益性事业发展确需政府举借专项债务的，由地方政府通过发行专项债券融资，以对应的政府性基金或专项收入偿还。"

2015年4月2日，财政部发布《地方政府专项债券发行管理暂行办法》（财库〔2015〕83号），该文件明确规定了地方政府专项债券的发行流程及管理方法，该办法第2条明确对"地方政府专项债"作出了定义，即"省、自治区、直辖市政府（含经省级政府批准自办债券发行的计划单列市政府）为有一定收益的公益性项目发行的、约定一定期限内以公益性项目对应的政府性基金或专项收入还本付息的政府债券"。

（二）分类

目前，地方政府专项债可以分为普通专项债券和项目收益专项债券。2017年6月2日，财政部发布《关于试点发展项目收益与融资自求平衡的地方政府专项债券品种的通知》，推出创新的新型地方政府专项债品种即项目收益专项债。该通知中明确提及选取土地储备、政府收费公路两个领域作为试点项目，随后由各地方确定专项债券的品种。目前，项目收益专项债已广泛运用于土地储备、政府收费公路、棚改及保障房、轨道交通和高等学校等品种中，其中，存量项目中又以土地储备、棚改及保障房项目居多。

（三）使用范围

2019年6月10日，中共中央办公厅、国务院办公厅联合发布《关于做好地方政府专项债券发行及项目配套融资工作的通知》，首次从行政法规的层级对专项债的使用范围作出了明确的界定，并对专项债制度作出了重要的完善。

2019年9月4日时任国务院总理李克强同志主持召开国务院常务会议，再次对2020年新增专项债用途进行了补充。随后，水利部、文化和旅游部均下发关于用好地方政府专项债券的通知，要求推进各自管理行业的专项债券的申报和储备工作。

## 二、专项债发行制度

### (一)审批与发行

根据《预算法》《地方政府专项债券发行管理暂行办法》等相关规定,地方政府专项债的审批与发行包括:

1. 额度审批及分配

地方政府专项债需根据国务院批准的本地区专项债务限额在本地区内进行统筹安排。具体专项债额度审批及分配流程包括:各市县财政局根据项目融资需求向省财政厅申请额度,省财政厅将全省情况汇总后向财政部申请全年的地方政府债券的发行额度,经国务院报全国人大批准;财政部在全国人大批准的限额内结合各省情况将额度下发至省财政厅,再由省财政厅在额度内提出本省内额度,报省级人大批准后向本省内各市县财政部门分配额度。

2. 聘请中介机构及制作债券申报材料

各市县财政部门拿到下一年的发行额度后,牵头组织相关债券申报材料的撰写,包括信息披露文件、项目收益与融资资金平衡方案、财务评价报告、法律意见书、信用评级报告等。中介机构包括银行或证券公司、会计师事务所、律师事务所、评级机构等。

3. 备案及报告

各地应当将本地区专项债券发行安排、信用评级、信息披露、承销团组建、发行兑付等有关规定及时报财政部备案。专项债券发行兑付过程中出现重大事项应当及时向财政部报告。同时,财政部门及时向当地发展改革、金融管理部门及金融机构提供有关专项债券项目安排信息、存量隐性债务中的必要在建项目信息等。发展改革部门按职责分工做好建设项目审批或核准工作。金融管理部门指导金融机构做好补短板重大项目和有关专项债券项目配套融资工作。

4. 债券发行

申报材料编制好后,应由牵头方(银行或券商)或市县财政部门进行材料初审后提交至省财政厅审查,省财政厅向财政部报请审核通过后通过债券市场完成发行。发行市场包括银行间债券市场与交易所债券市场。专项债应当在中央国债登记结算有限责任公司办理总登记托管,在国家规定的证券登记结算机构办理分登记托管。专项债券发行结束后,符合条件的应按有关规定及时在全国银行间债券市场、证券交易所债券市场等上市交易。

（二）创新发行制度

2019年6月10日,中共中央办公厅、国务院办公厅联合发布《关于做好地方政府专项债券发行及项目配套融资工作的通知》,明确了以下地方政府专项债的发行制度。

1. 允许"专项债+金融机构融资"模式,即金融支持专项债券项目

对没有收益的重大项目,通过统筹财政预算资金和地方政府一般债券予以支持;对有一定收益且收益全部属于政府性基金收入的重大项目,由地方政府发行专项债券融资;收益兼有政府性基金收入和其他经营性专项收入,且偿还专项债券本息后仍有剩余专项收入的重大项目,可由有关企业法人项目单位根据剩余专项收入情况向金融机构市场化融资。

对于实行企业化经营管理的项目,鼓励和引导银行机构以项目贷款等方式支持符合标准的专项债券项目。鼓励保险机构为符合标准的中长期限专项债券项目提供融资支持。允许项目单位发行公司信用类债券,支持符合标准的专项债券项目。

2. 允许将专项债券作为符合条件的重大项目资本金

对于专项债券支持、符合中央重大决策部署、具有较大示范带动效应的重大项目,主要是国家重点支持的铁路、国家高速公路和支持推进国家重大战略的地方高速公路、供电、供气项目,在评估项目收益偿还专项债券本息后专项收入具备融资条件的,允许将部分专项债券作为一定比例的项目资本金,但不得超越项目收益实际水平过度融资。地方政府要按照一一对应原则,将专项债券严格落实到实体政府投资项目,不得将专项债券作为政府投资基金、产业投资基金等各类股权基金的资金来源,不得通过设立壳公司、多级子公司等中间环节注资,避免层层嵌套、层层放大杠杆。

3. 确保落实到期债务偿还责任

省级政府对专项债券依法承担全部偿还责任。组合使用专项债券和市场化融资的项目,项目收入实行分账管理。项目对应的政府性基金收入和用于偿还专项债券的专项收入及时足额缴入国库,纳入政府性基金预算管理,确保专项债券还本付息资金安全;项目单位依法对市场化融资承担全部偿还责任,在银行开立监管账户,将市场化融资资金以及项目对应可用于偿还市场化融资的专项收

入，及时足额归集至监管账户，保障市场化融资到期偿付。市场化转型尚未完成、存量隐性债务尚未化解完毕的融资平台公司不得作为项目单位。严禁项目单位以任何方式新增隐性债务。

**三、专项债使用方式**

（一）专项债用作政府投资项目的直投资金

专项债收入进入发债收入后，政府以直接投资的方式投入项目；发债主体作为招标方直接选定项目实施主体，专项债可全额覆盖项目成本；项目实现的收益回到政府性基金或经营性专项收入，归还专项债本息。由于投资方式为政府直接投资，因此这类项目通常是政府直接投资的项目，没有其他经济主体参股，项目建设资金全部来自专项债，不涉及外部融资。

（二）专项债提供债权资金

政府方（包括委托城市建设类企业、融资平台公司，从事公益性项目的地方国有企业，下同）以股东借款（政府控股或参股）或委托贷款（政府不参股）的方式借给项目公司或项目实施主体（不成立项目公司的情况），项目公司或项目实施主体用项目收益归还政府方股东借款或委托贷款，政府方将收到的还款本息计入项目对应的政府性基金收入或专项收入，用以归还专项债本息。

（三）专项债提供股权资金

《关于做好地方政府专项债券发行及项目配套融资工作的通知》规定，允许将专项债券作为符合条件的重大项目资本金。对于专项债券支持、符合中央重大决策部署、具有较大示范带动效应的重大项目，主要是国家重点支持的铁路、国家高速公路和支持推进国家重大战略的地方高速公路、供电、供气项目，在评估项目收益偿还专项债券本息后专项收入具备融资条件的，允许将部分专项债券作为一定比例的项目资本金，但不得超越项目收益实际水平过度融资。

2019年9月4日国务院常务会议上提出要扩大专项债的使用范围，重点用于铁路、轨道交通、城市停车场等交通基础设施，城乡电网、天然气管网和储气设施等能源项目，农林水利，城镇污水垃圾处理等生态环保项目，职业教育和托幼、医疗、养老等民生服务，冷链物流设施，水电气热等市政和产业园区基础设施，将专项债可用作项目资本金范围明确为符合上述重点投向的重大基础设施领域。以省为单位，专项债资金用于项目资本金的规模占该省份专项债规模的比例可为20%左右。

### 四、专项债模式的法律风险与对策

（一）专项债的困境与风险

目前，专项债的困境与风险主要来源于项目的收益性问题。基础设施和公用事业等项目往往由于其专业化程度高造成其建设成本较高，又因其运营项目的公益属性使得收入较低，许多项目难以实现自平衡。通常，为达到专项债的发行要求，地方层面主要通过与附近地块捆绑打包形成项目，以附近地块的土地开发收益作为还款来源，或虚增项目运营收入等方式实现项目"自平衡"。

1. 通过捆绑地块，以土地开发收益作为还款来源对地方政府财政收支造成压力

在经济下行压力及现行房地产调控政策下，三四线等城市土地开发速度已明显下降。因此，除了铁路、公路等对附近地块有明显增幅作用的项目，以附近地块的土地开发收益作为项目还款来源的稳定性与增长性已大不如前。此外，从宏观层面来看，土地出让收入作为地方政府收入的重要组成部分，如果依赖土地相关收入还本付息的项目较多，未来可能对地方政府的财政收支造成较大压力。

2. 虚增项目运营收入的方式包装项目增加风险，且隐蔽

运营项目收入影响因素较多、涉及未来不确定性且缺乏公开资料等原因极大地增加了项目筛选、审核的难度。虚构项目收入使得专项债的风险大幅增加，因其造成的资金缺口无法准确计量，且更为隐蔽。

（二）对策与建议

1. 遏制隐性债务增量

进一步完善地方建设项目和资金管理。加大财政约束力度，有效抑制地方不具备还款能力的项目建设。有关部门要加强监督管理，从严审核把关，严禁建设形象工程、政绩工程以及脱离当地财力可能的项目。督促金融机构尽职调查、严格把关，对没有稳定经营性现金流作为还款来源或没有合法合规抵质押物的项目，金融机构不得提供融资，严格按商业化原则提供融资。强化中央企业债务融资管控，严禁违规为地方政府变相举债。

2. 化解存量隐性债务

建立市场化、法治化的债务违约处置机制，依法实现债权人、债务人共担风

险,及时有效防止违约风险扩散蔓延。坚持从实际出发,分类审慎处置,继续整改违法担保,纠正政府投资基金、PPP、政府购买服务中的不规范行为,鼓励地方政府合法合规增信,防范存量债务资金链断裂风险。

3. 规范举债融资

适度增加地方政府专项债务限额,稳步推进专项债券管理改革,支持有一定收益的公益性项目建设。支持地方政府合法合规与社会资本合作。鼓励地方政府规范运用PPP、政府投资基金等方式。支持市场化融资和担保。鼓励政府出资的担保公司依法依规提供融资担保服务,地方政府在出资范围内对担保公司承担责任。

4. 融资平台公司市场化转型

规范融资平台公司融资管理。推动融资平台公司公开透明、合法合规运作,严禁新设融资平台公司。规范融资平台公司融资信息披露,充分披露企业及项目相关信息,严禁与地方政府信用挂钩的误导性宣传。分类推进融资平台公司市场化转型。妥善处理融资平台公司债务和资产,剥离融资平台公司政府融资职能,支持转型后的国有企业依法合规承接政府公益性项目。

5. 健全监督问责机制

加大监督力度,将风险管理工作纳入日常监督范围。重点加强债券发行前风险评估,坚决制止项目盲目上马。基层财政在建立政府债券储备项目库体系时,一定要对债券项目进行前置性调查、分析、研究,明确债券项目的公益性以及资金支出的资本性,从源头排查解决债券资金安排的风险隐患。

6. 建立长效管理机制

深化财税体制、投融资体制、金融改革;全面推进地方政府债务公开;加快编制以权责发生制为基础的政府综合财务报告;充分发挥市场机制激励约束作用,促进市场融资自律机制形成。

在不同的生命周期环节上,项目的风险特征各异。为了控制风险,应构建具体的、针对性的新基建专项债券及项目全生命周期风险管理体系,通过完善相关操作指引和指导性文件,明确各部门在专项债风险控制方面的职责,制定可操作性较强的具体风险管理方案等方式,覆盖项目全生命周期的各个阶段主要事项和要素。

从发行角度讲,应科学设置债券要素,合理确定发行期限和本息偿还时序,精准匹配项目资金需求,优化债务结构,设置结构化创新,提高债券偿还灵活性和匹配度。从管理角度讲,应加强压力测试和日常监测,利用市场化、法治化方式促进专家共同参与,提高资金使用效率和合规性,落实好偿债资金的来源。

## 第五节　F+EPC 模式概述

### 一、F+EPC 模式概述

EPC(Engineering Procurement Construction),即"设计—采购—施工"工程总承包,是指工程总承包企业受业主委托,按照合同约定对工程建设项目的设计、采购、施工等实行全过程或若干阶段的总承包,并对其所承包工程的质量、安全、费用和进度进行全方位负责。根据工程项目的不同规模、类型和业主要求,其他的工程总承包模式还包括 DB(Design Build)设计—施工总承包模式、PC(Procurement Construction)采购—施工总承包模式、EP(Engineering Procurement)设计—采购总承包模式。

F+EPC 模式中的 F,即投融资,具体来说国际上通常包括两种方式:第一种是项目总承包单位负责支持建设单位融资,中标后引入金融机构向建设单位提供融资,建设单位仍根据项目进程的不同阶段分批依次支付工程款项;第二种是工程总承包单位自行垫付项目资金或与社会投资人组成联合体,由社会投资人进行垫资,工程完工后由建设单位按照一定比例、节奏再向工程总承包单位或社会投资人支付工程款。根据国内目前的现实状况,F+EPC 以第二种方式居多。

### 二、《工程总承包管理办法》出台后 F+EPC 实施流程

(一)项目挑选及风险识别

1.市场上项目按照出资来源划分固定资产投资建设项目,分为政府投资项目和企业投资项目

根据《房屋建筑和市政基础设施项目工程总承包管理办法》(以下简称《工程总承包管理办法》)第 26 条第 2 款规定:"政府投资项目所需资金应当按照国家有关规定确保落实到位,不得由工程总承包单位或者分包单位垫资建设。政

府投资项目建设投资原则上不得超过经核定的投资概算。"

并非所有使用政府资金的项目都属于政府投资项目,根据《政府投资条例》第9条规定,政府投资项目是指"政府采取直接投资方式、资本金注入方式投资的项目",而将政府资金用作投资补助、贷款贴息的,不属于政府投资项目。因此,除政府采取直接投资方式、资本金注入方式投资的固定资产投资建设项目外,其他均属于企业投资项目。之所以要求政府投资项目不得由工程总承包单位或者分包单位垫资建设,其目的一方面是遏制政府隐性债务的形成,另一方面则是防止拖欠农民工工资。

2. 约定建设单位支付预付款比例低于10%或工程进度款比例低于60%的,都属于"硬垫资",而政府投资项目不得出现"硬垫资"

根据《关于严禁政府投资项目使用带资承包方式进行建设的通知》规定:"带资承包是指建设单位未全额支付工程预付款或未按工程进度按月支付工程款(不含合同约定的质量保证金),由建筑业企业垫款施工。"

根据《建设工程价款结算暂行办法》规定:"包工包料工程的预付款按合同约定拨付,原则上预付比例不低于合同金额的10%,不高于合同金额的30%""根据确定的工程计量结果,承包人向发包人提出支付工程进度款申请,14天内,发包人应按不低于工程价款的60%,不高于工程价款的90%向承包人支付工程进度款。"

3. 实务中比较常见的还有"软垫资",如除预付款、工程进度款以外的其他工程款项的合同付款期限不超过3年且纳入预算、衔接中期财政规划,可以最大限度避免不合规的嫌疑

如建设单位与工程总承包单位约定正常支付预付款及工程进度款,但对于逾期支付前述款项按照一定利率约定逾期违约金或利息,或建设单位与工程总承包单位约定正常支付预付款及工程进度款,但对于预付款及工程进度款以外的部分需待工程竣工验收后分几年延期支付。

但对于"软垫资"如逾期支付工程款约定违约金或利息的,属于正常的违约条款,此类条款可以出现在政府投资项目中,或根据《预算法》及其相关规定,政府的工程款项支出必须纳入每年编制的预算,并衔接3年滚动的中期财政规划。

4. 政府投资项目中,社会投资人与工程总承包单位组成联合体,并由社会投资人垫资并不可行

首先,政府投资项目中社会投资人的垫资依然会违反《预算法》及其相关规

定,带来政府隐性债务的问题;其次,政府投资项目中社会投资人的收益部分源于工程总承包单位的工程利润切分并由其承担部分垫资成本,本质依然是工程总承包单位的垫资,因此,投资人在政府投资项目的垫资不属于合规操作。

5. 地方国企或融资平台以政府资金或政府卖地收入作为实质还款的F+EPC项目存在被认定政府投资项目风险

如项目能够在现金流上取得平衡,即属于投资能够从未来运营收入中取得回报的经营性项目,此类项目依赖政府资金的需求可能性较小,即使由当地国企或平台作为建设单位的,其实质为政府投资项目可能性不大;但如果项目本身属于无收入可言的公益性项目(如市政道路建设等),即使是企业核准或备案的报送流程,未来依赖卖地收入或政府资金的可能性较大,故依然存在被认定政府投资项目的风险。

(二)项目承接主体

根据《住房城乡建设部关于进一步推进工程总承包发展的若干意见》规定:"(七)工程总承包企业的基本条件。工程总承包企业应当具有与工程规模相适应的工程设计资质或者施工资质,相应的财务、风险承担能力,同时具有相应的组织机构、项目管理体系、项目管理专业人员和工程业绩。"

根据《工程总承包管理办法》第10条第1款第1句规定:"工程总承包单位应当同时具有与工程规模相适应的工程设计资质和施工资质,或者由具有相应资质的设计单位和施工单位组成联合体。"

参与F+EPC投标的工程总承包单位兼具设计、施工资质,或由具备资质的设计单位、施工单位组成联合体,如不满足前述资质要求的,可能导致工程总承包合同无效。

此外,根据《工程总承包管理办法》第11条规定:"工程总承包单位不得是工程总承包项目的代建单位、项目管理单位、监理单位、造价咨询单位、招标代理单位。政府投资项目的项目建议书、可行性研究报告、初步设计文件编制单位及其评估单位,一般不得成为该项目的工程总承包单位。政府投资项目招标人公开已经完成的项目建议书、可行性研究报告、初步设计文件的,上述单位可以参与该工程总承包项目的投标,经依法评标、定标,成为工程总承包单位。"

对于工程总承包单位的主体也作出了限制,与项目可能存在利益冲突的企业不得作为工程总承包单位。

### （三）参与时间

根据《工程总承包管理办法》第7条规定："建设单位应当在发包前完成项目审批、核准或者备案程序。采用工程总承包方式的企业投资项目，应当在核准或者备案后进行工程总承包项目发包。采用工程总承包方式的政府投资项目，原则上应当在初步设计审批完成后进行工程总承包项目发包；其中，按照国家有关规定简化报批文件和审批程序的政府投资项目，应当在完成相应的投资决策审批后进行工程总承包项目发包。"

工程总承包与施工总承包不同，通常是以固定总价形式发包，可行性研究、方案设计、初步设计，阶段越往后工程总承包单位对于工程理解越清楚，特别是初步设计阶段提出工程概算后，因投标报价过低导致工程总承包单位亏损进而发生纠纷争议的可能性也越小。

对于企业投资项目，之所以仅要求核准或者备案后即可发包，是因为企业在可行性研究阶段完成后方才发起申请核准或者备案，在可行性研究完成后能达到建设内容明确、技术方案成熟要求，此时提出的投资估算虽不如投资概算精确，但对工程总承包企业亦能参考。

### （四）分包要求

根据《工程总承包管理办法》第21条规定："工程总承包单位可以采用直接发包的方式进行分包。但以暂估价形式包括在总承包范围内的工程、货物、服务分包时，属于依法必须进行招标的项目范围且达到国家规定规模标准的，应当依法招标。"

因《工程总承包管理办法》提出双资质要求，工程总承包的分包方式也需遵循《建筑法》《招标投标法》的要求，即设计的主体、关键性工作以及施工的主体结构必须由工程总承包单位自行实施，不得分包。

并且，在工程总承包招标时，通常要求投标人不得更改暂估价，否则视为没有实质性响应，如暂估价部分满足强制招标要求的，为避免后续结算时产生纠纷，满足强制招标要求的，依然应当依法招标，以招标方式定价。

## 三、F+EPC 模式的法律风险

### （一）对地方政府而言，其面临被认定为违规举债的风险

2014年9月21日国务院发布的《关于加强地方政府性债务管理的意见》，仅

将政府债券、政府与社会资本合作模式、在依法担保的范围内地方政府发生或有债务界定在地方政府举债融资机制内。

此外,根据2017年4月26日财政部等发布的《关于进一步规范地方政府举债融资行为的通知》,其要求进一步健全规范的地方政府举债融资机制,地方政府举债一律采取在国务院批准的限额内发行地方政府债券方式,除此以外地方政府及其所属部门不得以任何方式举借债务。地方政府及其所属部门不得以文件、会议纪要、领导批示等任何形式,要求或决定企业为政府举债或变相为政府举债。

故从上述规定可以看出,因F+EPC项目所产生的债务不属于政策所允许的政府债务,政府据此面临被认定为违规举债的风险。

(二)对承包商而言,其面临投融资失败的风险

首先,F+EPC项目中总承包方融资主要分为股权融资与债权融资。股权融资是指总承包方与业主共同出资成立合资公司,合资公司在总承包方的协助下筹措项目建设资金,用于支付工程总承包费用;而债权融资是指承接商以委托贷款、信托贷款或者借款等方式向业主提供建设资金,由项目业主用于支付工程总承包费用。无论如何融资,总承包方皆需要承担融资失败的风险,一旦融资失败,还随时可能面临业主方的追责。其次,F+EPC项目中总承包方还面临投资失败风险,即存在项目业主或合资公司无法按合同约定标准向总承包方支付费用的可能。

### 四、F+EPC模式法律风险防控

国内F+EPC运作模式的风险归根结底在于当前政策环境的不确定性,相关政策不断变化,存在很多潜在的隐患。故一方面需国家健全与完善F+EPC模式的运作机制,制定科学合理程序,另一方面需业主与总承包方加强风险管理体系建设,确定风险识别、风险评估、风险响应与风险处理等全方位风险管控流程,针对不同类型的风险制定不同处理方案。

(一)设置合法合规的"F"承包商的部分资金进入退出方式

为确保项目合规,应慎重安排交易模式,与政府的财政支付责任脱钩,消除任何会构成隐性债务或政府违法担保的交易协议,承包商资金"F"部分的进出方式应以合法合规的方式设置,从根本上降低参与项目的各方风险。

此外，为充分保证项目后续资金能够及时到位，避免项目实施资金不足等问题，应在项目前期充分论证分析、科学规划融资方案，以及各方在合作出资方面的权利和义务、基金的进入和退出、股东的综合融资承诺、追加承诺等。应确定更严格的违约责任，并同时设置一些替代解决方案，如合作伙伴未及时提供资金，项目业主有权延期支付工程费，可自行寻找融资渠道，相应的资金成本由合作伙伴承担等，以避免在项目开发建设过程中因资金跟进不及而导致项目停滞的风险。

（二）充分调查项目业主的本身资金能力

F+EPC 模式下的项目最终融资成本需要由项目业主承担，因此承包方应在项目前期对项目业主的资金实力进行调研，同时可以要求项目业主提供一定担保，降低承包方的回款风险。

（三）加强运作管理

按照"F+EPC"模式的建筑企业既是投资人又是工程承包方，因此容易在内部利益分配上产生矛盾，监理难以保持中立，极有可能出现会计审计风险。因此，在项目运营过程中，项目单位必须制定相应的管理措施，明确管理流程和决策程序，尊重总承包方的自主权，同时保证建设单位对项目的监督管理权，使施工单位真正减少对项目的干预，规避诚信风险。此外，合作伙伴应制定适当的内部惠益分享机制，以避免内部利益冲突。同时，也应高度重视监理角色的定位和责任的约定，以确保项目的质量，促进项目顺利进行。

## 第六节　XOD 类运作模式概述

**一、XOD 类模式概况**

随着我国经济已由高速增长阶段转向高质量发展阶段，以往追求的"快"和"广"已不再是现阶段的工作重心，在城市化进程中，结合高质量发展、促进民生发展、加快生态文明建设等要求。合理城市规划的概念不仅只局限于城市交通规划和城市土地利用规划领域，而且正在逐步迈入基础设施领域。XOD 模式起源于 TOD（交通导向）模式，在以往通过交通设施带动周边地块升值的基础上，寻求多元化公共需求的设施为导向的城市空间开发模式。

概括来说，XOD 类模式是包括 TOD、EOD、ROD、AOD、POD、SOD 等模式在内的、满足现代城镇发展多种需求的开发模式的统称。本节仅就 TOD 以及 EOD 两种模式进行简单介绍。

## 二、TOD 运作模式

### （一）TOD 运作模式的内涵

我国土地面积虽然巨大，但人口众多，随着城镇化的发展，城区面积不断扩大，分蛋糕模式的发展不仅造成土地资源的浪费，而且不能满足城市经济发展的需要，TOD 模式可以多维度利用土地，提高土地利用和土地利用价值。

TOD 模式是指城市发展以公共交通为导向，强调在居民步行的基础上，以公共交通站点为核心，建设综合性、高密度的城市服务设施，提高空间利用率。大致分成城市型 TOD 与社区型 TOD，社区型 TOD 的居住属性更为突出。在 TOD 规划设计的理论和实践发展过程中，得到了一个极其有效的"3D 原则"，即高密度建设原则（Density）、土地混合开发原则（Diversity）、以人为本的空间设计原则（Design）。

首先，TOD 模式最大限度地利用土地资源，提升土地使用价值。其次，TOD 模式不仅是城市片区开发的新型模式，也是基础设施投资建设的新型模式。

近年来，越来越多的房地产公司参与 TOD 项目的投资开发，对于政府来说，TOD 可以提高城市公共交通的交通效率和土地利用效率，优化城市结构。对于房地产公司来说，可以挖掘轨道交通房地产的商业价值，实现区域房地产的升值，提高项目的溢价能力。其可以实现可持续的经济、社会和自然发展，也可以通过基于项目实施和区域发展的公共项目实现经济社会的和谐发展。

### （二）TOD 运作模式的法律风险识别

TOD 模式即"公交导向型发展模式"。其中，公共交通主要是指火车站、机场、地铁、轻轨等铁路和公交线路，并以汽车站为中心，以 400～800 米（步行 5～10 分钟）为半径，建立中心广场或市中心，以一系列工程例如经济、文化、教育、住房等作为"混合用途"之一，使居民和工作人员轻松选择公共汽车、自行车、步行和其他交通方式的同时也不排除汽车。城市更新区、回填地块和新开发的地块都可以用 TOD 的概念来建设，TOD 的主要任务是通过土地利用和交通政策协调城市发展过程中交通拥堵与土地利用不足之间的矛盾。而 TOD 模式的运用也往往离不开两个要素，一个是"地"，另一个则是"钱"，这两个要素便构成了 TOD 模式独特的法律风险点。因此，解决好"经营性用地"和"公益性用地"的土地使用权问题，是 TOD 模式在用地方面的重要问题之一。目前而言，TOD 模式的土地获取方式主要表现为以下三种：作价出资、协议出让与附条件"招拍挂"。

1. 作价出资

作价出资意味着政府将土地使用权的估计价值作为资本出资给市政公共交通基础设施集团，并依靠其为公共交通基础设施的建设提供资金，并用房地产开发的收益来偿还债务融资和弥补运营缺口。财政部、国家发展和改革委员会与中国人民银行联合发布《关于在公共服务领域推广政府和社会资本合作模式的指导意见》，其中要求多种方式保障项目用地。以作价出资或者入股方式取得土地使用权的，应当以市、县人民政府作为出资人，制定作价出资或者入股方案，经市、县人民政府批准后实施。虽然我国现行政策中允许土地使用权的取得方式为作价出资，但这种途径所取得的土地用途有着较强的局限性。根据财政部等发布的《关于运用政府和社会资本合作模式推进公共租赁住房投资建设和运营管理的通知》的规定，新建公共租赁住房项目，以及使用划拨建筑用地的公共租赁住房项目，经市县人民政府同意，可以土地价格分享的形式向项目公司出资，支持公共租赁住房政府和社会资本合作项目，在公共租赁住房运营过程中不参与利润分享，但有权处置资产。因此，大多数通过作价出资获得的土地都将作为公益性质用途，所以其无法满足公共交通配套设施的经营性用地需要。

2. 协议出让

国家在一定期限内将国有土地使用权协议转让给土地使用者，土地使用者向国家支付土地使用权出让费的行为。根据原国土资源部 2006 年 5 月 31 日发布的《协议出让国有土地使用权规范（试行）》规定，协议出让国有土地使用权范围包括了供应商业、旅游、娱乐和商品住宅等各类经营性用地以外用途的土地，其供地计划公布后同一宗地只有一个意向用地者。从该条的规定可以看出协议出让的土地同样无法应用于经营性用途。

3. 附条件"招拍挂"

政府在招标、拍卖或挂牌公告中要求某种条件，达成该种条件者方可通过招拍挂的方式获取土地使用权。附条件"招拍挂"方式，虽然符合国家对经营性建设用地使用权出让的要求,但其合规性值得怀疑,而且对于参与 TOD 模式的项目公司来说,技术和管理能力可能会受到更大的考验。

TOD 模式作为基础设施投资建设运营的新型运作模式,其项目的运营、建设、落地和运营需要大量的运行资金,仅依靠政府财政补贴是远远不够的,同时还将限制公共交通和城市基础设施的发展。专项债券融资是地方政府通过发行专项债券筹集资金,用政府性基金或专项收入偿还的融资方式。典型的专项债券融资项目是深圳轨道交通 14 号线。企业债券融资是通过发行债券对企业进行融资,ABS 融资作为典型的企业融资方式被纳入"企业债券"领域。所谓 ABS 融资,是指以项目所属资产为支撑的证券化融资方式,即以项目资产为基础,通过在资本市场发行债券筹集资金,以项目资产的预期收益为保障的项目融资方式。

(三)TOD 运作模式的法律风险防控

前文已述,TOD 运作模式在土地获取方式上面临较大的政策性法律风险,稍有不慎便会踏入违规的深渊。归根结底,主要原因是在 TOD 模式下国家既服务于运营利益,也服务于公共利益。因此,为了从根本上解决问题,有必要分层确认土地权利。根据《民法典》的相关规定,建设用地使用可以在土地的地表、地上或者地下分别设立。自然资源部发布的《招标拍卖挂牌出让国有建设用地使用权规定》规定,在中华人民共和国境内以招标、拍卖或者挂牌出让方式在土地的地表、地上或者地下设立国有建设用地使用权的,适用本规定。国务院办公厅发布的《关于支持铁路建设实施土地综合开发的意见》中提到通过市场化提供土地,对土地的开发利用进行一体化规划和统一联合建设,促进铁路站台及相关设施用地协调安排,交通设施无缝衔接,充分利用地下区域,铁路运输功能和城市的综合服务功能将变得显著,形成了铁路建设与城市及相关产业发展互动的良性机制,促进了铁路和城镇化的可持续发展。虽然上述文件都有土地分层确定使用权的取向,但是并未给予土地分层使用权明确的法律依据。因此,为了保证 TOD 运作模式的良性、可持续应用和发展,国家必须在公法和私法层面建立"规划先行,以权利为基础"的土地分层权利体系。在现有政策的背景下,推广 TOD 模式的做法必须在遵守立法的背景下进行。

TOD 运作模式正在向多元化的融资轨道转变,但是由于融资方式的不同,其所面临的法律风险则不同。为了对融资风险进行专项防控:首先,要确定 TOD

模式采用的融资模式,才能做到对症下药,建立好前期的风险防控机制和措施。其次,对于受政策影响的融资方式,要及时了解政策的动向和趋势,以免陷入违规的困境。对于受市场影响的融资方式,要及时了解市场的趋势,提前做好预测。最后,TOD 模式需要更全面的顶层设计加以规范,出台更多细致的政策文件来引导项目进行融资。

### 三、EOD 运作模式概况

**(一)定义**

根据 2020 年《关于推荐生态环境导向的开发模式试点项目的通知》规定:"EOD 模式是以生态文明思想为引领,以可持续发展为目标,以生态保护和环境治理为基础,以特色产业运营为支撑,以区域综合开发为载体,采取产业链延伸、联合经营、组合开发等方式,推动公益性较强、收益性差的生态环境治理项目与收益较好的关联产业有效融合,统筹推进,一体化实施,将生态环境治理带来的经济价值内部化,是一种创新性的项目组织实施方式。"简而言之,就是以生态文明为导向的开发模式,其核心要点被生态环境部发布的《一图读懂 EOD 模式与试点实践》归纳为推进公益性生态环境治理与关联产业开发项目有效融合、一个市场主体统筹实施,将生态环境治理作为整体项目一体化推进,建设运维一体化实施、在项目边界范围内力争实现项目整体收益与成本平衡,减少政府资金投入。

**(二)EOD 运作模式的法律风险**

生态文明的建设离不开环境治理、生态保护修复等问题,也就自然离不开土地,根据"绿水青山就是金山银山"的生态理念,多维度地开发生态旅游项目,多方面保护土地的现有收益,多途径维持资金的平衡、多视角加入创新方案,推动项目进行,同时,与国家开发银行、中国农业发展银行、中国银行等多家金融机构建立合作机制,加强金融资金精准支持,其中会遇到如下风险。

1. 投入资金风险

在土地开发的前期准备过程中,企业需要投入大量的资金进行拿地、拆迁等工作,如果没有足够的前期投入,后期也就无法继续跟进。

2. 政策风险

该模式下本就欠缺对应的政策性文件,且现阶段国家政策随着经济发展的形势而调整，这就造成了政策的不稳定性，给项目建设者或者法律服务者适用规范性文件造成了极大不便，对已经签署的建设工程合同的有效性产生或多或少的影响。

3. 成本风险

每个投资项目的建设周期极易受到天气、工程量变更的影响，致使最终的利润并没有达到预期或者甚至产生超额的风险。

(三) EOD 运作模式的法律风险防控

对于前文所述三个风险及相应风险防范措施，详述如下：

对于投入资金风险，在前期可以通过融资来收集资金，但是融资本身也对应一定的风险，也要注意多加防范。

对于政策风险，需时刻关注经济政策的动向，对地块和项目进行详细的尽职调查，产生问题及时与政府部门协商与沟通。

对于成本风险，在前期的协议签订阶段即约定好补充协议或者价款变更权等条款，维持"可进可退"的状态，避免后续更多的风险。

(四) EOD 政策和项目发展呈现的趋势

根据《关于同意开展第二批生态环境导向的开发（EOD）模式试点的通知》（以下简称《EOD 试点通知》），结合《生态环保金融支持项目储备库入库指南（试行）》等文件，EOD 政策和项目发展呈现以下趋势。

1. 强调依法依规开展试点工作，不以任何形式增加地方政府隐性债务

《EOD 试点通知》强调需要严格落实招投标、政府采购、投融资、土地、资源开发、空间管控、资产处置等各项法规政策，不以任何形式增加地方政府隐性债务。

EOD 模式影响力提高，需警惕 EOD 模式被滥用和异化，EOD 模式较新，具体操作过程中存在一定模糊地带，但"试点项目"不应是突破法律政策要求的"通行证"，依法合规、不以任何形式增加地方政府隐性债务依然是其不可动摇的底线。

2. 强调提升环保产业可持续发展能力，环境保护和产业开发有效融合、协调发展

《EOD 试点通知》强调应采用合法合规方式选择具备较强"产业投资运营"能力的项目实施主体，同时强调"试点实施单位切实加强公益性生态环境治理项

目与相关经营性产业开发项目一体化融合实施"。

首先,生态治理问题伴生有区域经济转型、产业重构的需求。其次,开展EOD模式试点意在推动实现生态环境资源化、产业经济绿色化,提升环保产业可持续发展能力,促进生态环境和区域经济高质量协调发展。

EOD模式以区域综合开发为载体,通过生态环境治理项目与资源、产业开发项目的联动,实现环境效益向经济收益的转化。其对实施主体提出了更高要求,不仅生态环境治理,更要掌握产业投资运营。一方面需提升综合开发的能力,在深度挖掘市场需求及洞察行业发展趋势中,延伸企业的产业链;另一方面需增强平台意识、优化运营模式,以适应企业之间的跨界合作。

3. 强调项目收益的持续性反哺机制,力争实现政府资金"零投入"

此次《EOD试点通知》强调了产业开发项目对生态环境治理项目建设与运营的"持续性收益反哺",并明确指出实施中可适当优化试点依托项目,加大产业收益对生态环境治理的反哺力度,减少政府资金投入,力争实现政府资金"零投入"。该项原则也与《生态环保金融支持项目储备库入库指南(试行)》中对EOD项目所提出的条件相一致。

《EOD试点通知》明确"产业开发项目对生态环境治理项目建设与运营的持续性收益反哺",说明EOD项目资金平衡测算需要覆盖生态环境治理项目的全周期成本。

4. 对于试点项目进行动态监管,强调项目的规范实施

《EOD试点通知》强调试点实施单位应按照《关于开展生态环境导向的开发模式试点定期调度的通知》,于每季度首月10日前将试点项目季度实施进度情况表报送生态环境部科技与财务司,于试点期内每年12月底前将年度进展情况报告报请省级生态环境、发展改革部门审查后,由两部门上报生态环境部、发展改革委,抄报国家开发银行。

虽然《关于开展生态环境导向的开发模式试点定期调度的通知》未公开发布,结合PPP模式的实施方式,EOD试点项目预计也采用"动态监管、能进能出"的管理模式,对于在实施过程中操作不规范、违反EOD模式核心理念和操作要调出试点名单。

## 第七节　公募 REITs 概述

### 一、公募 REITs 概况

公募 REITs 作为新兴的基金产品，不同于股票和债券类的基金，公募 REITs 是一类通过募集资金来投资不动资产获得收益的金融产品。其自 20 世纪 60 年代在美国推出以来，经过数十个国家的检验，既符合经济发展潮流，又顺应企业的资金需求，是一类成熟的基金产品。总体来看，公募 REITs 的风险水平低于 A 股，高于固定收益产品，风险水平相对适中。此外，它还具有强制分红的属性，更适合偏爱固定收益证券的长期投资者。

经过多年探讨与摸索，国家发展和改革委员会、证监会、中国证券投资基金业协会、上海证券交易所、深圳证券交易所、中国证券登记结算有限责任公司以《证券法》《证券投资基金法》等作为公募 REITs 的上位法，依托《公开募集证券投资基金运作管理办法》《证券投资基金托管业务管理办法》，相继推出公募 REITs 项目的配套规则，包括项目推进原则、选择与申报、规则制订与产品注册、尽调指引和运营指引、上市和交易、登记结算等各维度，以期完成公募 REITs 项目一个生命周期规范体系。

### 二、公募 REITs 法律风险

作为一类金融产品，公募 REITs 也存在一定的交易风险，详述如下。

（一）项目风险

基金的收益高度与项目运营风险息息相关，由于公募 REITs 资产 80% 以上投资于基础设施资产支持证券，如果项目因恶劣天气、经济形势、经营恶化的变化而受到恶劣影响，从而导致分配收益的稳定性，致使项目未能按照预期运营，最终会导致基金的收益不佳。

（二）税收风险

运营中的 REITs 可能涉及多层次的税收负担，虽然中国公共 REITs 的试点范围不包括房地产项目，但一些持有基础设施资产的公司已经申请了房地产开发资质,在基础设施上建造房屋。税务机关可以采用比实质更正式的审查标准,这意味着他们面临财产税的风险。此外,物业税的累积比例过大,使得一些升值空间较大,但是投资期限相对较长的企业投入成本过高。

(三)协议风险

投资者若是第一次购买基础设施公募 REITs,应签署电子或纸质形式的风险披露书,以了解公募 REITs 在投资基础设施方面可能面临的风险,包括但不限于基金价格波动风险、基础设施项目运营风险、流动性风险、上市结束时的风险和调整税收政策。但是风险披露书的披露只是一个清单,并不详尽地列出所有风险。

投资者在从事相关业务前应仔细阅读基金合同、招股说明书等法律文件,熟悉公共基础设施 REITs 的相关规则,独立评估基金的投资价值,自行作出投资决策,自行承担投资风险。

(四)基金价格波动风险

REITs 的大部分资产投资于具有股权属性的基础设施项目,在市场经济、后期运营、极其恶劣天气等因素的影响下,基础设施项目的流动市场价值可能会发生变化,并可能导致 REITs 的价格产生波动。

(五)无法上市的风险

市场发展初期,流通规模小,资本承受能力有限,公募 REITs 可能因违反法律法规或交易所决定终止上市而被终止。在这种情况下,投资者将无法在二级市场上交易。

### 三、公募 REITs 的法律风险对策

(一)项目对策

多元化:将资金分散到几种不同类型的房地产投资信托基金和地区,以降低特定房地产市场的风险。

细研究:全方面细致研究基金管理团队,了解其团队经验、投资策略及以往业绩,最后选择具有专业化知识和良好的业绩记录的基金。

(二)税收风险

公募 REITs 要求基础设施资产支持证券必须持有基础设施项目公司的所有

股份,而不是直接购买基础设施资产,似乎完全避免了土地价值税。然而,在公募 REITs 的实际运营中,项目公司并不是一个完整的"净壳"公司,经常要剥离资产。根据国内相关规定,在企业分立或合并的情况下,如果原企业在分立或合并后将房地产转让给该企业,则暂时不征收土地增值税,但此规定不适用于房地产开发公司的任何一方。

鉴于我国税务机关可能采取形式重于实质的审查原则,为避免资产重组时可能产生的高额财产税和财产税,应选择经营范围不包括"房地产开发"的企业作为原始权利人。如果没有其他选择,可以考虑取消"房地产开发"资格。

(三)协议风险

了解基金的投资价值,在进行相关交易前应仔细阅读基金合同、招股说明书等法律文件,熟悉公共基础设施 REITs 的相关规则,对于投资决策产生的风险,能够自行承担。

(四)基金价格波动风险

在买入基金时,观察基金走势图,如果是市场短期波动而产生的基金回撤,或是短期内的政策因素导致的市场下跌,都无须过于担心,要坚持长期投资的理念和逻辑应对市场正常波动。选择基金定投的方式来平衡市场波动的影响。如果短期内想要通过高抛低入的方式获取投机机会是可取的,但是其中怎样去规避基金回撤的难度远大于现实理解。因此,在基金面临较大的回撤时,可以选择通过定投的方式,在低位获取更多的机会。

(五)无法上市的风险

从中长期来看,预计市场将通过新的推出和扩张继续扩大和增加品类,扩张对原持有人的影响,一是扩大股数对原持有人股份的稀释作用,二是扩大资产的预期现金流支付率是否对原资产有拉动作用。因此,可以适时扩募,改善,改善市场整体的流动性。

中国公共基础设施 REITs 市场的发展也顺应了时代发展。2020 年 4 月以来,证监会、国家发展改革委等部门相继出台了一系列指引,全力配合新兴的金融产品的发展。同时,中国基础资产的规模化和多元化成为公共基础设施 REITs 发展的机会,以有效盘活现有资产,缓解基础设施领域的财务问题。此外,机构投资者的承销需求和配置热情持续升温,资本量可以充分支撑未来公募 REITs 的市场容量。总体来看,公募 REITs 有助于成为国内经济迈向高质量发展的重要路径。

**四、发行过程中需重点关注的问题**

（一）税务问题

1. REITs 产品的纳税主体、征税环节相对较多

REITs 产品从设立、运作到终止，纳税主体包括原始权益人、项目公司、REITs、投资者等，纳税环节包括了资产剥离、收购项目公司股权、项目公司运营、退出等交易行为。

2. 我国境内没有针对公募 REITs 产品出台专门的税收法规

虽在公募基金层面不征收投资者的所得税，但基于比较法视角，在 REITs 市场较发达的国家和地区，REITs 是典型的税收优惠驱动型产品，而我国境内还没有针对 REITs 出台税收优惠政策。

3. 经营范围包括房地产开发的原始权益人，可能面临巨额的土地增值税

虽然我国公募 REITs 试点范围不包括房地产项目，但部分持有基础设施资产的企业为了在基础设施上建造房屋，申请了房地产开发的资质。鉴于税务机关可能采取形式重于实质的审查标准，这将导致其面临土地增值税；而土地增值税适用超额累计税率，导致持有时间越长、增值空间越大的资产发行公募 REITs 产品的成本反而越高。

4.《公开募集基础设施证券投资基金指引（试行）》第 18 条规定的"不低于 20% 的战略配售"使得税务问题更为突出

基础设施项目的原始权益人在发行 REITs 时，须将项目公司 100% 的股权转让给基础设施资产支持证券，即须缴纳 100% 的企业所得税，但在 REITs 产品结构的上端，又至少认购不低于 20% 的公募基金份额，从实际融资的效果来看，原始权益人只实现了基础设施资产 80% 的收益，却承担了 100% 的税务成本。

（二）国有资产转让问题

由于基础设施领域多由国有企业投资持有，与非国有资产转让不同，为了防止国有资产流失，根据《企业国有资产交易监督管理办法》规定，企业国有资产转让过程中涉及批准、资产评估等特有程序。特别在进场交易环节：如项目公司股权被第三方摘牌，抑或公募 REITs 产品的募集资金低于国有资产的挂牌价，将导致公募 REITs 产品设立失败。而未经批准，直接以非公开协议方式转让，相关转

让协议的法律效力在司法实践中存在一定的不确定性。

**五、可探索方案**

(一)税务筹划方案

1.选取合适的原始权益人

公募REITs要求基础设施资产支持证券持有基础设施项目公司全部股权,而非直接购买基础设施资产,看似避开土地增值税。但公募REITs在实际操作过程中项目公司并非完全的"净壳"公司,往往需要资产剥离。

另外根据《财政部、税务总局关于继续实施企业改制重组有关土地增值税政策的通知》规定,企业分立、合并时,对原企业将房地产转移变更到合并后的企业,暂不征土地增值税。但是此项规定不适用于任意一方为房地产开发企业。鉴于税务机关可能采取形式重于实质的审查原则,为避免资产重组环节可能面临的高额的土地增值税、契税等,应选择经营范围不包括"房地产开发"的企业担任原始权益人;如无其他选择,可考虑注销"房地产开发"的资质。

2.通过"股+债"的模式,构建税盾

(1)构建"股+债"的原因

构建"股+债"的原因在于弱化资本,减少所得税成本;切割现金流,满足基础资产现金流稳定的要求;避免资金的沉淀,满足投资者的收益分配要求。需要注意的是,根据《财政部、国家税务总局关于企业关联方利息支出税前扣除标准有关税收政策问题的通知》规定,对于非金融企业,接受关联方债权性投资与权益性投资比例受不高于2∶1的限制。

(2)构建"股+债"的模式

首批9只试点公募REITs项目中,部分项目采取该模式,并获得了证监会的批准,但对于能否由计划管理人证券公司和基金管理公司子公司直接放款,是否以实践先行的方式突破"分业经营"的原则,尚有待进一步明确。首批9只试点公募REITs项目均未采用利用"契约型私募基金"构建"股+债"。《私募投资基金备案须知》出台后,原"类REITs"项目借助契约型私募基金的最大优势"先备案后募集"极大概率不再适用。

3.推动税务机关递延征收部分企业所得税

原始权益人可以考虑与税务机关沟通,对原始权益人战略配售的份额部分按照实质重于形式原则,推动税务机关出台相关政策或以单个审批的方式允许原始权益人在持有份额递延至处置份额的时候再缴纳企业所得税。

(二)国有资产转让方案

基础设施领域的项目公司股权多由国有企业投资持有,且最终须实现基础设施资产支持证券持有项目公司100%的股权,这意味基础设施公募REITs必须面对国有资产转让是否进场交易的问题。公募REITs要求原始权益人真实转让基础设施资产,与资产监督管理部门沟通并说服其同意协议转让,需考虑以下方式。

1. 已存在国资监管部门认可非公开协议方式

"类REITs"项目中基于国资主管部门的批准或者认可,部分项目的股权转让环节采用了非公开协议转让的方式。此外,在首批审核的公募REITs项目中,某项目法律意见书中明确:"原始权益人已经取得相关国资监管部门同意将项目公司的全部股权以非公开协议方式转让给基于公募REITs需要设立的特殊目的载体的有效批复。"

2. 询价规则与进场交易一致

(1)公募REITs与国有资产转让行为存在本质区别。公募REITs仅是交易安排的考虑和需要,并非为出售资产,且公募REITs基金合同终止存在原始权益人回购基础设施资产的可能。

(2)国有资产进场交易原则应在依法设立的产权交易机构中公开进行,其目的在于规范企业国有资产交易行为,防止国有资产流失。《公开募集基础设施证券投资基金指引(试行)》第16条规定,公募REITs份额认购价格应当通过向网下投资者询价的方式确定,体现了等价有偿和公开、公平、公正的原则,可以有效防止国有资产流失;此外,无论是公募基金还是基础设施资产支持证券,均连接投资者与原始权益人,可以看作原始权益人将国有资产在证券交易场所进行交易。

# 第三章　城市建设类企业与土地整治

## 第一节　土地招拍挂概述

### 一、土地招拍挂出让制度概述

在日常交易中,由于协议出让很难保证公平、公正、公开,为了避免勾结以及出现腐败等现象,土地使用权的招标、拍卖、挂牌程序顺势发展,但由于对土地招拍挂的概念混淆,常常会产生一系列的法律风险,故对土地招拍挂制度进行以下梳理。

根据《城市房地产管理法》第22条规定:"土地使用权划拨是指县级以上人民政府依法批准,在土地使用者缴纳补偿、安置等费用后将该幅土地交付其使用,或者将土地使用权无偿交付给土地使用者使用的行为。"根据《土地管理法》第54条规定:"……下列建设用地,经县级以上人民政府依法批准,可以以划拨方式取得:(一)国家机关用地和军事用地;(二)城市基础设施用地和公益事业用地;(三)国家重点扶持的能源、交通、水利等基础设施用地;(四)法律、行政法规规定的其他用地。"

土地使用权出让是指国有土地的出让,具体为国家作为土地所有者,在一定的期限内将土地使用权让与其他土地使用者,该土地使用者向国家支付国有土地使用权出让金的行为。出让主体是代表国家受国务院委托的市、县级人民政府,受让方是国内外企业、事业单位、个人等各类土地需求者。根据《土地管理法实施条例》第17条规定:"建设单位使用国有土地,应当以有偿使用方式取得;但是,法律、行政法规规定可以以划拨方式取得的除外。国有土地有偿使用的方式包括:(一)国有土地使用权出让;(二)国有土地租赁;(三)国有土地使用权作价出资或者入股。"

根据《城镇国有土地使用权出让和转让暂行条例》第12条规定："土地使用权出让最高年限按下列用途确定：（一）居住用地七十年；（二）工业用地五十年；（三）教育、科技、文化、卫生、体育用地五十年；（四）商业、旅游、娱乐用地四十年；（五）综合或者其他用地五十年。"在这种情况下，土地使用权的年限如到期，土地使用者可以依据有关规定重新签订土地使用权出让合同，使得年限续期。除此之外，按照条例规定，未按合同规定的期限和条件开发、利用土地的，市、县人民政府土地管理部门应当予以纠正，并根据情节可以给予警告、罚款直至无偿收回土地使用权的处罚。土地使用者需要改变土地使用权出让合同规定的土地用途的，应当征得出让方同意并经土地管理部门和城市规划部门批准，依照有关规定重新签订土地使用权出让合同，调整土地使用权出让金，并办理登记。

**二、我国现行土地使用权出让的方式及特点**

（一）协议出让

协议出让依据2006年《协议出让国有土地使用权规范（试行）》第4.1条规定，其内涵为"市、县国土资源管理部门以协议方式将国有土地使用权在一定年限内出让给土地使用者，由土地使用者支付土地使用权出让金的行为"。

根据《协议出让国有土地使用权规定》规定，在公布的地段上，同一块地只有一个意向用地者的，市、县人民政府国土资源行政主管部门方可采取协议方式出让，但商业、旅游、娱乐和商品住宅等经营性用地不得采取协议方式出让。由于协议出让方式完全由出让人与受让人双方协商出让事宜，纯粹是出让人与出让人之间一对一的谈判，存在受让人的单一性，不能体现市场公开、竞争原则，没有明显的竞争，因此主观随意性很强。这样做的好处是交易成本低、成功率高，但往往无法真正体现土地的价格，在实践中存在一定的弊端，且受行政权干预比较大，一些地方为了吸引投资，采取压低地价的方式出让土地使用权，随意减收或者免收土地出让金，使国有资产大量流失，最终寻租的负面影响也更大。

为此，《城市房地产管理法》明确规定："以协议方式出让国有土地使用权的出让金不得低于按国家规定所确定的最低价。"《协议出让国有土地使用权规定》明确规定："协议出让最低价不得低于新增建设用地的土地有偿使用费、征地（拆迁）补偿费用以及按照国家规定应当缴纳的有关税费之和；有基准地价的地区，协议出让最低价不得低于出让地块所在级别基准地价的70%。"

其基本程序：第一，有购地意向的用地者向土地行政主管部门提交用地提出取得土地使用权的申请。第二，用地者和政府对于出让地块的用途、使用年限、地价等事宜进行协商，就重要内容达成一致。第三，政府批准土地使用权之后，双方签订《土地使用权出让合同》，合同自受让方缴纳土地出让金时生效。第四，用地者办理土地使用权登记的一系列相关手续。

（二）招标出让

根据2007年《招标拍卖挂牌出让国有建设用地使用权规定》（国土资源部令第39号），招标出让是指市、县人民政府国土资源主管部门（以下简称出让人）发布招标公告，邀请特定或者不特定的自然人、法人和其他组织参加国有建设用地使用权投标，根据投标结果确定国有建设用地使用权人的行为。

招标作为政府分配公共资源的主要手段之一，也是国际上广泛使用的交易方式。但是在实践中，招标程序是由国家行政部门单方面制定的，很容易为内部投标者量身定做，导致投标者和供应商之间串通，所谓设置的高门槛使许多投标人忽视了这一个"萝卜坑"。招标适用于大型开发项目和重大城市开发项目。在招标中，摒弃了货币对价的原则，对投标人的资格进行了全面的限制，如要求有良好的开发记录。

招标出让一般程序：第一，招标人发布招标公告，有意向的自然人、法人和其他组织获取或者购买招标文件。第二，投标人在投标公告规定截止时间前提交投标文件。第三，有必要的，意向人需交纳投标保证金。第四，投标、开标、唱标、评标；投标人少于3人的，招标人应当重新招标。依法成立的评标小组成员数应为5人以上的单数，便于投票表决。评标小组根据评标标准和方法评审投标文件。第五，公布中标结果，招标人宣布该项目的中标人。

（三）拍卖出让

根据《招标拍卖挂牌出让国有建设用地使用权规定》，拍卖出让是指出让人发布拍卖公告，由竞买人在指定时间、地点进行公开竞价，根据出价结果确定国有建设用地使用权人的行为。在房地产业，过多的高地价竞争会导致房价居高不下，高地价也会转嫁到购房者身上。由于以获取最高地价为主要目标，竞争较为激烈的拍卖出让适合于房地产业、金融业、商贸业、旅游业等，特别是高端别墅区用地。

拍卖出让的一般程序：第一，土地行政主管部门通过媒体公开拍卖公告。第二,竞拍人在规定期限内提出竞买申请,经审核竞拍人是否符合资质条件,符合条件的竞拍人提交有关材料和保证金。第三,应在拍卖文件规定的时间、地点由拍卖主持人主持拍卖活动,竞拍人举牌报价,经过一次或者多次报价,最后拍卖成功,主持人确定价高者得,宣布最后应价者为买受人。第四,竞得人与土地行政主管部门在规定的时间内签订《土地使用权出让合同》,并交付保证金和土地出让金,办理一系列相关手续后领取对应的土地使用证。

(四)挂牌出让

根据《招标拍卖挂牌出让国有建设用地使用权规定》,挂牌出让是指出让人发布挂牌公告,按公告规定的期限将拟出让宗地的交易条件在指定的土地交易场所挂牌公布,接受竞买人的报价申请并更新挂牌价格,根据挂牌期限截止时的出价结果或者现场竞价结果确定国有建设用地使用权人的行为。

挂牌出让对于绝大多数商业、房地产、工业、旅游用地来说,避免了非理性竞争带来的投机现象,有利于理性投资和公平竞争。在实际操作中,大部分为政府收回需要进行旧城改造的土地尤其适合挂牌出让。但其在实践中的弊端也是显而易见的:一是容易造成挂牌出让在较长的时间内达不成协议,使土地出让价格低于市场价格;二是在挂牌期间,竞买人处于等待状态一直未出价,直到最后直接在集体竞价阶段纷纷要求再次出价,这样到最后既不能提高效率,也不能凸显挂牌方式的真正优势。

挂牌出让的一般程序:第一,出让人应当至少在挂牌开始日前20日,将挂牌宗地的位置、面积、用途、使用年期、规划指标要求、起始价、增价规则及增价幅度等,在挂牌公告规定的土地交易地点挂牌公布。挂牌时间不得少于10个工作日。第二,在挂牌公告规定的时间内,竞买人持竞买申请书、营业执照副本、房地产开发资质证明(另有规定除外)、法定代表人身份证复印件(或授权委托书、委托代理人身份证复印件)办理竞买申请,并缴纳竞买保证金。第三,在挂牌公告规定的时间和交易场所,出让人将地块情况、最新报价情况等信息挂牌公告,并不断接受新的报价、更新显示挂牌报价。第四,在挂牌公告规定的截止时间确定竞买人,竞得人与出让人签订成交确认书,同时缴纳定金。第五,挂牌出让完成后10个工作日内,出让人将挂牌出让结果在土地有形市场或者指定的场所、媒介公布,并退还竞买保证金。第六,确定竞得人后,挂牌人与竞得人当场签订《成交确认书》。《成交确认书》应包括挂牌人与竞得人的名称、出让标的、成时间、地点、价款,以及双方签订《国有土地使用权出让合同》的时间、地点等内容。第七,挂牌出让活动结束后,竞得人应按照《成交确认书》的约定,与出让人签订《国有土地使用权出让合同》。

实行土地招拍挂制度有利于规范土地市场,实现公平竞争;有利于消除腐败,提升政府对土地的管理调控能力;有利于提高房地产开发商的综合实力,加快土地开发效率,优化投资环境,促进城市经济发展。不过,制度本身和执行过程中的弊端亟待解决,相应的对策研究和执行的完善也须同步优化。

## 第二节 土地分类及土地性质变更

### 一、土地类型的划分

土地可以根据所有权、用途和当前利用情况进行分类。如果按照所有权来划分土地,它分为两类:国家所有权和集体所有权。城市地区的土地属于国家所有。农村和城市郊区的土地属于农民集体所有,但法律规定属于国家所有的除外;宅基地、自留地、自留山,属于农民集体所有。如果土地根据用途进行分类,根据《土地管理法》第4条规定:"国家实行土地用途管制制度。国家编制土地利用总体规划,规定土地用途,将土地分为农用地、建设用地和未利用地。严格限制农用地转为建设用地,控制建设用地总量,对耕地实行特殊保护……"据此,以土地用途为标准,可将土地分为农用地、建设用地及未利用地三种类型。

(一)农用地

农用地是指直接用于农业生产的土地,包括耕地、林地、草地、农田水利用地、养殖水面等。

1. 耕地

耕地是指种植农作物的土地,包括熟地,新开发、复垦、整理地,休闲地(含轮歇地、休耕地);以种植农作物(含蔬菜)为主,间有零星果树、桑树或其他树木的土地;平均每年能保证收获一季的已垦滩地和海涂。耕地中包括南方宽度小于1米,北方宽度小于2米固定的沟、渠、路和地坎(埂);临时种植药材、草皮、花卉、苗木等的耕地,临时种植果树、茶树和林木且耕作层未破坏的耕地,以及其他临时改变用途的耕地。

2. 园地

园地指种植以采集果、叶、根、茎、汁等为主的集约经营的多年生木本和草本作物,覆盖度大于50%或每亩株数大于合理株数70%的土地,包括用于育苗的土地。

3. 林地

(1)林地包括乔木林地、竹林地、红树林地、森林沼泽、灌木林地、灌丛沼泽、其他林地,不包括城镇、村庄范围内的绿化林木用地,铁路、公路征地范围内的林木用地,以及河流、沟渠的护堤林用地。其他林地包括疏林地、未成林地、迹地、苗圃等。

(2)林地指县级以上人民政府规划确定的用于发展林业的土地,包括郁闭度0.2以上的乔木林地以及竹林地、灌木林地、疏林地、采伐迹地、火烧迹地、未成林造林地、苗圃地等。

4. 草地

草地是指生长草本植物为主的土地。需要特别说明的是,并非所有草地均为农用地,部分草地(树木郁闭度小于0.1,表层为土质,不用于放牧的草地)属于未利用地。

(二)建设用地

根据《土地管理法》第4条第3款规定,建设用地是指建造建筑物、构筑物的土地,包括城乡住宅和公共设施用地、工矿用地、交通水利设施用地、旅游用地、军事设施用地等。

1. 商服用地

商服用地是指主要用于商业、服务业的土地。

2. 工业用地

工业用地是指工矿企业的生产车间、库房及其附属设施等用地,包括专用的铁路、码头和道路等用地,不包括露天矿用地。工业用地进一步细分为一类工业用地、二类工业用地、三类工业用地。一类工业用地:对居住和公共设施等环境基本无干扰和污染的工业用地,如电子工业、缝纫工业、工艺品制造工业等用地;二类工业用地:对居住和公共设施等环境有一定干扰和污染的工业用地,如食品工业、医药制造工业、纺织工业等用地；三类工业用地：对居住和公共设施等环境有严重干扰和污染的工业用地，如采掘工业、冶金工业、大中型机械制造工业、化学工业、造纸工业、制革工业、建材工业等用地。

3. 住宅用地

住宅用地在传统意义上的住宅用地，有两个层次的意义：一是住宅建筑的建筑面积及其周围合理距离内的土地的总称(包括房屋间的绿地、房屋间的小路等)。二是人民日常生活的住房基地(含带独立院落的院落)，包括：城镇单体住宅用地，即城镇居民共有的房屋、公寓、别墅用地；城市混合居住用地，即城市居民主要居住在住宅和工商业混合用地；农村宅基地，即农村村民居住的宅基地；闲置宅基地，即村内闲置的老宅基地等闲置土地。

4. 公共管理与公共服务用地

公共管理与公共服务用地是指用于机关团体、新闻出版、科教文卫、公用设施等的土地。

5. 特殊用地

特殊用地指用于军事设施、涉外、宗教、监教、殡葬、风景名胜等的土地。

6. 交通运输用地

交通运输用地指用于运输通行的地面线路、场站等的土地，包括民用机场、汽车客货运场站、港口、码头、地面运输管道和各种道路以及轨道交通用地。

(三) 未利用地

根据《土地管理法》第 4 条第 3 款规定，未利用地是指农用地和建设用地以外的土地。如指荒山、荒沟、荒丘、荒滩。

**二、其他土地相关概念**

(一) 一般农用地

根据《土地管理法》第 33 条规定，永久基本农田的范围包括：经国务院农业农村主管部门或者县级以上地方人民政府批准确定的粮、棉、油、糖等重要农产品生产基地内的耕地；有良好的水利与水土保持设施的耕地，正在实施改造计划以及可以改造的中、低产田和已建成的高标准农田；蔬菜生产基地；农业科研、教学试验田；国务院规定应当划为永久基本农田的其他耕地。

## （二）农村土地

农村土地，是指农民集体所有和国家所有依法由农民集体使用的耕地、林地、草地，以及其他依法用于农业的土地。

## （三）城镇建设用地

城镇建设用地，是指大、中、小城市及县镇以上的建成区用地，包括城市建设用地和乡镇建设用地。

### 1. 城市建设用地

城市建设用地是指城市和县人民政府所在地镇内的居住用地、公共管理与公共服务用地、商业服务业设施用地、工业用地、物流仓储用地、交通设施用地、公用设施用地、绿地。

### 2. 乡镇建设用地

乡镇建设用地是指非县人民政府所在地镇的建设用地。

## （四）集体建设用地

集体建设用地是指符合土地利用规划，经依法批准用于非农业建设的集体所有土地。

## （五）道路用地

《土地利用现状分类》（GB/T 21010—2017）根据具体用途和位置不同，将交通运输用地分为铁路用地、轨道交通用地、公路用地、城镇村道路用地、农村道路用地等类型。

## （六）非建设用地

非建设用地是指建设用地以外的其他土地，包括农用地和未利用地。（《土地管理法》第 4 条第 2 款、《贫困地区水电矿产资源开发资产收益扶贫改革试点方案》第三部分"试点内容"）

## （七）有条件建设用地（可征转）

有条件建设用地，是指附条件建设区内的用地。条件建设面积是指城乡建设用地规模边界外、扩展边界内的面积。在不突破规划建设用地规模控制指标的前提下，区内土地可用于规划建设用地布局调整。

### 三、土地性质变更审批程序

根据取得国有建设用地使用权方式的不同,拟申请变更土地用途的,审批程序存在区别。

(一)招标拍卖挂牌出让方式取得的国有建设用地使用权

依据《招标拍卖挂牌出让国有土地使用权规定》第4条"商业、旅游、娱乐、商品住宅等各类经营性用地,必须以招标、拍卖或者挂牌方式出让"和《国土资源部、监察部关于进一步落实工业用地出让制度的通知》(国土资发〔2009〕101号)"改变土地用途用于商业、旅游、娱乐、商品住宅等经营性用途的,一律收回土地使用权重新招标拍卖挂牌出让"等规定,通常无法获得自规部门的同意,需要依法收回国有土地使用权,重新招标拍卖挂牌出让。

需要注意的是,依据《关于发布〈国有建设用地使用权出让合同〉示范文本》(国土资发〔2008〕86号)第19条"本合同项下宗地在使用期限内,政府保留对本合同项下宗地的规划调整权,原规划如有修改,该宗地已有的建筑物不受影响,但在使用期限内该宗地建筑物、构筑物及其附属设施改建、翻建、重建,或者期限届满申请续期时,必须按届时有效的规划执行"的规定,原规划如有修改,宗地已有的建筑物不受影响,但需要改建、翻建、重建建筑物、构筑物的,需要按照届时有效的规划执行。

(二)协议出让方式取得的国有建设用地使用权

依据《协议出让国有土地使用权规定》《协议出让国有土地使用权规范(试行)》的规定,出让土地申请改变用途等土地使用条件,经出让方和规划管理部门同意,原土地使用权人可以与出让方签订《国有土地使用权出让合同变更协议》或重新签订《国有土地使用权出让合同》,调整国有土地使用权出让金,但《国有土地使用权出让合同》、法律、法规、行政规定等明确应当收回土地使用权重新公告出让的除外。原土地使用权人应当按照国有土地使用权出让合同变更协议或者重新签订的国有土地使用权出让合同,及时缴纳土地使用权出让金额,并按规定办理土地登记。

调整国有土地使用权出让金额应当根据批准改变用途等土地使用条件时的土地市场价格水平,按下式确定:

应当补缴的土地出让金额=批准改变时新土地使用条件下土地使用权市场

价格－批准改变时原土地使用条件下剩余年份土地使用权市场价格

（三）划拨方式取得的国有建设用地使用权

根据划拨土地改变的用途是否符合《划拨用地目录》，土地使用权人需要办理的审批手续不同。

改变后的土地用途符合《划拨用地目录》的，经原批准用地的人民政府批准，可以继续以划拨方式使用。土地使用权人持新的建设用地规划许可证和改变用途批准文件，到土地所在地市县自然资源主管部门办理相应的划拨用地手续，换发新的《国有土地划拨决定书》。

改变后的土地用途不再符合《划拨用地目录》的，应当依法办理有偿用地手续。根据《招标拍卖挂牌出让国有土地使用权规范（试行）》《协议出让国有土地使用权规范（试行）》的规定，具体又可分两种情况：

一是法律、法规、规章明确规定划拨土地变更用途应当收回土地使用权的，或者国有土地变更用途应当收回土地使用权的，市、县人民政府应当收回划拨土地使用权，并依法给予补偿。经营性用地应当依法采取招标、拍卖、挂牌等方式供应。

二是法律、法规和规章没有明确规定，根据《国务院关于深化改革严格土地管理的决定》第17条规定，经批准可以办理协议出让手续，但应当按照土地转售时的市场价格支付土地出让价款，即应偿还的土地出让金＝批准变更时新的土地使用条件下土地使用权市场价格－批准变更时剩余年份的原土地使用条件下的土地使用权市场价格。

### 四、关于土地性质变更规则梳理

（一）土地出让后改变用途的程序不同于土地出让程序，故不适用强制招拍挂的规定

**案例** 江西省高级人民法院审理的赖正福与赣州市南康区人民政府资源行政管理—土地行政管理二审判决书，(2016) 赣行终 1 号

【法院裁判】江西省高级人民法院审理认为，土地供地出让与土地出让后改变建设用途是两种不同的程序，《招标拍卖挂牌出让国有建设用地使用权规定》第4条及《协议出让国有土地使用权规范（试行）》第4.3条均规定的是政府对其

已收储土地进行出让的程序，而非土地使用者取得土地之后办理变更登记的程序。且《协议出让国有土地使用权规范(试行)》在第4.3条规定协议出让范围的同时，于第8条专门规定了"出让土地改变用途等土地使用条件的处理"，即"出让土地申请改变用途等土地使用条件，经出让方和规划管理部门同意，原土地使用权人可以与出让方签订《国有土地使用权出让合同变更协议》或重新签订《国有土地使用权出让合同》，调整国有土地使用权出让金额，但《国有土地使用权出让合同》、法律、法规、行政规定等明确应当收回土地使用权重新公告出让的除外。原土地使用权人应当按照《国有土地使用权出让合同变更协议》或重新签订的《国有土地使用权出让合同》约定，及时补缴土地使用权出让金额，并按规定办理土地登记"。《协议出让国有土地使用权规定》第16条亦有一致规定。

（二）工业用地变更为商业用地的，必须采取招标、拍卖等公开竞价的方式出让

**案例** 广西壮族自治区高级人民法院审理的广西柳州赐福房地产有限公司合同纠纷再审判决书，(2016)桂民申934号

【法院裁判】赐福公司认为根据《合作开发合同书》第4条第4点约定，仙人湾加油站应在2014年4月前将涉案土地由工业用地转变为商业用地。但根据《物权法》第9条规定："不动产物权的设立、变更、转让和消灭，经依法登记，发生效力；未经登记，不发生效力，但法律另有规定的除外。"第137条第2款规定："工业、商业、旅游、娱乐和商品住宅等经营性用地以及同一土地有两个以上意向用地者的，应当采取招标、拍卖等公开竞价的方式出让。"《城市房地产管理法》第18条规定："土地使用者需要改变土地使用权出让合同约定的土地用途的，必须取得出让方和市、县人民政府城市规划行政主管部门的同意，签订土地使用权出让合同变更协议或者重新签订土地使用权出让合同，相应调整土地使用权出让金。"《招标拍卖挂牌出让国有土地使用权规定》(国土资源部令第11号)第4条规定："商业、旅游、娱乐和商品住宅等各类经营性用地，必须以招标、拍卖或者挂牌方式出让。"土地性质的变更采取登记主义，需要取得出让方和市、县人民政府城市规划行政主管部门的同意，签订土地使用权出让合同变更协议或者重新签订土地使用权出让合同，相应调整土地使用权出让金后方可申请变更登记；工业用地变更为商业用地的，必须采取招标、拍卖等公开竞价的方式出让。

（三）土地使用权转让合同约定转让后改变土地用途，通过政府以招拍挂的方式进行转让，该约定符合相关法律法规的规定

**案例** 黑龙江省高级人民法院审理的安达市汇龙房地产开发有限公司、黑龙江双龙房地产开发有限公司、大庆市汇龙程宇购物广场有限公司建设用地使用权转让合同纠纷再审判决书，（2015）黑监民再字第13号

【法院裁判】黑龙江省高级人民法院审理认为，关于汇龙开发公司主张通过招拍挂取得涉案土地使用权，无须向双龙开发公司支付转让款的问题。瀚尊开发公司出让取得了涉案土地使用权，依法有权利转让该土地使用权。其与汇龙开发公司签订协议书，约定将土地使用权转让，汇龙开发公司作为土地使用受让人，应当支付转让价款。依据《城市房地产管理法》第44条规定："以出让方式取得土地使用权的，转让房地产后，受让人改变原土地使用权出让合同约定的土地用途的，必须取得原出让方和市、县人民政府城市规划行政主管部门的同意，签订土地使用权出让合同变更协议或者重新签订土地使用权出让合同，相应调整土地使用权出让金。"《城镇国有土地使用权出让和转让暂行条例》第18条规定："土地使用者需要改变土地使用权出让合同规定的土地用途的，应当征得出让方同意并经土地管理部门和城市规划部门批准，依照本章的有关规定重新签订土地使用权出让合同，调整土地使用权出让金，并办理登记。"该条例第27条规定："土地使用权转让后，需要改变土地使用权出让合同规定的土地用途的，依照本条例第十八条的规定办理。"原国土资源部发布的《招标拍卖挂牌出让国有土地使用权规定》第4条第1款规定："商业、旅游、娱乐和商品住宅等各类经营性用地，必须以招标、拍卖或者挂牌方式出让。"涉案土地在转让时的用途为住宅用地，转让后的用途为建设商业用房。双方在协议书中明确约定，转让时通过政府以招拍挂的方式转让土地使用权，并约定了规划设计方案经政府批准后办理招拍挂手续，缴纳招拍挂保证金，土地出让金缴纳的义务人为汇龙购物广场。该约定内容符合上述法律法规的规定。实际履行中，经政府有关部门批准后，安达市国土资源局对涉案土地按照上述规定，通过招拍挂形式对涉案土地使用权进行拍卖，并且汇龙开发公司通过竞拍取得商业用地使用权后，仍然向双龙开发公司支付转让款并出具欠据。综上，因汇龙购物广场、汇龙开发公司基于土地使用权转让协议约定、土地改变用途的事实、相关法律法规的规定，应当履行土地竞拍

程序、缴纳土地出让金并给付转让款。汇龙开发公司主张取得涉案土地使用权与双龙开发公司无关，不应支付转让款的上诉理由不能成立。黑龙江省高级人民法院再审时确认协议书及补充协议书效力。

### (四) 小结

由上述可知，土地用途变更经有权机关批准但未经出让人同意的，此改变土地使用权出让合同约定的土地用途的行为不产生法律效力。

国有土地使用权出让合同是一种具有一定特殊性的合同。一方面，它具有民事合同的性质，是平等的民事主体在协商一致的基础上签订的合同。另一方面，在我国现行制度下，也体现了许多国家对土地流转市场的规制和管理职能的内容。一般来说，在普通民事合同中，如果变更合同内容，只要合同主体达成共识即可，而土地用途的变更，除了平等民事主体之间达成共识，还必须经主管部门批准。国有土地使用权出让合同的变更属于这一类。中国的国有土地使用权出让合同中涉及土地使用这一部分的实施是，除了双方达成协议，还必须经过严格的审批程序，对变更事项也有比较严格的规定。如《城市房地产管理法》第44条以及《城镇国有土地使用权出让和转让暂行条例》第18条都明确规定了变更土地用途必须经过同意或审批登记。可以说，同意或者核准登记是国有土地使用权出让合同中土地用途变更的必要条件。未经同意或批准登记，变更不受法律宽恕保护。因此，对于土地用途的变更，合同主体之间的协议和必要的审批程序是必不可少的。

## 第三节 土地一二级联动开发

### 一、土地一二级联动开发的背景

(一) 一二级联动的相关概念

1. 土地一级开发

土地一级开发是由政府或其授权委托的开发商，对一定区域范围内的城市国有土地、乡村集体土地进行统一的征地、拆迁、安置、补偿，并进行适当的市政配套设施建设。一般情况下，由开发商垫付前期动迁资金，政府负责划定范围内的动迁安置、土地征收及土地平整等工作，以便根据城市经济发展对土地需求或政府的土地供应计划，以招标、拍卖或协议的方式出让或转让土地使用权的行为。

2. 房地产二级开发

房地产二级开发是指完成土地一级开发后，即待土地性质完成转变成可以转让的土地时，土地使用者将其置于流通领域进行交易，包括通过土地使用权的转让、出租、抵押等方式，再由房地产开发商通过公开招投标、拍卖或挂牌出让等途径取得土地使用权，经过开发建设，将新建成的房地产进行出售和出租，也就是商品房首次进入流通领域进行交易的过程。

3. 土地一二级联动开发的概念

土地一二级联动开发是把土地从毛地变成可以出售的现成土地，之后土地使用者通过开发建设将已建成的物业出租或出售的过程。顾名思义，企业依次承担土地一级开发和土地二级开发的任务，完成从土地状态到工程竣工，再到租售市场状态的整个建设过程。

(二) 土地市场发展的现状

我国目前实行土地用途管理制度，限制农用地转为建设用地，严格控制建设用地总量。随着建设用地资源逐年减少，房企拿地成本不断上升，房企越来越难以相对经济的价格拿地。在此背景下，要想获取优质土地资源，不少房企不得不通过联动开发的方式。

## 二、一二级联动开发模式的优势

(一) 纾解政府财政压力

在目前的运作模式下，一级土地开发成本高，给一些地方政府带来了很大的财政压力，也导致部分城市征地迟迟不能推进，居民上访导致矛盾激化。另外，政府部门需要完成大量的一级土地开发任务，但相关人才和技术储备非常紧缺。如果采用土地一二级联动开发模式，不仅可以缓解地方政府的财政压力，还可以从市场上引入更多的人才和技术力量，使得一级开发任务最终落地。

(二) 进一步减少开发企业的成本

通过采用一二级联动开发模式，房地产企业可以降低房地产企业的拿地成本，因为其一般以较低的成本获得土地的二级开发权益。另外，开发企业从土地开发的第一级开始,经历了征地整理的全过程,对土地和设施的熟悉程度远远超过新收购的土地开发商,可以节省大量的人力、物力,解决好残留问题,利用好土地资源,降低了项目成本。

### 三、一二级联动开发模式存在的风险

（一）一二级联动开发存在的问题

1. 专业人才紧缺

目前,市场上正缺乏具有跨学科知识的人才,因为土地一二级开发涉及领域非常广,经常存在业务交叉的情况,对企业管理者的技术能力和管理能力有着更高的要求,不仅要懂得一级开发的基础知识,又要熟悉二流开发的流程,还要善于与政府机构斡旋,随时关注政策变化。因此,开展一二级联动发展的企业必须对专业人员进行必要的人才储备。

2. 建设用地指标的政策制约

由于建设用地资源稀缺,中国实行严格的耕地保护制度。在这种情况下,各城市新增建设用地的年度指标往往供不应求。因此,项目用地能否按计划流转,不仅取决于地方政府对于同期项目的利益平衡,还取决于上级政府机关核定的城镇新建用地限额。

（二）一二级联动开发的风险

1. 拆迁资金投入

土地一级开发时,拆迁成本无法估量且工作难度巨大,拆迁资金投入有可能远高于预期成本,这也是很多开发主体一直持观望态度的原因。实际操作中,征拆部门往往将拆迁补偿工作直接委托给开发主体。这就直接造成了相关各方的利益冲突。若开发主体不能如期获得土地,其面临的经济损失是无法估量的。

2. 政策风险

目前,为了规范我国的土地市场,国家出台一系列政策对其进行管控,因此,开发商在介入项目之前,无法准确判断形势（如融资政策、土地政策和转型政策的变化等),控制法律风险,最终将直接影响开发商预期目标和利益的最终实现。

3. 获得土地的风险

（1）招标风险

在现行的土地和建设项目招标制度下,开发主体若想获得项目土地的使用

权,必须通过正常招拍挂或协议出让、划拨程序。但因种种原因,初期合作的开发主体不一定最终中标,而且若在提前介入的情况下,被认定为有串标等行为,那么提前介入过程中签订的协议就涉嫌无效,其权利无法得到原有的、最终的保障。

(2)融资风险

在土地整合初期,由于开发主体尚未获得土地使用权,不可能以土地使用证为抵押向银行借款。此外,近年来贷款渠道收窄,而项目的开发周期普遍较长,融资风险增加。因此,开发主体需要建立长、短期融资渠道,以保障将来的资金需求。并与银行、信贷公司和其他开发主体合作,形成融资链。为确保资金链安全,在保持原有渠道的同时,多处寻求资金来源,积极与政府谈判,努力获得政府对项目发展的政策支持和资金引导,争取政策利好推动。

## 第四节　上海市建设项目涉及土地房屋征收全流程

### 一、征地前期工作阶段

(一)开展权属调查

在控制性详细规划或相关专项规划过程中,如果建设项目设计方案总体稳定,符合土地预审、选址报批要求,行业主管部门或项目建设单位可持市、区规划资源部门出具的《土地权属调查边界确认书》开展住房用地权属调查。

在实施阶段,因建设项目设计方案深化导致控制性详细规划或者相关专项规划控制线和规划发生变更的,按照规划调整程序办理规划调整;符合深化实施详细规划适用条件的,按照深化实施规划的有关要求办理。

(二)核发《建设项目用地预审与选址意见书》

建设项目采取划拨方式取得土地的,应当申请办理《建设项目规划土地意见书》。市、区规划资源部门向建设单位核发批准文件、证照(《建设项目用地预审与选址意见书》)和附图(建设项目选址范围图)。建设项目在取得土地预审和选址批准文件前,应当满足土地利用范围基本明确、项目边界总体稳定的条件。

(三)国有土地上房屋征收和土地收回

在建设项目取得用地预审和选址批准文件后,区人民政府组织实施国有土地上房屋征收和土地收回工作。用地范围内有国有土地上房屋的,区规划资源部门向区人民政府上报《收回土地审核意见》,按照房屋征收和补偿程序执行。用地范围内无国有土地上房屋的,区规划资源部门向区人民政府上报《收回土地请示》,区人民政府核发《收回土地批复》并指定部门落实补偿工作,收地公告和通知由区规划资源部门发布。

(四)发布征收土地预公告

建设项目取得土地预审、选址批准文件后,由区人民政府在拟征收土地的镇(乡、街道)、村、村民小组内发布征收土地预审公告,公告期不得少于 10 个工作日,并通过网站、微信公众号等主动公开信息。

同时,区规划资源部门应当及时向区人力资源社会保障部门通报拟征用土地的范围、拟征用集体农用地的面积、所属村组等拟征用土地的有关情况。征地预告公告发布后,征地范围涉及集体土地住房补偿的,由区征地事务机构按照信息公开要求出具《估价机构报名通知》,起止时间不得少于 5 个工作日。乡(镇)人民政府、街道办事处负责组织选择评估机构,确定评估机构后,在征地范围内公布评估结果。征地预告发布后,任何单位和个人不得在征地范围内抢建。违反规定抢建的,不予赔偿。

征地预告发布后,区人民政府应当组织有关部门按照《关于开展征地社会稳定风险评估工作的指导意见(修订)》(沪规划资源施〔2022〕122 号)的要求,对被征地开展社会稳定风险评估。

(五)开展土地现状调查及登记确认

1. 土地现状调查

征地预告公告发布后,区人民政府应当组织区征地事务机构会同镇(乡)人民政府或者街道办事处、国土规划和资源事务机构、村(居)民委员会、用地单位等,在前期住房用地权属调查的基础上,进一步开展被征收土地现状调查。包括对被征收土地的所有权、类型、面积现状的调查,对附着物的所有权、类型、数量现状的调查,对房屋、宅基地的所有权、面积、用途的调查。

2. 补偿登记确认

被征收土地所有人、土地使用权人应当在土地征收预告公告规定的期限内,持不动产权属证书办理补偿登记。

调查登记结果应当与被征收土地的所有人、使用人共同确认,并在被征收土地范围内公布调查登记结果。

（六）制定补偿方案

区人民政府应当组织区规划资源部门、区人力资源社会保障部门和其他有关部门，根据社会稳定风险评估结果，结合土地调查情况，制定土地补偿安置方案、征地住房补偿方案和征地人员就业保障方案。

（七）组织听证

多数被征地农村集体经济组织成员认为征地补偿安置方案、征地房屋补偿方案、被征地人员就业和保障方案不符合法律、法规规定的，区人民政府应当组织相关部门召开听证会。其中，"多数"即被征地范围内半数以上的集体经济组织成员。是否为"集体经济组织成员"以及"集体经济组织成员"总数由被征地村集体经济组织认定和提供。

根据法律、法规的规定和听证会的情况，确需修改征地补偿安置方案、征地房屋补偿方案、被征地人员就业和保障方案的，区人民政府应当修改方案并再次公告。

（八）确定补偿方案

区人民政府依照法律法规和听证会确定征地补偿安置方案、征地住房补偿方案和被征地人员就业保障方案后，组织有关部门落实有关费用，并在拟征收土地后5个工作日内下发《征地补偿安置方案确认告知书》《征地房屋补偿方案确认告知书》。

发生征地范围变更的，需要开展新的征地范围变更规划编制、公告等征地相关前期工作。新变更范围可根据变更批准后项目土地预审明确的土地界线和选址意见确定。

（九）签订附生效条件的补偿费用支付协议和补偿协议

用地单位与区征地事务机构签订条件有效的征地补偿费缴纳协议、条件有效的征地房屋补偿费缴纳协议；土地利用单位与镇（乡）人民政府、街道办事处签订具有有效实施条件的社会保障费用和生活津贴支付协议。区征地事务机构（或其委托的实施单位）与被补偿人签订条件有效的征地补偿安置协议和条件有效的征地房屋补偿协议。确实难以达成土地补偿安置协议或者土地补偿房屋补偿协议的，区人民政府在申请征收土地时应当如实说明情况。其中，"个别"是指未签订协议的受补偿人数量少于或等于协议总数的 20% 或少于 10 户。事先同意置换的,经区人民政府如实说明后,方可纳入基数计算。区人民政府要做好协议置换信息公开工作,妥善处理信访冲突。在国家重点建设项目中,控制工期的单项项目和因工期紧张或者季节性影响急需建设的项目,需要报批的,区人民政府在保障受补偿人利益的前提下,可以报批,但未签署协议的数量应少于协议总数的 1/3。

**二、农转用征收报批和核发供地批文阶段**

在完成征地相关前期工作,建设项目取得项目可行性研究报告批复的前提下,区人民政府可以向市人民政府申请农业转用和征地,并按要求报请市人民政府批复和提供其他有关材料。属于国务院审批机关的建设项目,建设单位(缴费单位)应当与镇(乡)人民政府或者街道办事处签订社会保险费预缴协议,将协议确定的社会保险费预缴至镇(乡)人民政府或者街道办事处指定的社会保险费缴纳账户。作为项目征地批准后被征地人员社会保障的保障基金。

建设项目落实土地利用计划指标并缴清有关费用后,由有批准权的人民政府依照《土地管理法》的规定批准征收农用地转用。

市(区)人民政府根据征收农用地批准书、国有土地征收批复和建设项目范围内的住房征收决定书,直接向市(区)规划资源部门下发供地批准书。

能源、交通、水利、军事设施等重点建设项目中,控制工期的单项工程和其他因工期紧张或者受季节影响急需建设的工程,可以按照国家和本市有关规定,向规划资源部门申请办理首次用地手续。土地可以优先用于抢险救灾、疫情防控等紧急需要。属于临时用地的,使用后应当恢复原状,交还原土地使用者使用,不再办理土地审批手续。永久性建设用地,建设单位应当在应急处置工作结束后不迟于 6 个月,申请办理建设用地审批手续。

**三、农转用征收批后阶段**

**(一)发布征收土地公告**

农用地转用和土地征收依法获得批准后,区人民政府应当自收到批准文件之日起 15 个工作日内,在被征收土地所在的镇(乡、街道)、村、村民小组内发布征收公告,公布征收范围、征收时间等具体工作安排;公告期不得少于 10 日,并利用网站、微信公众号等有利于增强公众意识的渠道积极披露信息。土地征收公告发布之日为补偿协议生效之日。

（二）落实补偿

区征地事务机关应当按照生效的支付协议向土地使用单位征收征地补偿费、房屋征用补偿费，并按照生效的补偿协议向被补偿人支付征地补偿费、房屋征用补偿费。

镇（乡）人民政府、街道办事处应当根据农业转用征收批准文件中的农业用地面积和公安派出所提供的现有 16 周岁以上农业人口数量，计算就业保障人数和人员分类。土地使用单位应当按照社会保障费和生活津贴的缴纳协议，向镇（乡）人民政府、街道办事处和其他有关单位缴纳社会保障费和生活津贴。无法达成征地房屋补偿协议的，按照《上海市征地房屋补偿争议协调和处理办法》等相关规定执行。

（三）补偿结案

征地补偿安置方案、征地房屋补偿方案实施完成后，区规划资源部门出具《征地补偿安置方案结案表》《征地房屋补偿方案结案表》。市社保中心完成备案后，为被征地人员办理参加社会保险手续，并出具《被征地人员就业和社会保障备案证明》。其中，征地补偿安置协议履行完毕可视为征地补偿安置方案实施完成。符合下列情形之一的，可视为征地房屋补偿方案实施完成：(1)已全部签订征地房屋补偿协议的；(2)未全部签订征地房屋补偿协议，但对未签订协议的被补偿人已作出征地补偿安置决定或责令交出土地决定，且被补偿人在规定期限内未申请行政复议或提起行政诉讼，或者被补偿人申请行政复议或提起行政诉讼，复议机关已作出复议决定或司法机关已作出生效裁判且复议决定或生效裁判维持征地补偿安置决定或责令交出土地决定的。

（四）规划许可阶段

核发《建设用地规划许可证》《建设工程规划许可证》。涉及的集体土地征地补偿安置方案、征地房屋补偿方案、被征地人员就业和保障方案实施完成、国有建设用地签订收回补偿协议及其房屋征收补偿完成后，市、区规划资源部门应根据建设单位申请核发《建设用地规划许可证》《建设工程规划许可证》。划拨土地项目将划拨决定书内容纳入建设用地规划许可证批准文件，除特殊情况外不再单独核发。具备相关条件的，可以将《建设用地规划许可证》《建设工程规划许可证》合并办理,核发规划许可证。

对于有特殊工期要求的重大项目,个别征地房屋补偿协议或国有土地房屋征收补偿协议或国有土地收回补偿协议难以达成的,在满足征地补偿安置结案、用地单位已将被征地人员就业和社会保障费用支付给镇(乡)人民政府或街道办事处、收回国有土地已批复并公告和通知(划拨土地公告满 1 个月、出让土地公告满 6 个月)、征地补偿安置决定或责令交出土地决定(或房屋征收补偿决定)已作出的条件下,由有关镇(乡)人民政府、街道办事处出具承诺被征地人员落实就业和社会保障办结时限等相关情况说明,并经区人民政府同意,且建设单位同时承诺先期施工不影响被征收权利人和利害关系人合法权益后,市、区规划资源部门可采取告知承诺方式核发《建设用地规划许可证》《建设工程规划许可证》。

对于有特殊工期要求的重大项目,建设单位可分段(区)凭《土地权属调查边界确认单》开展房屋土地权属调查。市、区规划资源部门可根据建设项目设计方案的完整性、征收补偿实施情况,以及建设单位支付补偿费用的财务凭证和经区人民政府同意的镇(乡)人民政府或街道办事处出具的关于征收补偿实施情况的说明,分段(区)核发《建设用地规划许可证》《建设工程规划许可证》。

(五) 开工放样复验

建设单位应在《建设工程规划许可证》有效期内、现场开工建设前,申请开工放样复验或备案。分段(区)开工的,开工范围应与分段(区)核发的《建设工程规划许可证》相对应。

**四、验收登记阶段**

(一) 竣工规划资源验收

建设项目竣工规划资源验收按照本市工程建设项目竣工规划资源验收管理的相关规定及相应标准执行,通过验收后核发《建设项目竣工规划资源验收合格证》。

对于分段(区)核发《建设用地规划许可证》《建设工程规划许可证》的建设项目,可以申请相应分段(区)竣工规划资源验收。

以通知承诺方式核发《建设用地规划许可证》《建设工程规划许可证》的建设项目,应当在实施集体征地补偿安置方案、征地住房补偿方案、被征地就业保障方案后,申请完成规划资源验收;完成国有建设用地收回补偿协议和房屋征收补偿。有关承诺未履行完毕的，不得通过验收。

（二）不动产登记

按照国家和本市法规规定，办理不动产登记。

## 第五节　城市更新中的土地政策

党的二十大报告强调，坚持人民城市人民建、人民城市为人民，提高城市国土空间规划和治理水平，加快转变超大特大城市发展方式，实施城市更新行动，加强城市基础设施建设，打造宜居、韧性、智慧城市。各地方自然资源管理部门紧扣职责从规划编制、土地利用、不动产登记等方面，积极探索和创新相关政策，助力城市更新。

自然资源部国土空间规划局副局长杨浚认为，我国城市发展方式正由外延扩张式向内涵提升式转变，以存量资源推进城市更新，已成为新时代城市空间治理的一个重点。这是由于我国城镇化经过如火如荼的发展，如今已进入中后期阶段，城市建设的重心已经发生转变，从以往追求大规模的大开发、大建设到现在的追求高质量、创新型改造，从"有"城更转变为"优"城更，以致现有的存量资产面临如何转型的问题，城市更新项目源源不断，然而真正达到与项目初衷一致的改造却屈指可数，故对于城市更新中土地的相关信息亟须进一步的梳理。

**一、城市更新中土地的概况**

在土地资源基本国情下，提高土地节约和集约利用水平是城市更新的首要目标。一方面，中国人多地少，农业历史悠久，土地开发强度高，耕地短缺。中国人均耕地资源不足世界平均水平的40%，耕地水土条件匹配度差，质量普遍较低。从空间格局来看，中国人口与经济空间分布不均衡，发展不平衡。特别是优质耕地作为粮食生产空间与具有优良经济区位的城市建设空间高度重合，而工农业用地争抢、城乡用地争抢、各种生产生活对生态空间的影响更为严重，空间矛盾和冲突更为普遍。改革开放40余年来，中国城市化水平快速提高，城市用地规模迅速扩大，对优质耕地的保护形成了较大压力。

另一方面，在土地资源约束较紧的情况下，城市各地不同程度地存在着土地利用结构不合理、过度开发和粗放浪费等不合理现象，部分城市仍存在一定数量的低效土地和闲置土地。城市土地开发利用进入存量开发时代是大势所趋。通过城市更新有效盘活城市建设用地，有效提高土地利用集约化水平，是破解中国新型城镇化发展资源环境瓶颈制约、有效保护优质耕地、维护国家粮食安全的根本途径，也是衡量城市更新实施效果的重要标准。

在社会主义市场经济条件下，以土地为核心的房地产的调整增值及其股权关系和利益分享是城市更新持续推进的关键因素。城市更新的实施涉及资源利用、资产交易和资本运作，是一项涉及各级政府、企业和群众等多方利益相关者的复杂系统工程。其中，以土地为核心的房地产及其权益关系的调整与平衡最为重要和困难。国内外实践经验表明，成功的城市更新必须以更新前产权明晰、产权关系清晰为前提，更新后空间利用更加合理、宜居为结果，从而带动房地产的升值和权益关系的新平衡，从而实现利益共享和社会和谐。从本质上讲，城市更新的过程就是在新要素的输入下激活、调整乃至重构价值链的过程。

## 二、城市更新土地政策的现状——以上海为例

2022年12月30日，上海市规划和自然资源局印发《上海市城市更新规划土地实施细则（试行）》。该实施细则对上海市城市更新的土地政策进行了进一步的规定，重点如下。

首先对区域更新、零星更新进行了解读，区域更新是指在优先保障公共空间、公共服务设施、基础设施等系统性公共要素的前提下，可以按照规划合理性，统筹开发指标与公共要素要求。零星更新可以提供公共要素为前提，适用规划政策，也可以在区人民政府与实施主体协商土地、经济、招商、建设等其他条件的基础上，按照规划合理性确定指标。各区人民政府可以细化相应的协商规则。

根据第12条规定，土地供应方式包括收储、收回再供应，存量补地价等，并且规定："城市更新项目通过收储、收回再供应方式办理用地手续的，依法采用招标、拍卖、挂牌、协议出让以及划拨等方式供应土地，明确实施主体。城市更新项目通过存量补地价方式办理用地手续的，应当具备独立开发条件，权属清晰，由更新方案明确的实施主体办理存量补地价；通过协议等方式引入市场主体的，应当在用地手续办理前完成相应手续办理。"

根据第14条规定，补缴土地的价款"委托土地评估机构进行市场评估，并经

区人民政府集体决策后确定"。第16条也对不同的物业持有及转让管理要求进行了详细分类。

### 三、城市更新土地政策的未来发展

伴随整个转变过程，城市更新也逐步发展成集盘活存量用地、追求土地经济效益、改善人居环境、促进产业转型升级、传承历史文化、激发城市活力等诸多目标于一体的综合性系统工程。这些目标的实现均会不同程度地投射到有限的城市存量土地上，体现到土地开发利用方式和开发运营模式上。

进一步厘清历史问题处理边界，加快城市更新步伐。在城市更新的实施过程中，经常会遇到历史遗留的违法用地问题。由于交易时间长，交易混乱，很多问题难以完全厘清。这些问题极大地影响了城市低效率土地的再开发，迫切需要从政策上给予明确的处置限制。建议从国家层面研究制定解决历史遗留土地问题的基本原则和要求，并给具有一定自主决策权的地方政府划定具体处置边界，鼓励地方政府结合当地实际采取灵活处置方式。

扩大土地利用政策范围，着力统筹城乡土地利用。无论是城市更新还是城市低效率土地改造，其着眼点都是城市空间和城市土地。然而，从地方实践来看，特别是在经济发达的长三角和珠三角地区，近年来广泛开展的农村工业园区改造已成为地方大力开展城市更新行动的重要组成部分，以满足地方经济发展对土地资源的需求。从推进新型城镇化发展、促进城乡一体化发展、城乡一体化发展、建设城乡统一土地市场的政策取向来看，需要基于城乡视野来设计土地政策。建议将政策范围扩大到城乡低效建设用地的再开发，以指导城市更新和农村建设用地整理。

进一步细化相关控制指标和指导指标，加强城市更新精细化管理。《住房和城乡建设部关于在实施城市更新行动中防止大拆大建问题的通知》提出了"坚持划定底线，防止城市更新变形"的政策要求，并确定了拆迁建筑面积占比、拆建比、就地安置率、城市住房租金年涨幅等控制指标。从地方实施角度来看，其控制指标的确定仍存在"一刀切"、地方实施困难等问题。不同的自然条件、不同的城市发展阶段和水平，城市土地经营的市场环境和地价水平也大不相同。建议进一步研究细化国家层面防止大规模拆迁建设的相关控制指标，以及这些指标在各地实施的把握范围，作为指导指标。

# 第四章　城市建设类企业与房地产合作开发

## 第一节　房地产合作开发概述

依靠土地一级市场赚取高额级差地租的时代红利已经结束。土地出让金与城市更新项目投入成本之间的差额空间越来越小,从这个角度来讲,精耕细作每一块土地,强强联手,将城市空间价值利用市场规律发挥到最大化是未来的必然趋势。城市开发建设与运营的本质和核心是金融,而合作开发模式不仅使国有企业获得市场的效率,也使市场合作方得以共享融资方面的红利,控制投资成本,为其商誉和品牌赋能。

### 一、相关法律规定

《最高人民法院关于审理涉及国有土地使用权合同纠纷案件适用法律问题的解释》(以下简称《土地使用权合同解释》)第12条规定:"本解释所称的合作开发房地产合同,是指当事人订立的以提供出让土地使用权、资金等作为共同投资,共享利润、共担风险合作开发房地产为基本内容的合同。"

第13条规定:"合作开发房地产合同的当事人一方具备房地产开发经营资质的,应当认定合同有效。当事人双方均不具备房地产开发经营资质的,应当认定合同无效。但起诉前当事人一方已经取得房地产开发经营资质或者已依法合作成立具有房地产开发经营资质的房地产开发企业的,应当认定合同有效。"

该解释通过第三章专章对房地产合作开发合同及其效力、利润分配裁判规则等作出了规定。

### 二、常见的房地产合作开发模式

合作开发的模式有很多种,建议房地产开发企业结合各种模式下风险的承担以及效率、收益、政策等影响选择最适合本公司的开发模式。

在此,笔者以合作方是否已有土地为依据进行分类,对目前实践中较为常见的几种模式进行梳理。

(一)合作双方均没有土地

1. 可新设项目公司竞买土地

这种模式比较适合其中一个合作方虽然没有土地,但有可以获取土地的资源的情况。细分来讲,一般还存在以下两种情形。

(1)双方共同成立项目公司,并以项目公司的名义参与土地竞买后进行开发(见图4-1)。

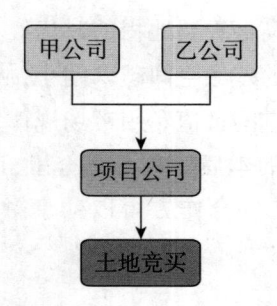

图4-1 双方共同成立项目公司,以项目公司名义参与土地竞买

(2)一方先成立项目公司后,另一方通过增资入股或股权收购的方式加入该项目公司,以项目公司的名义参与土地竞买后进行开发(见图4-2)。

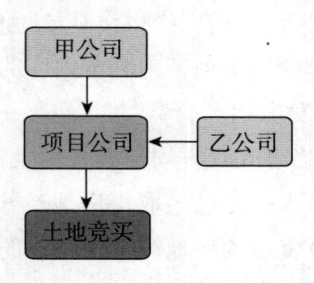

图4-2 一方先成立项目公司后,另一方通过增资入股或股权收购的方式加入该项目公司,以项目公司的名义参与土地竞买

2. 可形成联合体竞买土地

双方公司形成联合体竞得土地后,先由联合体与国土部门签订出让合同,再

由联合体双方共同成立项目公司,通过与国土部门签署补充协议的方式将土地受让人变为项目公司。或双方公司形成联合体竞得土地后,由双方成立的项目公司直接与国土部门签订出让合同(见图4-3)。

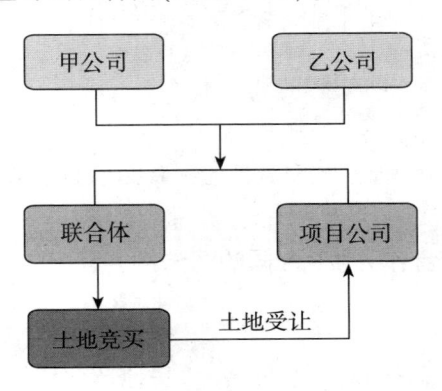

**图4-3 形成联合体竞买土地**

(二)合作方已有土地

(1)有土地的合作方将土地作价入股,与出资入股的另一合作方成立项目公司,并进行后续开发(见图4-4)。

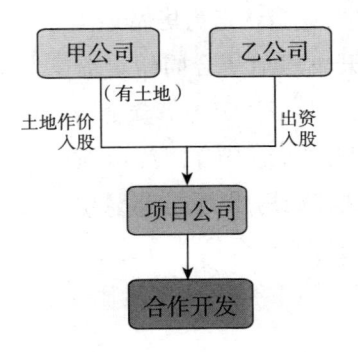

**图4-4 有土地的合作方将土地作价入股,与出资入股的另一合作方成立项目公司**

(2)如果合作方已经有一个有土地的项目公司,且不适宜将土地作价入股或转让的情况下,那么另一合作方可以直接通过增资入股或股权收购的方式加入该项目公司后参与合作开发(见图4-5)。

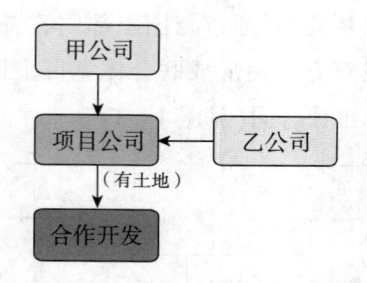

```
        ┌──────┐
        │ 甲公司 │
        └──────┘
           │
           ▼
        ┌──────┐      ┌──────┐
        │项目公司│◄─────│ 乙公司 │
        └──────┘      └──────┘
        （有土地）
           │
           ▼
        ┌──────┐
        │合作开发│
        └──────┘
```

**图 4-5　另一合作方直接通过增资入股或股权收购的方式加入该项目公司**

### 三、名为"房地产合作开发"合同的司法实务认定

（一）法律规定

《土地使用权合同解释》对一些虽名为"房地产合作开发"，但实质上并不属于的情形进行明确，具体规定如下：

第 21 条规定："合作开发房地产合同约定提供土地使用权的当事人不承担经营风险，只收取固定利益的，应当认定为土地使用权转让合同。"

第 22 条规定："合作开发房地产合同约定提供资金的当事人不承担经营风险，只分配固定数量房屋的，应当认定为房屋买卖合同。"

第 23 条规定："合作开发房地产合同约定提供资金的当事人不承担经营风险，只收取固定数额货币的，应当认定为借款合同。"

第 24 条规定："合作开发房地产合同约定提供资金的当事人不承担经营风险，只以租赁或者其他形式使用房屋的，应当认定为房屋租赁合同。"

可以看出，判断是否为房地产合作开发的核心在于双方当事人是否"共担风险"。如其中一方不承担经营风险，而只享受固定收益的，就不属于房地产合作开发。

（二）司法裁判实务梳理

在实践中，存在大量此类合同双方因后续收益分配产生纠纷而诉至法院。笔者对前述四类合同的纠纷案例及法院认定的裁判思路进行梳理，并各取一例列举如下，以供参考。

1. 名为《房地产合作开发》合同,但法院认定为土地使用权转让合同

**案例** 北京市某农业农村局与某基业投资有限公司合同纠纷一审民事判决书,北京市朝阳区人民法院,(2021)京0105民初＊＊号

【法院裁判】本院认为,关于争议焦点一,上述合同性质之争,主要涉及土地使用权转让合同与合作开发房地产合同的区分。……本案中,原告通过与某教委置换土地的方式获得某小区内教育用地使用权,根据原告与被告签订的《项目合作协议》约定,原告将某小区内教育配套设施与被告合作开发教学楼项目,原告配合办理各种手续,被告负责建设的全部资金。项目建成后,双方按照各50%的比例享有该建筑物的使用权和产权。根据《项目合作补充协议》约定,原告与被告各分得该项目建筑面积3321.98平方米,其中地上2768.8平方米,地下553.175平方米。同时原告将其所分得的建筑面积交给被告有偿使用,被告按约定向原告支付租金。可见,原告的义务是提供土地,获得的对价是所建成教学楼一半的产权和使用权。该行为符合上述司法解释第21条规定的情形,故双方之间签订的协议应为土地使用权转让合同。

2. 名为"房地产合作开发"合同,但法院认定为房屋买卖合同

**案例** 姜某、某置业有限公司房屋买卖合同纠纷民事一审民事判决书,河南省罗山县人民法院,(2020)豫1521民初＊＊号

【法院裁判】本院认为,……《最高人民法院关于审理涉及国有土地使用权合同纠纷案件适用法律问题的解释》第22条规定:"合作开发房地产合同约定提供资金的当事人不承担经营风险,只分配固定数量房屋的,应当认定为房屋买卖合同。"原告姜某作为某项目投资开发建设协议投资的甲方当事人并进行了投资,其投资计算在邓某名下。本案原告姜某与其他投资人对被告某公司的某项目投资开发建设项目也均进行了投资,按照投资本金及固定收益分得固定房屋,不承担经营风险;且该项目建设使用土地,系国有土地使用权出让取得,故根据该规定,本案应认定双方为房屋买卖合同纠纷。

### 3. 名为"房地产合作开发"合同,但法院认定为借贷合同

**案例** 卢某、周某等民间借贷纠纷民事二审民事判决书,山东省滨州市(地区)中级人民法院,(2021)鲁16民终＊＊号

【法院裁判】本院认为,关于当事人之间法律关系性质及还款责任主体的问题。首先,卢某与周某双方之间签订的《合作协议》约定,卢某向周某提供合作资金,用于周某向某公司补足合作出资款,周某到期返还全部出资本金,并支付定额出资红利。上述约定表明,卢某只是收取固定数额的回报,并不参与经营,亦不承担经营风险。卢某与周某之间的协议"名为合作,实为借贷",且隐藏的民间借贷行为并不违反法律、行政法规的规定,应属有效。一审法院认定上述《合作协议》性质应为借款合同并无不当。……

关于利息计算问题。周某、卢某、魏某三人约定的出资红利,远超法律规定的民间借贷利率上限。一审认定超过部分的利息约定无效并予以调整,并无不当。

### 4. 名为"房地产合作开发"合同,但法院认定为房屋租赁合同

**案例** 陈某与中国人民武装警察部队某机动总队机动某支队合资、合作开发房地产合同纠纷二审民事判决书,江苏省无锡市中级人民法院,(2018)苏02民终＊＊号

【法院裁判】本院认为,本案争议焦点为《合作协议》的性质及效力。……本案双方在《合作协议》中约定:"甲方提供项目土地及所有开发手续、图纸设计以及与地方协调、相关配套、手续办理等;乙方提供在项目上商铺及配套设施所需的建设资金,并负责建设施工;项目建成后按甲方南侧21间商铺、乙方北侧20间商铺进行分配,乙方获得所分配商铺2010年11月15日至2030年11月14日的经营收入,2030年11月15日后,乙方将商铺全部移交甲方,不再主张任何权利,本协议同时失效。"从《合作协议》的上述约定看,虽然某部队一方提供土地使用权、陈某提供资金,但双方之间并无"共享利润,共担风险"的约定,陈某也不能取得房屋的所有权,而只是可以使用其中20间商铺,获得20年的经营收入。因此,《合作协议》并不属于合作开发房地产合同,而符合《最高人民法院关于审理涉及国有土地使用权合同纠纷案件适用法律问题的解释》(2015年)第27条规定的情形,应认定为房屋租赁合同。

据此,直观来讲,对未共同承担经营风险的、不属于房地产合作开发关系的,可以通过以下特征进行识别与分类(见表4-1)。

表4-1　土地使用权转让合同、房屋买卖合同、借贷合同、房屋租赁合同的识别

| 投入 | 收益 | 合同性质 |
| --- | --- | --- |
| 土地使用权 | 房屋产权与使用权 | 土地使用权转让合同 |
| | | 房屋买卖合同 |
| 资金 | 分红 | 借贷合同 |
| | 房屋使用权 | 房屋租赁合同 |

## 第二节　国有企业的房地产合作开发法律风险防控——国资规范视角

近年来,国有企业通过合作开发进行建设的实践越来越多。合作开发不同于国有股权转让、增资等国有资产交易具有原则上进场交易的要求,国有企业与任何合作方合资新设公司一般可直接协商进而确定合作,具有高度的灵活性。

作为城市更新实施主体,项目公司同时肩负了国有资本保值增值的考核要求,如何在项目开发建设销售或者资产运营管理过程中,兼顾效益、合规、成本、风控、投资回报等各项因素,需要清晰的合作进入与退出通道、有效的组织架构和决策方式、周延同时具备弹性的管控模式、完善的审批流程制度、对核心团队有效的激励奖惩机制。

### 一、关于合作方选择的法律风险及风险防控

(一)关于合作方选择的法律风险

一般而言,国有企业选择的合作方多是行业龙头或某领域具有较强市场竞争力和优势的企业,并希望与之强强联合、互补不足,进而产生"1+1>2"的共赢效果。但是,如果合作方资信不佳、存在债务风险或明显缺乏投资能力,则将会对未来合资新设项目公司的发展造成非常大的不确定性和其他法律风险,严重影响项目公司的正常经营,这种不利影响包括但不限于:(1)合作方届时出现无

力按约定实缴出资的情况;(2)在项目公司成立后,合作方及其关联公司与项目公司同业竞争,合作方并不能按之前的承诺全力支持项目公司,甚至与项目公司进行不正当的关联交易;(3)合资方的实际情况与在合作之前宣称的强大实力不符,承诺投入给项目公司的资源无法兑现;(4)合作方严重违规被调查甚至被撤销、被吊销营业执照导致不再参与项目公司事务,或因自身债务导致其持有的项目公司股权被司法冻结甚至执行,导致合作无法继续,对项目公司经营造成严重不利影响。

对此,多地国资监管部门出台的国有企业投资监管规定就投资合作方条件从多方面提出要求。因此,国有企业应当在合作之前,通过尽调对合作方进行深入了解。

（二）关于合作方选择的风险防控

建议在签署合作开发协议前,对合作方进行深入考察了解,并委托律所、会计师事务所等专业中介机构对合作方进行尽职调查,一般包括法律尽职调查和财务尽职调查,作为投资决策的重要依据,以整体预防风险。

对项目公司尽职调查的目的在于深入了解拟合作伙伴的综合实力、运营能力等基本情况,其调查内容大致包括以下四个方面。

1. 公司基本情况调查

主要包括合作方公司的设立、股权变动、资产重组、股份转让、财产状况、债权债务等情况。

2. 可持续经营能力调查

主要包括合作方公司行业性质、主营业务情况、主要产品情景、业务发展目标、未来发展是否存在重大不确定性等。

3. 潜在风险调查

主要包括合作方公司对外担保形成的或有风险,未决诉讼、仲裁形成的或有风险,以及其他方面的或有风险,如是否有海关、税务纠纷等。

4. 治理结构调查

主要包括查阅合作方公司章程,了解股东会、董事会、监事会及高级管理人员的构成情况和职责;调查股东的出资是否到位,出资方式是否合法,是否存在出资不实、虚假出资、抽逃资金等情况;在业务、资产、人员、财务及机构等方面是否均与公司控股股东相互独立,资产是否被控股股东占用,股东与公司之间是否存在关联交易等。

**二、关于非货币出资的风险及风险防控**

(一)关于国有企业以非货币资产出资的风险

首先,根据《企业国有资产交易监督管理办法》(以下简称32号令),国有企业转让股权或一定金额以上的生产设备、房产、在建工程以及土地使用权、债权、知识产权等资产对外转让,应当按照企业内部管理制度履行相应决策程序后,在产权交易机构公开进行。那么,国有企业以股权或土地、房屋等资产作价入股,与合作方合资新设公司是否属于前述32号令的资产交易而需要进场公开交易?

根据国务院国资委在其官网的互动交流板块对网友提问的答复:"国有企业以所持企业股权作价出资,应当履行企业对外投资论证决策工作程序,并按照《企业国有资产评估管理暂行办法》(国资委令12号)有关规定进行资产评估。"

按照该答复的精神,国有企业以所持企业股权作价出资不受32号令约束而应执行国有投资监管程序,故股权作价入股不属于产权交易,更不需要进场公开交易。结合前述国务院国资委的答复,一般可认为,以股权、资产作价出资入股的行为与32号令规制的国有资产交易行为不同,故无须进场交易。当然,谨慎起见,国有企业在以股权、资产作价入股之前可与所属国资监管部门事先沟通确认。

其次,根据《公司法》第48条和《企业国有资产评估管理暂行办法》第6条规定,国有企业以非货币资产对外投资不仅应当对相关资产进行评估,而且作价不得低于经备案的评估价。因此,如国有企业未按规定进行评估、备案,就将非货币资产作价入股,将面临违规被追责的风险。

(二)关于合作方以非货币资产出资的风险

从国有企业合资新设的实践来看,如合作方以非货币资产出资,往往是在合作方掌握的资产是国有企业所不具备的情况下,比如特定的土地、房产、核心技术专利等。因此,双方才需要通过合资新设的方式实现对特定资产的合作开发。但是,需要注意的是,合作方以非货币资产出资可能面临如下风险。

首先,合作方拟作价入股的资产可能(部分)不是与项目公司业务经营所需的,对项目公司没有实际利用价值,后续可能只能变现操作,进而导致项目公司承担不必要的税费。

其次,如合作方拟作价入股的资产存在权属争议,或存在抵质押、司法查封冻结等权利瑕疵导致无法及时出资到位或出资瑕疵,国有企业面临承担连带责任的风险。《公司法》第 27 条第 1 款规定:"股东可以用货币出资,也可以用实物、知识产权、土地使用权、股权、债权等可以用货币估价并可以依法转让的非货币财产作价出资……"《最高人民法院关于适用〈中华人民共和国公司法〉若干问题的规定(三)》第 13 条第 2、3 款规定:"公司债权人请求未履行或者未全面履行出资义务的股东在未出资本息范围内对公司债务不能清偿的部分承担补充赔偿责任的,人民法院应予支持;未履行或者未全面履行出资义务的股东已经承担上述责任,其他债权人提出相同请求的,人民法院不予支持。股东在公司设立时未履行或者未全面履行出资义务,依照本条第一款或者第二款提起诉讼的原告,请求公司的发起人与被告股东承担连带责任的,人民法院应予支持;公司的发起人承担责任后,可以向被告股东追偿。"

(三)关于非货币出资风险的防控

首先,如合作方拟以非货币资产出资的,需要在投资洽谈阶段审查并圈定拟作价的资产范围,尽量避免滥竽充数的情况发生。

其次,无论是什么非货币资产,都需要对非货币资产进行尽调,资产数量与情况较为复杂的,可由聘请的律所、会计师事务所在对合作方尽调时一并进行,以确定资产是否存在权属争议,或存在抵质押、司法查封冻结等权利瑕疵的情形。如涉及专利、技术、计算机软件著作权等专业性较强的资产,还需要聘请相关专家提供技术咨询意见,以准确判断其资产价值与用途。

无论是国有企业还是合作方以非货币资产出资,都需要聘请具有资质的评估机构对资产进行评估,并作为作价入股的依据。其中,如国有企业以非货币资产出资的,除事先向本级国资监管部门咨询确认可行性外,还应按规定程序将评估结果核准或备案,作价的金额不得低于核准或备案的评估结果。

**三、关于合作方违约的风险及风险防控**

(一)逾期出资风险

股东的实缴出资是项目公司开展经营的必要经济基础。然而,从实践来看,在签署出资协议后或项目公司设立登记后,一些合作方可能因自身现金流不足或投资战略调整等主客观原因出现无法按约定按时足额实缴出资的违约情形。

合作方逾期出资可能引发的问题与风险一般有以下几种。

1. 出资不到位影响项目公司正常经营

项目公司设立初期经营资金主要来源于股东出资,如合作方逾期出资,而国有企业往往在合作开发协议中约定双方需同步实缴出资,此时国有企业也只能暂停出资,进而严重影响项目公司的经营计划的实施,导致目标难以实现。

此外,在项目公司已办理设立登记的情况下,国有企业也无法通过解除合作的方式终止投资,最终可能导致项目公司发展陷入困局。

2. 对(部分)逾期出资的合作方难以对其完成除名,严重影响项目公司发展

《最高人民法院关于适用〈中华人民共和国公司法〉若干问题的规定(三)》第17条规定:"有限责任公司的股东未履行出资义务或者抽逃全部出资,经公司催告缴纳或者返还,其在合理期间内仍未缴纳或者返还出资,公司以股东会决议解除该股东的股东资格,该股东请求确认该解除行为无效的,人民法院不予支持。在前款规定的情形下,人民法院在判决时应当释明,公司应当及时办理法定减资程序或者由其他股东或者第三人缴纳相应的出资……"

按照前述司法解释规定,对于未出资的违约股东,可通过股东会决议解除该股东资格即除名,然后采取减资或第三方承接的方式处置违约股东股权。

其中,股东除名条件即"未履行出资义务"在司法实践中一般认为是指未履行任何出资义务,但对于已部分出资的违约股东还能否被除名的问题,并未予以明确。

实务中,法院对已部分出资的违约股东能否被除名存在一定争议,但在公司章程特别规定可对部分出资的违约股东按程序除名的情况下,存在法院支持该等特别规定的可能性。

3. 在无法完成除名或除名手续完成之前,逾期出资的违约合作方存在继续行使特定股东权利,甚至坐享其成的风险

根据《最高人民法院关于适用〈中华人民共和国公司法〉若干问题的规定(三)》第16条规定:"股东未履行或者未全面履行出资义务或者抽逃出资,公司根据公司章程或者股东会决议对其利润分配请求权、新股优先认购权、剩余财产分配请求权等股东权利作出相应的合理限制,该股东请求认定该限制无效的,人民法院不予支持。"在事先没有特别约定的情况下,如何判定"合理限制"的标准与边界,是否可以完全暂停其行使前述股东权利?

此外，对于前述规定的利润分配请求权、新股优先认购权、剩余财产分配请求权以外的股东权利能否限制、如何限制也存在较大争议。比如，国有企业为了引入市场化的人才与管理经验，往往会同意约定合作方拥有对项目公司的董监高人选的提名权或委派权，但在合作方逾期出资时该等权利能否限制？已任职的董事、高管如何处理？实践中，国有企业往往束手无策，难以直接罢免违约合作方提名或委派的董事、高管，进而导致合作方未出资，却实际参与甚至控制项目公司的重大决策和日常经营管理。

（二）合作方的其他违约行为风险

国有企业在与合作方达成合作开发协议后，就需要按规定办理项目公司设立登记，但设立登记手续有赖于双方的配合，如合作方拒绝或不按要求配合，就可能导致项目公司无法设立，国有企业作为股东面临承担相关费用与债务的风险，其规定依据是《最高人民法院关于适用〈中华人民共和国公司法〉若干问题的规定（三）》第4条第1、2款"公司因故未成立，债权人请求全体或者部分发起人对设立公司行为所产生的费用和债务承担连带清偿责任的，人民法院应予支持。部分发起人依照前款规定承担责任后，请求其他发起人分担的，人民法院应当判令其他发起人按照约定的责任承担比例分担责任；没有约定责任承担比例的，按照约定的出资比例分担责任；没有约定出资比例的，按照均等份额分担责任"。

虽然国家对于国有企业对外借款担保没有统一监管规定，但从笔者的经验和部分地方的国资监管要求来看，除国有企业对合并报表范围内子公司提供借款、担保没有比例限制外，国有企业对参股公司提供借款、担保，一般要求应与其他股东按持股比例共同提供。如项目公司未来需要资金或融资以谋求进一步发展，而其他股东拒绝按持股比例与国有企业共同为项目公司提供借款、担保，则可能导致国有企业作为股东也难以提供相应借款、担保，进而严重影响项目公司的经营发展。

从实践来看，国有企业选择与合作方进行合作，往往更看重合作方货币出资以外的市场化管理能力、核心技术、人才、市场渠道以及供应链等优势资源，在这种情况下，可能面临如下风险。

一方面，项目公司设立后，如合作方未能按之前的承诺对项目公司进行资源投入和支持，就会造成项目公司发展难以预期的风险。与此同时，不同于追究合作方的逾期出资责任,关于合作方如何进行资源投入与支持,实践中往往又缺乏明确可量化、可操作且具有法律约束力的约定,故难以向合作方追责。

另一方面,如合资方在项目公司设立后不久就将其持有的股权质押甚至转让,即使国有企业作为股东行使优先购买权,但还是不能阻止合作方退出,进而导致当初合资新设的投资目标难以实现。虽然《公司法》第84条第3款允许公司章程对股权转让进行特殊规定,但如过度限制合作方转让股权或设定不合理的转让前置条件如约定未经国有企业的同意不得转让、未经董事会同意不得转让等,进而导致合作方的股权实质上不能转让的,该等条款又会面临被认定无效的风险。

同时,需要特别指出的是,根据《国务院办公厅关于建立国有企业违规经营投资责任追究制度的意见》《上海市国资委监管企业投资监督管理办法》等规定,国有企业的投资发生重大变化未及时采取止损措施的,应追究责任。因此,一旦发生合作方违约的情形,国有企业应及时了解情况并评估风险,及时采取合理应对措施,否则,监管企业未履行或未正确履行投资管理职责造成国有资产损失以及其他严重不良后果的,依照《企业国有资产法》等有关规定,由有关部门追究企业经营管理有关人员的责任。

(三)国有企业自身违约的风险防控

由于国有企业自身管理体制的特点,事事需要"走程序",还需要按"三重一大"规定集体决策,在用印、付款等环节往往需要花更多时间,故在合作开发协议、公司章程约定各类义务的履行期限时,不应仅关注条款是否对等,还应结合自身实际,争取适当放宽期限,以避免自身违约。

另外,建议建立外派人员激励约束机制,增强外派人员履职积极性。国有企业对参股股权管理,应遵循"谁投资、谁管理、谁受益"原则,对参股股权管理涉及的外派人员建议进行适度激励,并通过制度予以明确,积极调动外派人员的主观能动性。同时,从国资的纪律检查和违规行为追责等方面,也需要有制度来约束外派人员的行为。

对于外派人员,应明确外派人员的主体责任,与外派人员签订履职协议,进行任前谈话,签订廉洁责任书等,约束其行为,明确其义务,督促其切实保护推荐股东的股东权益。同时,通过建立激励机制,调动外派人员的积极性,对于勤勉履职的行为,应当予以适度的物质或者精神奖励和晋升机会。

同时，派出企业应当对外派人员履职给予充分的支持配合，及时化解外派人员履职过程中的压力和阻碍，并对重大技术问题予以及时指导，增强外派人员的企业归属感，也可以有效防止外派人员的立场转化。

（四）合作方逾期出资的风险防控

首先，约定同步出资。为避免合作方不实缴出资却坐享其成，实缴的出资比例和节奏上，原则上应约定国有企业与合作方同步或晚于合作方实缴。

同时，根据《最高人民法院关于适用〈中华人民共和国公司法〉若干问题的规定（三）》第13条第3款规定，国有企业作为项目公司的发起人股东，对合作方的出资义务具有连带责任，故约定分期出资还是会面临较大风险，故可选择采取如下措施。

首先，在合作开发协议约定较早的实缴出资期限并辅以相应的逾期违约金责任，然后在公司章程约定较晚的实缴出资期限，两个期限分别解决对内和对外的关系，这样在合作方违约发生时，国有企业就有足够时间向合作方催缴和追责，而不必须出资到位，也不用被项目公司的债权人要求补足。

除非特殊规定最低注册资本，原则上不应盲目追求过高的注册资本规模，而应考虑分期投资：项目公司设立时合理确定注册资本规模，确保各股东有能力一次性实缴出资到位，后续如项目公司具有资金需求且合作方具有实缴出资实力的，可通过同比例或定向增资方式解决。对此，即使项目公司是国有控股或实际控制企业，按照《企业国有资产交易监督管理办法》第46条规定："以下情形经国家出资企业审议决策，可以采取非公开协议方式进行增资：……（三）企业原股东增资。"因此，后续增资均可以不进场，不会影响投资合作的灵活性与便利性。

其次，约定按期足额实缴出资与其股东权利明确挂钩。可通过公司章程特别规定，对于逾期出资的股东权利限制范围，还包括表决权、优先认缴权、董监高提名权等未在前述规定可限制范围内的权利，且该等权利自逾期之日起自动暂停直至违约股东补缴到位，而且限制股东权利无须作出股东会决议，或者约定作出该等股东会决议时违约股东应回避。此外，还可特别规定，对于违约股东提名并任职的董监高，由股东会、董事会依法罢免，表决时违约股东及其提名并任职的董事均应回避。

最后，约定扩大股东除名条件以及实施细则。通过合作开发协议、公司章程特别规定,股东会对逾期出资的股东作出除名决议时,违约股东应回避表决;已部分出资的逾期出资股东经催告后合理期限内仍未缴纳的,可通过股东会决议解除该股东的股东资格,股东资格解除后可通过定向减资或第三方承接的方式处置其股权,其中违约股东已出资部分按照原价的一定比例或其他合理定价方式退回。

(五)合作方的其他违约行为风险防控

首先,约定因一方违约导致项目公司未设立的,由此造成的费用与债务由违约方承担;双方违约的,各承担一半。

其次,国有企业对项目公司不并表的,即使本级国资监管部门无强制性要求,仍建议约定双方后续按各自持股比例对项目公司提供借款、担保。国有企业对项目公司并表的,是否约定按持股比例共同支持,可由双方协商确定。同时,为降低合作方的违约影响,除对合作方设定违约金责任外,还可约定项目公司如通过其他渠道获取融资、担保,由此多出的成本应由合作方承担。

再次,对于合作方承诺拟向项目公司投入的资源和支持,需明确可量化、可操作且有违约责任条款保障。

最后,为保障合作的稳定性,并避免限制股权转让条款被认定无效,结合实践的可行做法,可在公司章程中特别规定:项目公司设立后 3~5 年即股权锁定期内各方持有的股权不得转让、质押,期满后可按《公司法》第 84 条进行转让。此外,需要注意的是,由于国有企业近年来重组、整合较为频发,其持有的项目公司股权后续可能被无偿划转,为保障操作灵活性并避免与其他股东发生争议,可在公司章程特别规定,国有企业按国资监管规定就其持有的项目公司股权进行无偿划转,不受任何限制。

**四、关于项目公司的控制风险及风险防控**

(一)对项目公司失控风险

一方面,如果项目公司由国有企业控股或实际控制并纳入合并报表,意味着国有企业将主导项目公司的经营决策,且项目公司的经营管理仍应适用国资监管的相关规定,并遵守国家出资企业的管理要求。在此情况下,国有企业对项目公司管控较强,其市场化、灵活性程度仍相对较低,失控风险较小。但是,在国有企业对项目公司并表的情况下,如属于国有企业主导项目公司股东会、董事会,但充分放权并由合作方主导经营管理的模式，一旦国有企业管控不力、不当，也存在对项目公司部分失控的风险。

另一方面，如项目公司由民营合作方并表或各方均不并表的情况下，意味着国有企业处于小股东角色，在项目公司的市场化、灵活性程度提高的同时，国有企业作为股东对项目公司的失控风险也明显增大，尤其是在缺乏有效制度安排的情况下，甚至可能对合作方利用项目公司为自身谋取私利的行为也无可奈何。实践中，不乏国有企业作为股东因对项目公司失控进而受到严重损失的案例。因此，如何在提高项目公司的市场化、灵活性程度的同时，对项目公司进行相对有效的管控是国有企业开展合资新设合作必须直面的问题。

同时，如国有企业与多个合作方合资新设，且缺乏有效制衡与防范手段时，一旦合作方之间进行直接或间接股权转让，可能导致某一合作方实现对项目公司的控股或控制，进而造成项目公司失控，国有企业将陷入较大被动。抑或者，国有企业对项目公司增资没有一票否决权，国有企业届时就可能被动选择是否进行同比例增资，如选择参与增资，可能导致不必要的资金投入，但如选择不参与增资，就可能导致股权比例发生较大的相对变化，最终造成对项目公司失控。

（二）不能充分行使知情权的风险

按照前述分析，如国有企业对项目公司不并表，项目公司由合作方主导或被经营管理层主导的，国有企业对项目公司的管控能力是比较弱的，故难以直接通过行政化方式要求项目公司提供相关资料与信息。但是，国有企业作为项目公司的小股东，具有审慎开展投资管理的义务，不仅需要参与项目公司的重大事项决策，还需要对项目公司经营管理进行监督，必要时可能还需要通过股权转让以完成投资退出。但是，国有企业要顺利完成前述工作的重要前提是对项目公司具有充分的知情权。其中，如国有企业拟转让项目公司股权，按《企业国有资产交易监督管理办法》规定应进行审计、评估，但项目公司如不配合，将导致审计、评估工作无法开展，最终造成国有企业难以通过股权转让完成投资退出。

《公司法》第 57 条、第 110 条分别就有限责任公司、股份有限责任公司的股东知情权作出规定，且《最高人民法院关于适用〈中华人民共和国公司法〉若干问题的规定（四）》又对股权知情权的行使与保障作出进一步规定。但是，如公司章程没有特殊规定，前述法律规定的知情权范围仅限于公司章程、股东会会议记录、董事会会议决议、监事会会议决议和财务会计报告、会计账簿等主要资料，实际上难以满足对项目公司进行有效监督的要求,更遑论达到完成审计、评估的要求。

(三)项目公司失控的风险防控

国有企业对项目公司并表的情况下,如将经营管理权交由合作方主导,国有企业可考虑在经营管理层派驻副总经理或者委派财务负责人以进行监督,同时将重大日常经营事项以及日常经营以外的重大事项决策权限放在董事会、股东会。

此外,如国有企业对董事会没有控制权,则一定要争取在董事会对"制定公司的基本管理制度"表决时具有一票否决权,这样还可以间接实现对经营管理层自行制定的具体规章形成一定的制约。公司章程、议事规则能够规定的具体经营管理事项极为有限,公司的日常经营与运作更多是在公司基本管理制度、具体规章内进行制定,要想避免合作方及其委派的管理人员通过主导制定基本管理制度、具体规章,将自身可能损害项目公司和其他股东权益的行为"合理化""合规化",进而实现对项目公司的实际操控并损害其他股东权益,就需要争取在董事会制定基本管理制度时具有一票否决权。其中,基本管理制度范围暂没有明确法律规定,但一般包括合同管理制度、印章管理制度、关联交易制度、采购管理制度、财务管理制度等。

最后,如国有企业与两个以上合作方合资新设的,尤其是各方均不控股的情况下,为防范后续其他合作方形成合力进而取得项目公司控股权,除坚持《公司法》规定股东向股东以外的人转让股权时其他股东具有优先购买权外,还可规定股东之间转让股权,其他股东也有优先购买权,或者未经其他股东一致同意,不得主动(间接)收购其他股东持有的项目公司股权。

此外,在设定国有企业的表决权比例上,需争取国有企业对项目公司增资事项具有一票否决权,以避免后续造成被动,导致其他合作方通过增资引入国有企业不认可的投资方并被稀释股权比例。

(四)关于知情权的风险防控

建议在公司章程中,根据实际需要进一步扩大对项目公司的知情权范围,并规定知情权的行使方式与时限。同时,合作开发协议是与合作方而非项目公司签署的,在由合作方控股或主导项目公司的情况下,还需要特别约定合作方的协调义务。以确保知情权能顺利行使,比如国有企业拟按国资监管规定转让所持股权时，合作方具有协调项目公司配合进行审计、评估的义务。

**五、项目公司的不当关联交易风险及风险防控**

（一）项目公司的不当关联交易风险

不同于上市公司具有较为完备的关联交易监管规定，实践中国有企业与合作方合资新设的公司组织形式多为有限责任公司，但《公司法》针对有限责任公司的关联交易回避表决规定仅限于第15条即公司为公司股东或者实际控制人提供担保的情况。虽然《公司法》第22条规定"公司的控股股东、实际控制人、董事、监事、高级管理人员不得利用其关联关系损害公司利益"，但可以明显看出，规范有限责任公司关联交易的法律法规极为有限。因此，如缺乏有效的关联交易制度安排，就可能导致合作方及其委派的董事、高管"合理利用"关联交易牟取私利，损害项目公司和作为股东的国有企业权益。

（二）不当关联交易风险的风险防控

一方面，需在项目公司设立之前的公司章程中明确关联方定义与范围（结合实践中一些民营合作方难以通过公开渠道和股权关系直接识别的复杂投资布局与结构，以及其五花八门的关联交易操作来看，要想切实防范关联交易风险，不能仅限于《公司法》第265条规定的范围，而需参照上市公司的标准进行合理界定)，并合理设置管理交易决策权限划分以及额度的限制、回避表决机制等重大事宜。

另一方面，公司章程毕竟不可能将关联交易事无巨细地进行规定，故在国有企业对董事会具有控制权或对制定基本管理制度事项具有一票否决权的情况下，需将项目公司关联交易管理办法明确列举为公司基本管理制度，由董事会决策。

事实上，要想做好关联交易制度设计以尽可能防控相关风险，还需要高度重视前文所述在投资之前对合作方的尽职调查工作，包括对合作方的投资布局与结构尤其是通过股权关系无法识别的关联方进行了解，对其关联方的主要业务经营方向及其中长期规划进行了解等。

## 六、派驻项目公司人员违反竞业禁止义务的风险及风险防控

(一)派驻项目公司人员违反竞业禁止义务的风险

《公司法》第181条、第188条规定,董事、高级管理人员不得未经股东会或者股东大会同意,自营或者为他人经营与所任职公司同类的业务,董事、高级管理人员违反前款规定所得的收入应当归公司所有,给公司造成损失的,应当承担赔偿责任。

首先,国有企业投资应聚焦主业,故项目公司的主营业务往往与国有企业及其所在集团的业务具有交叉甚至处于同一行业领域。在此情况下,实践中常常发生国有企业派驻项目公司的董事、高级管理人员,不仅可能已在国有企业及其所属集团任职,也可能在担任项目公司职务后又被任命在其他公司任职。如其同时任职的公司业务与项目公司属于同类的,就面临违反前述法定竞业禁止义务进而被要求承担相应法律责任的风险,尤其是在双方合作关系紧张或破裂的情况下,该等风险实际发生的可能性就会显著增强。

其次,国有企业选择的合作方及其关联方往往与项目公司的主营业务也具有交叉甚至处于同一行业(细分)领域,如其派驻项目公司的董事、高级管理人员在外兼职,损害项目公司权益而不及时要求纠正,将面临损失扩大的风险。

(二)派驻项目公司董事、高级管理人员违反竞业禁止义务的风险防控

首先,国有企业对拟派驻项目公司的人员,在派驻之前除需考察其主体是否适格外,还需考虑其是否在经营与项目公司同类业务的公司兼职,如存在,解决方法包括免职或由项目公司股东会作出决议同意该等兼职。对于已派驻项目公司的人员,拟让其在经营与项目公司同类业务的公司兼职时,解决办法与前文所述类似。

其次,对于合作方提名的董事、高级管理人员,国有企业除审查其主体是否适格外,还需审查其在其他公司的任职情况,以及时要求纠正。

当然,国有企业与合作国派驻项目公司董事、高级管理人员多是十分优秀的人才,从人力资源价值最大化的角度,让该等人员在各自关联公司兼职也是常见甚至必要的。如双方对此达成合意,可以通过股东会决议的方式相互豁免,但从风控角度,国有企业还是需谨慎豁免对方派驻的总经理的竞业禁止义务。

### 七、通知时限与"公司僵局"风险及风险防控

#### （一）通知时限与"公司僵局"风险

国有企业与合作方作为股东，有权参与项目公司的重大事项决策，而参与的方式就是参加股东会、董事会，在此过程中，可能面临的风险主要包括：

首先，国有企业作为项目公司股东行使表决权以及委派至项目公司的董事行使表决权时，一般需要报送国有企业内部决策后，由股东代表、董事按照国有企业决策结果在股东会、董事会表决。《公司法》第64条对股东会会议的通知时限作出了相关规定，允许有限责任公司章程自行规定通知时限，如章程约定的通知时限过短或者允许会议召集人随意缩短通知时限，将导致国有企业难以及时决策并形成行权指示。

其次，既然合资新设本质是合作，就可能面临合作不愉快的问题，反映在公司治理方面就是公司股东会、董事会无法开会或无法作出决议，甚至合作方派驻项目公司的高级管理人员拒绝在各类流程审批单签字等情形，此种情况一般被称为"公司僵局"。对此问题，根据《公司法》第231条、《最高人民法院关于适用〈中华人民共和国公司法〉若干问题的规定（二）》第1条等规定，公司经营管理发生严重困难，继续存续会使股东利益受到重大损失，通过其他途径不能解决的，持有公司全部股东表决权10%以上的股东，可以请求人民法院解散公司。但是，仔细研究可以发现，前述适用条件门槛较高，要证明符合前述提起解散公司的条件在实践中并不容易，或者需要等待较长时间，故项目公司的僵局风险难以通过按前述规定提起解散及时解决。

#### （二）通知时限与"公司僵局"风险防控

首先，需根据国有企业决策一般所需时限合理确定项目公司召开股东会、董事会的通知时限。同时，为确保开会的灵活性以应对特殊重大情况，可约定在全体股东或全体董事一致同意的前提下，不受规定的一般会议通知时限约束。

其次，《公司法》第229条规定，公司章程规定的解散事由出现，公司解散。据此，除法定规定的解散条件外，可在项目公司章程特别规定一些可操作、可量化的解散条件，以避免在股东会、董事会无法开会或无法作出决议，或者出现其他导致合作实质破裂、项目公司停摆的情况下无法通过解散清算解决"公司僵局"的问题。

## 八、关于投资退出的风险及风险防控

### （一）关于投资退出的风险

虽然合资新设的投资目标往往是长期性的，但国有企业进行合资新设既然也属于投资，从风险防控角度，也需要事先考虑投资退出的问题。从实践来看，在国有企业合资新设的投资退出手段设计上，较少约定通过合作方受让股权的方式，但如由合作方主导经营的，可能约定业绩考核与补偿，但这仅是投资保障措施而非投资退出手段。从法律可行性、可操作性角度来看，除企业破产外，国有企业作为项目公司股东主要的投资退出手段包括如下，但均可能面临各类的问题，进而造成难以落地的风险：(1) 自主解散清算，但前已分析，面临可能无法及时作出解散的股东会决议的问题；(2) 股权转让，但面临需要进场交易以及审计、评估可能需要项目公司、合作方配合，以及找不到合适买家的问题；(3) 国有企业先收购合作方股权，然后解散清算公司或将项目公司转型，但面临国有企业的股权收购决策难以顺利通过或者不能与合作方就股权转让达成一致的风险；(4) 仅国有企业减资退出，但面临无法作出定向减资的股东会决议的问题。司法实践中存在观点认为，除公司章程或全体股东另有约定外，股东通过定向减资实现退出应经全体股东一致同意，而不是仅需代表持有 2/3 以上表决权的股东通过即可，否则，该决议不成立。此外，如其他合作方持有的项目公司股权被质押、冻结，还将面临暂时无法办理减资工商手续的风险。

### （二）投资退出的风险防控

首先，对于国有企业通过股权转让实现退出。国有企业对外转让股权一般需要按照《企业国有资产交易监督管理办法》进场交易，除本书在知情权风险防控部分所提出的配合审计、评估安排外，不同于上市公司股票。由于非上市公司的股权流动性较差，故还需考虑约定出现特定情形或对方重大违约的情况下，合作方具有按经备案的股权评估价或事先约定价格孰高者收购国有企业所持股权的义务，也就是必须报名参与挂牌股权的竞买。

其次，对于国有企业收购合作方股权后实现退出或将项目公司转型。既然国有企业对外转让股权面临重重困难，也可以考虑主动收购合作方的股权，然后将项目公司解散清算注销或以项目公司为主体进行转型经营。但是，之前笔者已分析过，如果没有事先约定强制收购条件与价格，该方式实操难度也较大，故可参照国有企业通过股权转让实现退出的建议，事先约定出现特定情形或对方重大违约的情况下，国有企业具有按经备案的股权评估价或事先约定价格孰低者收购合作方所持项目公司股权的权利。

最后，对于国有企业通过定向减资实现退出。前文已述，由于非上市公司的股权流动性较差，国有企业可能找不到买家，合作方也不愿意买，但合作方却愿意继续经营项目公司。在此情况下，可选择按程序定向减资即国有企业单方减资的方式退出，但为提高可操作性，可事先约定一定情形下，国有企业可选择定向减资方式退出，合作方有义务予以配合。需要说明的是，《企业国有资产评估管理暂行办法》第6条规定，非上市公司国有股东股权比例变动的，应进行评估。根据相关国资监管要求及相关国有上市公司的公告看，国有企业通过定向减资从项目公司退出的，不需要进场交易，但其对价应以经备案的评估结果为依据。

## 第三节　国有企业的房地产合作开发法律风险防控——小股东视角

国企对参股公司进行管理，涉及公司战略、法人治理、集团管控、董事会、监事会建设、投资管理等，覆盖的面很大。在国企参股的情况下，如果持股比例较低，甚至低于34%的"安全控制线"，那么由于国有企业在董事会常常不占多数席位，也常常无法享有指定董事长的权限，在企业经营管理中的话语权相对较弱，此时，就容易产生国有企业对参股的项目公司的管理失控。

鉴于此，笔者特梳理小股东视角下国有企业的合作开发法律风险防控，就作为小股东的国有企业如何参与公司管理、如何维护自身的权益、如何退出等问题展开研究。

### 一、国企作为小股东在实践中的常见问题

（一）难以有效管理

由于小股东投资份额少通常不直接参与项目公司经营，小股东很难全面准确地掌握全部的运营信息，大多数情况下小股东只能基于对大股东的信任，由大股东实际控制公司的运行信息，并对公司进行运筹管理。由此，小股东往往需要

等到侵害行为发生后很长时间才知道自己的利益被损害,而此时已时过境迁。

(二)难以及时退出

根据《公司法》规定,股东退出需要其他股东在程序上的配合,而且其中国有股东的退出涉及国有资产保值增值情况的评估、审计等,需要的程序较多、耗时较长,需要付出一定的时间和财务成本。

**二、国企作为小股东权益受侵害的情形**

(一)直接受到侵害的主要情形

1. 公司资产收益权

大股东在股东会表决时有着绝对优势,实务中经常出现大股东滥用表决权优势,实现对公司的利益、财产随意支配,通过各种公开或隐蔽的手法多吃多占,严重损害公司利益及其他小股东们的合法权益。

2. 参加重大决策权

(1)没有知情权,无法了解公司的经营状况

"知情权"是小股东的重要权利,也是了解公司经营状况的主要方式。现实中存在多数操纵董事会的大股东侵犯小股东的知情权,小股东通常被架空,不了解公司目前的亏损情况,不了解公司的发展前景,对公司财务状况并不了解。

(2)大股东不及时召开股东会

大股东故意长时间不召开股东会,使得小股东不能及时参与公司决策,而根据《公司法》第 63 条第 2 款规定:"董事会不能履行或者不履行召集股东会会议职责的,由监事会召集和主持;监事会不召集和主持的,代表十分之一以上表决权的股东可以自行召集和主持。"虽然法律只规定 1/10 以上表决权股东,但是现实中并不是很顺利统一这些股东的思想,小股东往往无法完成股东会的召集与主持。

(3)股东会决议侵害小股东利益

大股东滥用资本多数决原则,侵害中小股东的表决权。"资本多数表决"是股东大会运营的根本原则,也是股份有限公司的一个基本法律特征。当大股东与小股东之间的利益出现偏差时,大股东出于自利心理往往利用其股份优势肆意侵害其他中小股东的利益。持股量小的广大中小股东在股东大会中的影响和作用微乎其微,大股东的意志总是处于支配地位,小股东的意愿则总是被磨灭或

者忽略。

3. 选择管理者权

因为"资本多数表决"原则,在选举公司管理层时,资本占比大的推选董事人员多,而董事会是公司的执行者,直接对公司进行管理经营。虽然法律要求在法律与章程规定的范围内进行管理,但是,法律规定与章程制定的不完善,直接导致管理者时常违背股东会决议的情况。

(二)通过损害公司的利益,间接损害到股东权利的情形

1. 大股东通过关联交易进行利润转移

公司经营过程中,大股东存在采用关联交易的方法转移公司利润,增大公司经营成本,从而导致公司利润减少成本增加,导致小股东没有利润可以分配。

2. 大股东怠于主张公司到期债权

对于公司到期的债权,大股东因个人利益问题,未能及时向"特殊债务"人进行主张,应收款项长期不回公司,导致公司收入减少,公司盈余降低无法达到分红条件,从而间接损害小股东利益。

3. 大股东利用公司对外担保、股权投资等方式增加公司及小股东风险

大股东在不规范的操作下,对本人及他人提供担保,或者对外进行股权投资的方式增加了公司财产损失风险,损害了公司利益,也是间接损害小股东利益的行为。

### 三、国企作为小股东保护的预防与制约

(一)进一步完善公司治理,促进股东合作与资源协同

1. 优化股权比例设置和法人治理结构,可增设管理委员会的议事机构

(1)优化股权比例设置

国有企业对参股企业股权的设置,应与其对于参股企业的管理控制目标相匹配。需要针对不同管理目标和经营性质(自持、出售等)确定股比,并在股东会、董事会中进行权利、义务设定和议事规则的设置,以明确参股股东的定位和权利保障。

(2)可以通过增设管理机构以优化法人治理结构

现有《公司法》对公司治理结构,仅规定了股东会、董事会、监事会的议事规则,并未禁止公司根据运营的实际情况增设管理机构,属于可以由股东各方进行

约定的范畴。因此，在董事会和总经理两个议事机构层面之间可以通过增设一个股东各方参与协商决议的管理委员会（以下简称管委会）协商机制，有利于问题的及时反馈和解决。作为国有参股股东，在董事会、股东会层面表决权不占据优势的情况下，增设管委会议事程序，也有利于小股东参与项目开发运营，以及在项目建设开发和运营过程中发挥国有股东在落地所属区域就相关政府审批、报备等事项的沟通、协调作用。

管委会相当于董事会的前置程序，有利于问题的及早反馈和解决。管委会审议事项的内容可以考虑根据重要性原则，将介于董事会审议内容和总经理决策事项中的部分，凡能形成一致决策的则交由管委会最终决定，不能形成一致的则提交董事会进行审议。通过较为灵活的方式和较为密集的会议频次，快速地推进问题的落实和解决，可以在确保股东各方均参与的情况下，减少董事会、股东会的召开频次，提高决策效率。

对于管委会讨论、决议过程中形成的管委会僵局，通常是指项目公司管委会就项目的相关事项因股东方之间无法达成一致而处于僵持状况，导致管委会会议无法召开或者无法形成有效决议，而使项目开发进度因此受到严重影响的情形。如果管委会产生僵局，可以由总经理推动各方再进行一轮协商，如达成共识的则形成管委会决议，如未能达成一致的则再提交董事会、股东会层面按照决议机制进行，如最终构成项目公司僵局则按项目公司僵局处理机制来进行处理。

股东方对管委会派出人员，每个股东至少应派出一名。对于参股股东，在管委会派出人员的选择上，可以考虑由参股股东派出至项目公司的项目联系副总、董事，或参股股东代表来担任。

2. 以完善公司章程为基础，提升公司治理水平

按照《公司法》《上海市国有资产监督管理委员会关于印发〈章程示范条款（国有参股股东权益保护）〉的通知》的要求完善项目公司适用的章程模板（章程条款），特别是针对核心管理内容进行逐条落实，既满足现代企业制度要求，又为国企规范行权履职提供制度保障。

首先，以章程为"纲"夯实治理基础。制定《项目公司章程建议指引》，规范项目公司章程，逐步形成以项目公司章程为基础、务实管用的制度体系。

其次，以三会一层为"要"规范治理运行。有效规范三会一层的运作，通过制

度保障、考核评价的全流程管理体系,加快形成权责法定、权责透明、协调运转、有效制衡的公司治理机制。

3. 规范合作开发协议,充分发挥合同违约责任的约束力

合作开发协议是对合作开发各方权利义务全面、详细的规定,涵盖了项目公司在设立、存续期间与项目全生命周期有关的合同事项。

通过合作开发协议,可以对股东各方关注的核心管理内容进一步明确,同时可以充分利用各方股东的优势资源在项目公司中进行分工和合作,通过有效的公司议事方式进行集体决策,并由以总经理为首的经营管理层负责落实决策内容的具体执行。

义务设定与权利享有是相辅相成的,通过条款落实违约行为的责任后果,虽然违约责任不是合作的目的,仅是一种权利救济方式,但可以有效避免一方违约情况下,出现一方无成本违约,另一方追责无据可依的情况。

4. 完善规章制度建设,推动制度管理体系化、规范化、标准化

引导完善制度建设顶层设计,推动制度管理体系化、规范化、标准化。

一是统筹规划。明确健全制度体系、搭建制度框架、完善管理制度、明晰管理权责、优化管理流程、强化执行监督等方面作为主要目标,力争打造全面覆盖、界面清晰、流程明确、衔接顺畅的规章制度体系。具体可由股东提出要求,由项目公司总经理负责落实各项制度的制定。

二是规范提升制度管理。根据项目公司项目开发过程中的管理事项,编制项目公司《规章制度框架清单》。根据规章制度主要内容,可以划分为基本类、管理类、业务类等类别,按照"归口管理、分工协同"原则,明确上一级管理单位的管理权限和责任。

三是保障制度高效执行。建立制度评价工作机制,规章制度制定时遵循合规性、规范性审查,定期开展制度执行评价,强化制度执行的过程管控和监督的有效性。

5. 充分发挥国有企业特别是区属国有企业的作用

在项目公司层面,国有参股股东可以通过为项目公司提供增值服务来提升话语权。

国有参股股东可以充分发挥自身在行政区划、资金、管理等资源方面的优势,为项目公司提供增值服务,帮助项目公司提升效率、防控风险、提高效益。特

别要发挥区属国有企业在项目开发建设中的作用,为项目公司在对接和协调政府部门关系、落实产业政策、办理行政审批、财税等事项方面提供切实有效的帮助,为工程建设、项目运营等具体业务的落地提供保障。同时,也可以使项目公司愿意主动与国有股东多沟通、多协商,实现项目公司与股东共赢的局面。

6. 建立外派人员激励约束机制,提高外派人员履职积极性

国有企业对参股股权管理,应遵循"谁投资、谁管理、谁受益"原则,对参股股权管理涉及的外派人员建议进行适度激励,并通过制度予以明确,积极调动外派人员的主观能动性。同时,从国资的纪律检查和违规行为追责等方面,也需要有制度来约束外派人员的行为。

对于外派人员,应明确外派人员的主体责任,与外派人员签订履职协议,进行任前谈话,签订廉洁责任书等,约束其行为,明确其义务,督促其切实保护推荐股东的股东权益。同时,通过建立激励机制,调动外派人员的积极性,对于勤勉履职的行为,应当予以适度的物质或者精神奖励和晋升机会。

同时,派出企业应当对外派人员履职给予充分的支持配合,及时化解外派人员履职过程中的压力和阻碍,并对重大技术问题予以及时指导,增强外派人员的企业归属感,也可以有效防止外派人员的立场转化。

(二)强化事前、事中、事后管理,分阶段落实管理要求

1. 事前阶段

事前阶段主要是指招商股转之前,需要在合作方选择、合作原则确定、合作文件准备上做好充分的准备工作。

(1)合作方匹配。加强和完善对项目公司招商环节(通过挂牌转让项目公司股权引入合作方)的管控,提高可行性研究报告的编制水平,审慎开展财务、法律等尽职调查,需要提前全面了解意向合作方的各项情况,降低合作方选择风险,并优先考虑与国有企业或标杆企业合作,充分评估意向合作方的法人治理水平。在方法上,可以事先对市场内的优质潜在意向合作方的优缺点、过往同类项目情况等进行数据收集,建立合作库,再针对不同类型的项目(建设/运营)匹配合适的合作方,邀请其参与挂牌竞标。

(2)确定合作文件。招商项目应在投资谈判阶段,合理设计项目公司章程、合作开发协议等条款,包括合理界定股东会、董事会、管委会、经营管理层不同的管理职权范围;对重大事项的表决应当设置保护性条款,必要时设置一票否决制

度;设定董事会、监事会(监事)和经理层以及关键核心岗位的提名权,深度参与参股企业日常经营管理;明确约定分红原则、违约责任、僵局条款等。同时,将章程、合作开发协议作为挂牌条件,所有意向受让方均需要以接受上述条件为前提参与股权竞买,为后续经营过程中维护股东权益提供有利的依据,防止出现被动局面。

2. 事中阶段

事中阶段主要是指项目开发建设过程,需要在以下几个方面完善工作:(1)丰富参股企业管理方式,全面细化参股股权管理。(2)拓展多样信息渠道,保持股东有效沟通。(3)优化审批流程,整合股东各方管理制度。(4)完善投后管理评价体系,扩展投后管理覆盖面。

3. 事后阶段

事后阶段是指国有参股股东退出或项目公司清算阶段。

无论是股东争议还是经营困难等原因导致的公司僵局或清算,都需要公司事先制定相应的应对机制。如在章程中提前约定关于僵局处理的流程、股权回购的定价依据和流程、公司解散清算的流程等,避免到时候无法就流程达成一致,导致僵局处置无法化解和推进,国有资产投资的长期无法收回。

综合来看,事中阶段、事后阶段遇到的矛盾和困难,大多来源于事前阶段埋下的伏笔,因此更需要在事前阶段进行充分沟通、准备、研判和决策,为项目的顺利开展奠定基础。

## 第四节 国有企业房地产合作开发项目的建设管理风险防控

作为城市更新实施主体,项目公司同时肩负了国有资本保值增值的考核要求,如何在项目开发建设销售或者资产运营管理过程中,兼顾效益、合规、成本、风控、投资回报等各项因素,需要清晰的合作进入与退出通道、有效的组织架构和决策方式、周延同时具备弹性的管控模式、完善的审批流程制度、对核心团队有效的激励奖惩机制。

## 一、目标成本控制

(一) 概念解读

1. 目标成本

目标成本是一个项目成本管理的纲领性文件,是所有成本管理动作的行为准则,无论发生任何事项都应该第一时间与目标成本进行比对,是否在目标成本的范围内。

2. 建筑工程概预算

基本建设工程设计概算和施工图预算,是指在执行工程建设程序中,根据不同设计阶段设计文件的具体内容和国家规定的定额、指标及各项费用取费标准,预先计算和确定每项新建、扩建、改建和重建工程所需要的全部投资额的文件。基本建设工程设计概算和施工图预算总称为基本建设工程预算,简称建设预算。

建设预算确定的每一个建设项目、单项工程和其中单位工程的投资额,实质上就是相应工程的市场价格。这种价格在实际工作中通常被称为概算造价或预算造价。

(二) 法律红线

1.《上海市国资委监管企业投资监督管理办法》的相关规定

监管企业在境内外从事的股权投资与固定资产投资,应当根据相关法律法规规章、公司章程及国资监管部门的规范性要求,建立投资管理体系,健全投资管理制度,合理设定内部管理层级,规范本部及所属企业投资决策程序,对所属企业投资活动进行有效管控,切实履行投资的主体责任和股东监管职责。监管企业未履行或未正确履行投资管理职责造成国有资产损失以及其他严重不良后果的,依照《企业国有资产法》《国务院办公厅关于建立国有企业违规经营投资责任追究制度的意见》《上海市市属国有企业违规经营投资责任追究实施办法(试行)》等有关规定,由有关部门追究企业经营管理有关人员的责任。

2.《上海市市属国有企业违规经营投资责任追究实施办法(试行)》的相关规定

企业管理人员未履行或未正确履行职责,在经营投资中造成国有资产损失或其他不良后果,经调查核实和责任认定,对相关责任人将进行违规经营投资责任追究。

(三) 实务要点

1. 一般事项

建立项目目标成本管理责任体系,制订目标成本管理计划,对项目目标成本进行分解与控制。

制定项目目标成本控制与目标成本管理制度,设置负责目标成本管理的机构或工作岗位。

按目标成本控制权限和管理程序调整目标成本,对重大设计变更应进行技术经济综合评价,宜采用合理优化设计方案等预控措施。

制定成本费用统计管理制度,建立成本费用统计台账,并报送项目成本费用统计文件。

2. 目标成本控制与目标成本管理

宜委托具有相应经验的造价咨询机构编制项目执行目标成本预算文件。如上海地区的中心城区项目,基于公共规划调整等因素,容易发生红线外费用、抗疫费用,导致误工、停工等不可控事件,需要提前规划。

应结合项目总进度计划,制订项目目标成本(年度)计划、资金流计划。

应建立目标成本风险分析制度,对分年度逐月编制的单项工程项目目标成本计划应及时进行审查、分析。

3. 竣工财务决算

应根据项目公司股东会或者董事会要求,制定竣工财务决算管理制度。非财政性资金投资建设项目,突破预算,应报股东会或者董事会审批。因此,决算期间,对照的通常更多的是股东会和董事会决议文件,而非法律条文。

视具体情况,竣工财务决算可分为单项工程财务决算、阶段性竣工财务决算和项目竣工财务总决算。

4. 投资(财务)监理

(1) 投资(财务)监理机构的选择确定

投资(财务)监理机构应具备规定的资格条件,配备适格的专业人员,能自觉执行国家的法律法规,没有违纪违规行为。投资(财务)监理机构实行回避制度,与项目单位的设计、招标代理、代建、监理单位等有关联关系的机构应当回避,不可参与投资(财务)监理投标。是否与股东也需要构成回避,合作开发协议中可作相应约定。

（2）编制投资（财务）监理实施方案

投资（财务）监理机构应编制投资（财务）监理实施方案，其实际工作需严格按照实施方案执行。

### 二、规划设计管理

（一）概念解读

规划设计阶段是指建设单位通过招投标或委托等方式选定设计单位，而被选定的设计单位需要根据规划目标及建设单位的各项要求做好相应的创造性规划与设计工作，并以设计图纸作为规划与设计成果的载体的过程。

（二）法律红线

建设单位将建设工程发包给不具有相应资质等级的勘察、设计单位的，将被责令改正，处50万元以上100万元以下的罚款；建设单位迫使承包方以低于成本的价格竞标的；明示或者暗示设计单位或者施工单位违反工程建设强制性标准，降低工程质量的；施工图设计文件未经审查或者审查不合格、擅自施工的等，将被责令改正，处20万元以上50万元以下的罚款；建设单位未取得施工许可证或者开工报告未经批准，擅自施工的，责令停止施工，限期改正，处工程合同价款1%以上2%以下的罚款。

勘察单位未按照工程建设强制性标准进行勘察的，设计单位未根据勘察成果文件进行工程设计的，设计单位指定建筑材料、建筑构配件的生产厂、供应商的，设计单位未按照工程建设强制性标准进行设计的，将被责令改正，处10万元以上30万元以下的罚款；造成工程质量事故的，责令停业整顿，降低资质等级；情节严重的，吊销资质证书；造成损失的，依法承担赔偿责任。

发生重大工程质量事故隐瞒不报、谎报或者拖延报告期限的，将对直接负责的主管人员和其他责任人员依法给予行政处分。

（三）实务要点

对设计方案中的建设工程项目结构体系、基础造型、平面布置等内容进行成本分析。

实行限额施工图设计。

设计方案优选与施工过程管理还应考虑绿色施工和绿色评价标准，最大限度地实现节材、节水、节能、节地、环境保护。

设置专职风控人员与流程,严格管控外委设计单位的选择。

加大图纸校审力度,提高施工图的设计质量。

### 三、项目招标采购管理

**(一)概念解读**

招标采购管理是在"公开、公正、公平"的原则下,为项目建设周期各环节匹配合适的服务资源,是通过制定制度、搭建流程来规范招采动作的过程。

**(二)法律红线**

1.《关于严格执行招标投标法规制度进一步规范招标投标主体行为的若干意见》的相关规定

(1)依法经项目审批、核准部门确定的招标范围、招标方式、招标组织形式,未经批准不得随意变更。

(2)依法必须招标项目拟不进行招标的、依法应当公开招标的项目拟邀请招标的,必须符合法律法规规定情形并履行规定程序;除涉及国家秘密或者商业秘密的外,应当在实施采购前公示具体理由和法律法规依据。

(3)不得以支解发包、化整为零、招小送大、设定不合理的暂估价或者通过虚构涉密项目、应急项目等形式规避招标;不得以战略合作、招商引资等理由搞"明招暗定""先建后招"的虚假招标;不得通过集体决策、会议纪要、函复意见、备忘录等方式将依法必须招标项目转为采用谈判、询比、竞价或者直接采购等非招标方式。

2.《上海市国资委监管企业投资监督管理办法》及《上海市市属国有企业违规经营投资责任追究实施办法(试行)》的相关规定

监管企业、企业管理人员应按照规范进行有效管控,如未履行或未正确履行投资管理职责造成国有资产损失以及其他严重不良后果的,将依照有关规定向有关人员追责。

**(三)实务要点**

1.一般事项

(1)招标采购管理适用于工程建设项目的勘察、设计、施工、监理、运营、销售、咨询服务全过程以及与工程建设项目有关的重要设备、材料等的招标采购。

(2)项目采购宜由具有相应经验的各级项目公司或其委托的具有相应经验

的工程咨询机构负责。

（3）建立采购管理责任体系，制定采购管理制度和管理程序，明确职责与分工。

（4）委托具有相应经验的工程咨询机构负责采购时，各方应签订项目采购委托合同。

2. 供应商管理

（1）供应商管理职责

成本管理中心招标采购部门负责在招采系统中录入招标项目供应商信息并组织考察，组织对中标供应商的履约评估，并及时将考察评估资料保存至供应商管理系统中。

（2）供应商库的建立

股东有相关供应商库的，可在合作开发协议中约定相关供应商库的选用程序。所有供应商均可以通过成本管理中心审核后进入供应商库，成为潜在供应商。所有供应商均应提供完整信息资料，统一交由成本管理中心，经审核后由招标采购部门录入供应商库，成为潜在供应商。潜在供应商通过招标采购部门组织的资格预审和考察，确定其综合评定等级。未取得综合评定等级的潜在供应商在招标采购系统中将不能被选作招标项目的入围供应商。

### 四、安全生产管理

（一）概念解读

安全生产管理是指经营管理者对安全生产工作进行的策划、组织、指挥、协调、控制和改进的一系列活动，目的是保证在生产经营活动中的人身安全、财产安全，促进生产的发展，保持社会的稳定。

《住房和城乡建设部工程质量安全监管司2018年工作要点》的通知（建质综函〔2018〕15号）明确提出"严格落实各方主体责任，强化建设单位首要责任，全面落实质量终身责任制"。

（二）法律红线

1. 《刑法》的相关规定

发生安全事故后，应积极进行上报，不得瞒报、谎报，否则，贻误事故抢救造成严重后果的，构成不报、谎报安全事故罪。根据《刑法》第139条之一规定,负有报告职责的人员不报或者谎报事故情况,贻误事故抢救,情节严重的,处3年以下有期徒刑或者拘役;情节特别严重的,处3年以上7年以下有期徒刑。

2.《安全生产法》的相关规定

建设单位应保证安全生产所必需的资金投入,保障具体安全生产条件,及时提供必要的资金支持,如不具备安全生产,根据《安全生产法》第93条规定:"生产经营单位的决策机构、主要负责人或者个人经营的投资人不依照本法规定保证安全生产所必需的资金投入,致使生产经营单位不具备安全生产条件的,责令限期改正,提供必需的资金;逾期未改正的,责令生产经营单位停产停业整顿。有前款违法行为,导致发生生产安全事故的,对生产经营单位的主要负责人给予撤职处分,对个人经营的投资人处二万元以上二十万元以下的罚款;构成犯罪的,依照刑法有关规定追究刑事责任。"

3.《最高人民法院、最高人民检察院关于办理危害生产安全刑事案件适用法律若干问题的解释》的相关规定

对质量管理重视不足,造成严重后果的,将面临承担刑事责任的风险,构成重大安全事故罪。根据《最高人民法院、最高人民检察院关于办理危害生产安全刑事案件适用法律若干问题的解释》规定,若事故造成100万元以上直接经济损失的,同样会被追究刑事责任。

4.《上海市市属国有企业违规经营投资责任追究实施办法(试行)》的相关规定

《上海市市属国有企业违规经营投资责任追究实施办法(试行)》第10条规定了工程承包与建设方面的责任追究情形,另外,第35条规定:"对相关责任人的处理方式包括组织处理、扣减薪酬、禁入限制、党纪政务处分、移送监察机关或司法机关等,可以单独使用,也可以合并使用。"

(三) 实务要点

1. 建立健全安全制度防范体系。

2. 严格依法履行建设单位义务,工程发包给具有相应资质等级的单位。

3. 全流程把控质量管理。

4. 完善安全管理体制,建立健全安全管理制度、安全管理机构和安全生产责任制度。

5. 建设单位项目部建立起项目安全管理组织机构,建议该机构的负责人为项目第一负责人,其应具有施工技术经验与安全管理经验,明确承担的责任。

6. 建立并完善安全生产责任制度和考评体系,积极开展各项安全活动,监督、控制总分包队伍执行安全规定,履行安全责任。

### 五、工程目标管理和质量管理

(一)概念解读

房地产工程管理指的是在房地产工程施工的过程中用系统的理论、观点和方法,对工程进行有效地规划、组织、决策以及协调各部门之间的关系,利用有限的资源,在保证工程质量的前提下,按时完成方案任务,实现固定资产的预期目标。

建设工程项目质量控制的目标,就是实现由项目决策所决定的项目质量目标,使项目的适应性、安全性、耐久性、可靠性、经济性及与环境的协调性等方面满足建设单位需要并符合国家法律、行政法规和技术标准、规范的要求。

(二)法律红线

1. 根据《招标投标法》第 3 条规定,对于全部或者部分使用国有资金的项目,应履行合法的招投标手续,否则违反法律行政法规强制性规定,将承担相应的法律责任。

2. 根据《建设工程质量管理条例》第 55 条规定,对于全部或者部分使用国有资金的项目,建设单位存在肢解发包情形,并可以暂停项目执行或者暂停资金拨付。

3. 根据《建设工程质量管理条例》第 54 条规定,禁止将建设工程发包给不具有相应资质等级的勘察、设计、施工单位。

(三)实务要点

1. 建立项目进度管理目标制度

确定施工进度管理目标时,必须全面、细致地分析与建设工程进度有关的各种有利因素和不利因素,只有这样,才能制定出一个科学、合理的进度管理目标。确定施工进度管理目标的主要依据有:建设工程总进度目标对施工工期的要求;工期定额、类似工程项目的实际进度;工程难易程度和工程条件的落实情况等。

对于大型建设工程项目,应根据尽早提供可动用单元的原则,集中力量分期分批建设，以便尽早投入使用，尽快发挥投资效益。

2. 落实工程质量责任

应当将工程发包给具有相应资质等级的单位，不得将建设工程肢解发包。

应当依法对工程建设项目的勘察、设计、施工、监理以及与工程建设有关的重要设备、材料等的采购进行招标。

应在编制房屋市政工程概算时，落实与建设需求相匹配的建设资金，科学合理确定质量安全风险评估、勘察、设计、施工、监理、检测、监测等保障工程质量安全所需的费用。

3. 加强施工质量目标控制

任何施工项目都是由分项工程分部工程和单位工程所组成的，而工程项目的建设，则通过一道道工序来完成。为了加强项目的质量管理，明确整个质量管理过程中的重点所在，可将工程项目质量管理的过程分为事前控制、事中控制和事后控制三个阶段。

## 六、管理费用与营销管理

（一）概念解读

管理费用是指项目公司行政管理部门为组织和管理生产经营活动而发生的各种费用。包括工会经费、职工教育经费、业务招待费、技术转让费、无形资产摊销、咨询费、诉讼费、开办费摊销、坏账损失、项目公司经费、聘请中介机构费、补偿费、研究开发费、劳动保险费、董事会会费以及其他管理费用。

营销费用是指项目销售推广、物料包装，以及与营销相关的各类服务、维护保养、促销而发生的一切费用。采用自销还是渠道销售，当年促销力度大小等因素均会对营销费用产生影响。同时，销售额增长与营销费用增长也具有强相关性。

（二）法律红线

1. 严禁虚假宣传、虚假承诺。根据《广告法》第 26 条规定，在策划和推广过程中应严格遵守广告法和房地产广告的规定。避免存在虚假宣传、虚假承诺等违法情形。否则，根据《广告法》第 58 条规定，承担罚款等民事及行政的法律风险。

2. 应提供真实、合法、有效证明文件。《房地产广告发布规定》第 6 条规定的证明文件包括营业执照、资质证书、工程竣工验收合格证明、预售许可证明等。

3. 在广告宣传或招商中不得含有构成要约性质的承诺,如出租率、交付标准及时间、投资回报率、租金、租期、租赁位置及面积、交付时间等,否则根据《最高人民法院关于审理商品房买卖合同纠纷案件适用法律若干问题的解释》规定,可能被认定为要约性质,如出卖方违约承诺的,需承担民事违约责任。

4. 进行广告营销时应避免知识产权侵权的风险。不得利用他人的知识产权作品(包括文章、图片、视频、卡通形象、文字字体等),或他人的人物肖像为自己的所用。

(三)实务要点

1. 管理费用管理

管理费用管理是建设过程中成本控制的关键环节之一。作为项目的间接创造利润的环节,此环节涉及的最核心部门无疑是财务部门和办公室。财务部门制订财务需求计划、税务筹划、管理人员成本计划等,严格控制项目公司为筹集资金而发生的各项费用、开发速度和规模与贷款规模,降低人工成本和办公费用,开展合理的税务筹划,降低税务成本,实现间接创造项目利润。以上各核心部门和配合部门所做工作均为高层领导的决策提供最有力的支撑。

2. 建立完善营销制度

建立营销管理部门,统筹管理、业务督导、协调服务三大职责协同开展营销系统工作,完成交予的营销指标任务。具体包括:制定营销管理目标;编制项目营销推广工作计划、实施方案;及时处理营销推广过程中出现的问题。分析原因提出可行建议,及时向营销管理汇报情况。

## 七、财务费用管理

(一)概念解读

财务费用是指项目公司在生产经营过程中为筹集资金而发生的各项费用。财务费用包括项目公司生产经营期间发生的利息支出(减利息收入)、汇兑净损失(减汇兑净收益)、相关手续费,企业发生的现金折扣或收到的现金折扣,以及筹资发生的其他财务费用等内容。

## （二）法律红线

《上海市国资委监管企业投资监督管理办法》及《上海市市属国有企业违规经营投资责任追究实施办法（试行）》的相关规定

监管企业、企业管理人员应按照规范进行有效管控，如未履行或未正确履行投资管理职责造成国有资产损失以及其他严重不良后果的，将依照有关规定向有关人员追责。

## （三）实务要点

建议项目公司进行模拟清算。模拟清算需要确定的事项是最终可以分配的利润、净资产。为此，需要相应确认收入、成本、税费，根据具体情况保留风险计提费用，并提前完成项目公司未分配利润的股东分红、完成项目公司股东借款的本息偿还。

## 八、运营管理

### （一）概念及作用

概括而言，项目运营管理是指从项目"经营"的角度出发，实现对商业项目（指商场）交付竣工以后的运营管理。从本质上讲，经营管理是为完成企业经营管理和经济效益的战略目标而采取的一系列管理手段。

从项目开发的视角来看，运营管理则是在具体经营管理目标与项目开发中起到了传递和监控的关键作用，推动着项目效益最大化。

### （二）法律红线

1. 销售的法律红线

《商品房销售管理办法》第36条规定："未取得营业执照，擅自销售商品房的，由县级以上人民政府工商行政管理部门依照《城市房地产开发经营管理条例》的规定处罚。"

《商品房销售管理办法》第37条规定："未取得房地产开发企业资质证书，擅自销售商品房的，责令停止销售活动，处5万元以上10万元以下的罚款。"

《商品房销售管理办法》第39条规定："在未解除商品房买卖合同前，将作为合同标的物的商品房再行销售给他人的，处以警告，责令限期改正，并处2万元以上3万元以下罚款；构成犯罪的，依法追究刑事责任。"

《商品房销售管理办法》第40条规定:"房地产开发企业将未组织竣工验收、验收不合格或者对不合格按合格验收的商品房擅自交付使用的,按照《建设工程质量管理条例》的规定处罚。"

《商品房销售管理办法》第41条规定:"房地产开发企业未按规定将测绘成果或者需要由其提供的办理房屋权属登记的资料报送房地产行政主管部门的,处以警告,责令限期改正,并可处以2万元以上3万元以下罚款。"

2. 销售代理的法律红线

中介机构需要依法取得工商登记,房地产开发企业委托中介服务机构销售商品房的,受托机构应当是依法设立并取得工商营业执照的房地产中介服务机构。

订立书面委托合同。房地产开发企业应当与受托房地产中介服务机构订立书面委托合同,委托合同应当载明委托期限、委托权限以及委托人和被委托人的权利、义务。

3. 交付的法律红线

开发商未取得商品房预售许可证明,与买受方订立的商品房预售合同,根据《最高人民法院关于审理商品房买卖合同纠纷案件适用法律若干问题的解释》第2条规定,可能构成合同无效的法律风险。

在商品房开发规划范围内的房屋及相关设施所作的说明和允诺具体确定(如承诺学区房),如对订立房屋价格有重大影响的,构成要约,最终违法的,根据《最高人民法院关于审理商品房买卖合同纠纷案件适用法律若干问题的解释》第3条规定,可能承担违约责任。

房屋主体质量不合格不能交付使用,或者房屋交付使用后,房屋主体结构质量经核验确属不合格,买受方请求解除合同和赔偿损失的法律风险。

迟延交付房屋的法律风险,出卖方迟延交付房屋,经催告后仍未履行,买受方解除合同的法律风险。

4. 租赁的法律红线

租赁合同约定租赁期限超过20年,根据《民法典》第705条规定,构成合同无效的法律风险。

未办理消防验收的出租物业,不得投入使用,造成重大事故灾难的,承担行政责任,或构成刑事责任。根据《消防法》第13条第3款规定:"依法应当进行消防验收的建设工程,未经消防验收或者消防验收不合格的,禁止投入使用……"对于商业地产的开发商而言,其开发经营的商业物业和配套公共设施(以下简称出租物业),如商场、商铺、广场、公寓、写字楼等公共区域、设施,均须符合《消防法》规定,如出租方因违反消防管理法规,与承租方的出租合同可能因违反《消防法》无效,还需承担行政责任,造成重大事故灾难的,或构成刑责。

(三)实务要点

1. 项目公司应建立运营组织,建议在合作开发协议中约定运营组织设立、组织、管理、问责等制度。

2. 制定项目运营管理规范制度。其中主要包含项目运营管理工作的基本流程、工作方法、工作模式、工作标准,以及工作方针政策等主要内容。

3. 完成项目运营管理工作与项目资源配置工作。从整体而言,企业组织项目运营管理工作的开展需要包含项目总体控制运营管理内容,其中主要包含各类物质资源、人力资源、信息资源与财务资源等内容。

4. 建立项目运营管理信息系统。主要负责材料信息收集、整理与报告工作。应用信息系统可以在企业内部共享使用。通过运营管理信息系统可以完成各类信息的收集、处理与发布工作,高效完成项目运营管理信息的传播与处理工作。

# 第五章　城市建设类企业与招投标

## 第一节　招投标概述

**一、招投标法律体系**

招标投标法律体系由有关法律、法规、行政规章及规范性文件构成。

1. 法律

法律由全国人大及其常委会制定,通常以国家主席令的形式向社会公布,具有国家强制力和普遍约束力,一般以法为名称。如《招标投标法》《政府采购法》《民法典》等。

2. 法规

法规包括行政法规和地方性法规。其中,行政法规由国务院制定,通常由总理签署国务院令公布,一般以条例、规定、办法、实施细则等为名称。如《招标投标法实施条例》是与《招标投标法》配套的一部行政法规。地方性法规,由地方人大及其常委会制定,通常以地方人大公告的方式公布,一般使用条例、实施办法等名称,如《北京市招标投标条例》。采用地方性法规这一立法方式的包括北京、天津、重庆、江苏、浙江、山东、福建、甘肃、云南、贵州等地。此外,采用"实施《招标投标法》办法"这一立法方式的包括广东、广西、河南、河北、江西、湖南、陕西、安徽、内蒙古、青海等地。

3. 行政规章

行政规章包括部门规章和地方政府规章。部门规章,是指国务院所属的部、委、局和具有行政管理职责的直属机构制定,通常以部委令的形式公布,一般以办法、规定等为名称。如《工程建设项目勘察设计招标投标办法》(国家发展改革委令第2号)、《工程建设项目招标代理机构资格认定办法》(中华人民共和国建设部令第154号)等。地方政府规章,由地方政府制定,通常以地方人民政府令的形式发布,一般以规定、办法等为名称。如上海市人民政府制定的《上海市建设工程招标投标管理办法》(上海市人民政府令第50号)。

4. 行政规范性文件

各级政府及其所属部门和派出机关在其职权范围内,依据法律、法规和规章制定的具有普遍约束力的具体规定。如《国务院办公厅印发国务院有关部门实施招标投标活动行政监督的职责分工意见的通知》(国办发〔2000〕34号),是依据《招标投标法》第7条授权作出的有关职责分工的专项规定;《国务院办公厅关于进一步规范招投标活动的若干意见》(国办发〔2004〕56号)则是为贯彻实施《招标投标法》,针对招标投标领域存在的问题从7个方面作出的具体规定。

**二、国有企业招投标的特殊规定**

国有企业的招投标活动除了应当遵循《民法典》《招标投标法》《招标投标法实施条例》等一般规范招投标活动的法律法规,还应当关注针对国有企业招标投标活动的特殊规定,特殊规定既包括法律、行政法规、部门规章、地方性法规等外部规定,例如《必须招标的工程项目规定》(以下简称16号令)和《必须招标的基础设施和公用事业项目范围规定》(以下简称770号文)中对"全部或者部分使用国有资金投资或者国家融资"进行清晰的界定,也包括国有企业根据企业自身情况制定的内部合规管理制度。

**三、招投标与国有企业采购、政府采购的关系**

(一)招投标与国有企业采购

《招标投标法》第3条第1款及第2款规定的依法必须进行招标的项目主要以工程建设项目为主,但是该条第3款也规定了,法律或者国务院对必须进行招标的其他项目的范围有规定的,依照其规定。故,招标投标流程适用于部分工程建设项目,但也不仅适用于工程建设项目,国有企业其他类型的采购项目根据法律或国务院有关规定要求依法必须进行招标的,也应当适用招标投标流程。例如根据《收费公路管理条例》第11条第3款规定,经营性公路建设项目应当向社会公布,采用招标投标方式选择投资者,即公路特许经营权许可项目实行招标。

此外,国有企业可以通过内部管理制度确定虽然不属于依法必须进行招标,但企业内部要求适用招标投标流程的采购项目,此类项目也应当适用招标投标的一般原则与要求。

(二)招投标与政府采购

政府采购,是指各级国家机关、事业单位和团体组织,使用财政性资金采购依法制定的集中采购目录以内的或者采购限额标准以上的货物、工程和服务的行为,国有企业的采购不属于政府采购,故不适用政府采购规则,但国有企业以供应商身份参与政府采购时,则需要遵守政府采购的有关规则。

政府采购的方式包括公开招标、邀请招标、竞争性谈判、竞争性磋商[①]、单一来源采购、询价以及国务院政府采购监督管理部门认定的其他采购方式。因此,并非所有的政府采购均需要采用招标方式,招标仅仅是政府采购方式之一。

**四、招投标与其他竞争性采购方式的辨析**

招标是竞争性采购的方式之一,除了招标,还存在竞争性谈判、竞争性磋商、询价等竞争性采购方式。依法必须进行招标的项目必须采用招标方式进行采购,非依法必须进行招标但是国有企业内部要求适用招标投标流程的项目应当适用招标投标的一般原则与要求。

(一)竞争性谈判采购

1. 竞争性谈判的定义

竞争性谈判是指谈判小组与符合资格条件的供应商就采购货物、工程和服务事宜进行谈判,供应商按照谈判文件的要求提交响应文件和最后报价,采购人从谈判小组提出的成交候选人中确定成交供应商的采购方式。

2. 竞争性谈判的特点

(1)可以缩短准备期,能使采购项目更快地发挥作用。

(2)减少工作量,省去了大量的开标、投标工作,有利于提高工作效率,减少采购成本。

(3)供求双方能够进行更为灵活的谈判。

(4)有利于对民族工业进行保护。

---

① 竞争性磋商方式为财政部颁布的《政府采购竞争性磋商采购方式管理暂行办法》(财库〔2014〕214号)在《政府采购法》规定的政府采购方式基础上补充规定的。

(5)能够激励供应商自觉地将高科技应用到采购产品中,同时又能降低采购风险。

(二)竞争性磋商采购

竞争性磋商采购方式是指采购人、政府采购代理机构通过组建竞争性磋商小组(以下简称磋商小组)与符合条件的供应商就采购货物、工程和服务事宜进行磋商,供应商按照磋商文件的要求提交响应文件和报价,采购人从磋商小组评审后提出的候选供应商名单中确定成交供应商的采购方式。

(三)招投标与单一来源采购

单一来源采购是指采购人从某一特定供应商处采购货物、工程和服务的采购方式。其适用于达到了限购标准和公开招标数额标准,但所购商品的来源渠道单一,或属专利、首次制造、合同追加、原有采购项目的后续扩充和发生了不可预见的紧急情况不能从其他供应商处采购等情况。该采购方式的最主要特点是没有竞争性。

(四)招投标与询价采购

询价采购是指询价小组向符合资格条件的供应商发出采购货物询价通知书,要求供应商一次报出不得更改的价格,采购人从询价小组提出的成交候选人中确定成交供应商的采购方式。

询价采购一般邀请报价的供应商数量至少为 3 家,且只允许供应商提供一个报价。每一供应商或承包商只许提出一个报价,而且不许改变其报价。不得同某一供应商或承包商就其报价进行谈判。报价的提交形式,可以采用电传或传真形式。报价的评审应按照买方公共或私营部门的良好惯例进行。采购合同一般授予符合采购实体需求的最低报价的供应商或承包商。

# 第二节　必须招标的项目范围

《招标投标法》第 3 条第 3 款规定,法律或者国务院对必须进行招标的其他项目的范围有规定的,依照其规定。可见,工程建设项目是《招标投标法》等招标投标规定规范的主要领域,但是依法必须进行招标的范围并不局限于工程建设项目。法律或者国务院也可以对依法必须进行招标的其他项目进行规定,例如我国现行法律已有规定的科研课题、特许经营权、药品采购、城市基础设施投资、机电产品国际采购等。

### 一、必须招标的项目范围

（一）根据《招标投标法》、《招标投标法实施条例》、16 号令、《必须招标的基础设施和公用事业项目范围规定》

审查建设工程是否属于必须招标的工程项目范围，应当根据《招标投标法》、《招标投标法实施条例》、16 号令、《必须招标的基础设施和公用事业项目范围规定》（发改法规〔2018〕843 号，以下简称 843 号文）等相关规定确定。

订立合同时属于必须招标的工程项目，但在起诉前属于非必须招标工程项目，可以认定建设工程属于非必须招标工程项目。

（二）根据法律或国务院的其他规定

1. 公路特许经营权许可项目

《收费公路管理条例》第 11 条第 3 款："经营性公路建设项目应当向社会公布，采用招标投标方式选择投资者。"

该条例针对的是本质上是公路特许经营权许可的招标。除依法招标失败经批准转入非招标方式外，必须严格执行本条例的规定，因此即便采用 PPP 模式也适用此条例，而不能够采用竞争性谈判或竞争性磋商方式进行采购。

同时，鉴于条例只规定了必须采用招标方式，但是否可以邀请没有明确规定，但如果属于《招标投标法》第 11 条规定的国家重点项目、地方重点项目，应当遵守《招标投标法》第 11 条规定，即如果采用邀请招标应当经国务院发展计划部门或者省、自治区、直辖市人民政府批准。

2. 土地复垦项目

《土地复垦条例》第 26 条第 1 款规定："政府投资进行复垦的，有关国土资源主管部门应当依照招标投标法律法规的规定，通过公开招标的方式确定土地复垦项目的施工单位。"

《土地复垦条例》对利用政府投资进行复垦的，适用邀请招标情形没有规定，《招标投标法》《招标投标法实施条例》为一般法，适用于在中华人民共和国境内采用招标方式的所有项目，因此，如果符合《招标投标法》第 11 条或《招标投标法实施条例》第 8 条规定的情形，可以邀请招标。

3. 土地使用权出让

《民法典》第 347 条第 2 款规定："工业、商业、旅游、娱乐和商品住宅等经营性用地以及同一土地有两个以上意向用地者的,应当采取招标、拍卖等公开竞价的方式出让。"

土地使用权出让招标是特殊的招标方式,设立最低限价不违反《招标投标法实施条例》规定。土地使用权招标的竞价规则遵循综合条件最佳或价高者得原则。

4. 药品集中采购

《医疗机构药品集中招标采购工作规范(试行)》(卫规财发〔2001〕308 号)第 25 条规定:"招标人对下列药品实行集中招标采购:(一)基本医疗保险药品目录中的药品;(二)临床普遍应用、采购量较大的药品;(三)卫生行政部门或招标人确定实行集中招标采购的其它药品。"

5. 金融企业选聘会计师事务所项目

《金融企业选聘会计师事务所招标管理办法(试行)》(财金〔2010〕169 号)第 5 条规定:"金融企业选聘会计师事务所,服务费用达到或超过 100 万元的,应采用公开招标或邀请招标的采购方式;服务费用不足 100 万元的,可采用公开招标、邀请招标或竞争性谈判等采购方式。"

6. 进口机电产品

根据《机电产品国际招标投标实施办法(试行)》第 6 条规定,通过招标方式采购原产地为中国关境外的机电产品,属于下列情形的必须进行国际招标:(一)关系社会公共利益、公众安全的基础设施、公用事业等项目中进行国际采购的机电产品;(二)全部或者部分使用国有资金投资项目中进行国际采购的机电产品;(三)全部或者部分使用国家融资项目中进行国际采购的机电产品;(四)使用国外贷款、援助资金项目中进行国际采购的机电产品;(五)政府采购项目中进行国际采购的机电产品;(六)其他依照法律、行政法规的规定需要国际招标采购的机电产品。已经明确采购产品的原产地在中国关境内的,可以不进行国际招标。

(三)强制招标项目中可以不招标的情形

1.《招标投标法》第 66 条规定的可以不招标的情形,如涉及国家安全、国家秘密、抢险救灾或者属于利用扶贫资金实行以工代赈、需要使用农民工等特殊情况。

2.《招标投标法实施条例》第 9 条规定,需要采用不可替代的专利或者专有技术,采购人依法能自行建设、生产或提供。

## 二、依法必须进行招标的工程建设项目

根据《招标投标法》第 3 条规定,在中国境内进行的下列工程建设项目包括项目的勘察、设计、施工、监理以及与工程建设有关的重要设备、材料等的采购,必须进行招标:

(1)大型基础设施、公用事业等关系社会公共利益、公众安全的项目。

(2)全部或者部分使用国有资金投资或者国家融资的项目。

(3)使用国际组织或者外国政府贷款、援助资金的项目。

《招标投标法》第 3 条第 2 款规定,前款所列项目的具体范围和规模标准,由国务院发展计划部门会同国务院有关部门制订,报国务院批准。结合《招标投标法实施条例》、16 号令、843 号文、770 号文等规定,国有企业工程建设项目同时满足以下条件的,依法必须进行招标。

### (一)该工程建设项目为我国法律意义上的工程建设项目

《招标投标法实施条例》第 2 条对《招标投标法》第 3 条所称工程建设项目进行解释。所谓工程建设项目,是指:(1)工程;(2)与工程建设有关的货物;(3)与工程建设有关的服务。

工程,是指建设工程,包括建筑物和构筑物的新建、改建、扩建及其相关的装修、拆除、修缮等,根据《建设工程质量管理条例》以及《建设工程安全生产管理条例》规定,建设工程是指土木工程、建筑工程、线路管道和设备安装工程及装修工程。

与工程建设有关的货物,是指构成工程不可分割的组成部分,且为实现工程基本功能所必需的设备、材料等。

与工程建设有关的服务,是指为完成工程所需的勘察、设计、监理等服务。

《招标投标法实施条例》第 2 条仅对工程建设项目的部分内容进行列举,其表述均包含"等",因此并不排除未直接列入该条款的工程、与工程建设有关的货物、与工程建设有关的服务属于工程建设项目范围。

### (二)该建设工程项目的招标活动发生在我国境内

根据《招标投标法》第3条规定,发生在中国境内并且符合一定条件的工程建设项目依法必须进行招标,即使该工程建设项目的实施在中国境外,只要是招标活动在中国境内进行,应当适用我国《招标投标法》,在满足特定条件时依法必须进行招标。

### (三)该工程建设项目属于法律限定范围

结合《招标投标法》及相关法律规定,对国有企业而言,法律限定范围内依法必须进行招标的工程建设项目为以下三种情形之一。

#### 1. 全部或部分使用国家资金或者国家融资

根据16号令第2条规定,全部或者部分使用国有资金投资或者国家融资的项目包括:(1)使用预算资金200万元人民币以上,并且该资金占投资额10%以上的项目;(2)使用国有企业事业单位资金,并且该资金占控股或者主导地位的项目。

关于16号令中国有资金的使用,770号文明确了:(1)"预算资金"是指《预算法》规定的预算资金,包括一般公共预算资金、政府性基金预算资金、国有资本经营预算资金、社会保险基金预算资金。(2)"占控股或者主导地位",参照《公司法》第216条关于控股股东和实际控制人的理解执行,即"其出资额占有限责任公司资本总额百分之五十以上或者其持有的股份占股份有限公司股本总额百分之五十以上的股东;出资额或者持有股份的比例虽然不足百分之五十,但依其出资额或者持有的股份所享有的表决权已足以对股东会、股东大会的决议产生重大影响的股东";国有企业事业单位通过投资关系、协议或者其他安排,能够实际支配项目建设的,也属于占控股或者主导地位。(3)项目中国有资金的比例,应当按照项目资金来源中所有国有资金之和计算。

#### 2. 使用国际组织或者外国政府贷款、援助资金

根据16号令第3条规定,使用国际组织或者外国政府贷款、援助资金的项目包括:(1)使用世界银行、亚洲开发银行等国际组织贷款、援助资金的项目;(2)使用外国政府及其机构贷款、援助资金的项目;(3)大型基础设施、公用事业等关系社会公共利益、公众安全的项目。如果国有企业参与的工程建设项目属于以上第(1)条及第(2)条所述情况,则无论其是否属于大型基础设施、公用事业等关系社会公共利益、公众安全的项目,只要其达到规定的标准,则属于依法必

须进行招标的项目。

但是,根据843号文第2条规定,不属于以上第(1)条及第(2)条所述情况的以下大型基础设施、公用事业等关系社会公共利益、公众安全的项目,但达到规定的标准也属于必须招标的范围:(1)煤炭、石油、天然气、电力、新能源等能源基础设施项目;(2)铁路、公路、管道、水运,以及公共航空和A1级通用机场等交通运输基础设施项目;(3)电信枢纽、通信信息网络等通信基础设施项目;(4)防洪、灌溉、排涝、引(供)水等水利基础设施项目;(5)城市轨道交通等城建项目。

(四)该工程建设项目达到规定的标准

根据16号令第5条第1款规定,国有企业工程建设项目是否依法必须进行招标,除了满足该工程建设项目为我国法律意义上的工程建设项目、招标活动发生在我国境内、属于法律限定范围这三个条件外,还必须达到下列标准之一:

(1)施工单项合同估算价在400万元人民币以上。

(2)重要设备、材料等货物的采购,单项合同估算价在200万元人民币以上。

(3)勘察、设计、监理等服务的采购,单项合同估算价在100万元人民币以上。

若单项采购未达到上述相应标准的,则不属于16号令规定必须依法招标的范围。

770号文明确了16号文第5条第2款规定:"同一项目中可以合并进行的勘察、设计、施工、监理以及与工程建设有关的重要设备、材料等的采购,合同估算价合计达到前款规定标准的,必须招标。"其目的是防止发包方通过化整为零方式规避招标。其中,"同一项目中可以合并进行",是指根据项目实际,以及行业标准或行业惯例,符合科学性、经济性、可操作性要求,同一项目中适宜放在一起进行采购的同类采购项目。

### 三、必须招标项目范围的常见问题

(一)关于建设工程中施工图审查、造价咨询、第三方监测和监测等服务是否属于依法必须招标项目范围

根据国家发展和改革委员会的答复,根据《国家发展改革委办公厅关于进一步做好〈必须招标的工程项目规定〉和〈必须招标的基础设施和公用事业项目范围规定〉实施工作的通知》(发改办法规〔2020〕770号)规定,没有法律、行政法规

或者国务院规定依据的,对16号令第5条第1款第3项没有明确列举规定的服务事项、843号文第2条中没有明确列举规定的项目,不得强制要求招标。施工图审查、造价咨询、第三方检测服务不在列举规定之列,不属于必须招标的项目,但涉及政府采购的,按照政府采购法律法规规定执行。

(二)关于工程总承包项目招标规模标准的判断

根据国家发展和改革委员会的答复,《国家发展改革委办公厅关于进一步做好〈必须招标的工程项目规定〉和〈必须招标的基础设施和公用事业项目范围规定〉实施工作的通知》(发改办法规〔2020〕770号)规定,对于16号令第2条至第4条规定范围内的项目,发包人依法对工程以及与工程建设有关的货物、服务全部或者部分实行总承包发包的,总承包中施工、货物、服务等各部分的估算价中,只要有一项达到16号令第5条规定的相应标准,即施工部分估算价达到400万元以上,或者货物部分达到200万元以上,或者服务部分达到100万元以上,则整个总承包发包应当招标。

(三)关于16号令第5条是否包括国有施工企业非甲供物资采购,国有施工企业承接的符合第2条至第4条的工程项目,由施工企业实施重要设备、材料采购的,是否必须招标

根据国家发展和改革委员会的答复,《招标投标法实施条例》第29条第1款规定,招标人可以依法对工程以及与工程建设有关的货物、服务全部或者部分实行总承包招标。以暂估价形式包括在总承包范围内的工程、货物、服务属于依法必须进行招标的项目范围且达到国家规定规模标准的,应当依法进行招标。《国务院办公厅关于促进建筑业持续健康发展的意见》(国办发〔2017〕19号)规定,除以暂估价形式包括在工程总承包范围内且依法必须进行招标的项目外,工程总承包单位可以直接发包总承包合同中涵盖的其他专业业务。据此,国有工程总承包单位可以采用直接发包的方式进行分包,但以暂估价形式包括在总承包范围内的工程、货物、服务分包时,属于依法必须进行招标的项目范围且达到国家规定规模标准的,应当依法招标。

(四)如何理解16号令中的"合同估算价"

根据国家发展和改革委员会的答复,16号令中的"合同估算价",指的是采购人根据初步设计概算、有关计价规定和市场价格水平等因素合理估算的项目合同金额。没有计价规定情况下,采购人可以根据初步设计概算的工程量,按照

市场价格水平合理估算项目合同金额。

(五)如何理解16号令及770号文中"国有企业"及"占控股或者主导地位"

16号令第2条规定:"全部或者部分使用国有资金投资或者国家融资的项目包括:……(二)使用国有企业事业单位资金,并且该资金占控股或者主导地位的项目。"

1. 16号令第2条第2项中规定的"使用国有企业事业单位资金"中的"国有企业"如何理解

根据国家发展和改革委员会的答复,"使用国有企业事业单位资金"中的"国有企业"既包括国有全资企业,也包括国有控股企业。

2. 770号文中"第(二)项中'占控股或者主导地位',参照《公司法》第216条关于控股股东和实际控制人的理解执行"应当如何理解,是否指国有企业依其投入项目的资金所享有的表决权已足以对有关项目建设的决议产生重大影响这一情形

根据国家发展和改革委员会的答复,770号文规定,16号令第2条第2项中"占控股或者主导地位",参照《公司法》第216条关于控股股东和实际控制人的理解执行,即"其出资额占有限责任公司资本总额百分之五十以上或者其持有的股份占股份有限公司股本总额百分之五十以上的股东;出资额或者持有股份的比例虽然不足百分之五十,但依其出资额或者持有的股份所享有的表决权已足以对股东会、股东大会的决议产生重大影响的股东"。如果项目中国有资金所享有的表决权已足以对有关项目建设的决议产生重大影响,属于"国有资金占主导地位",如其勘察、设计、施工、监理以及与工程建设有关的重要设备、材料等的单项采购分别达到16号令第5条规定的相应单项合同价估算标准的,该单项采购必须招标。

## 第三节　招投标常见问题解析

**一、招标中的常见问题**

(一)招标人需要符合的条件

根据《招标投标法》第8条规定,招标人是依照本法规定提出招标项目、进行

招标的法人或者其他组织。根据《民法典》第57条规定,法人是具有民事权利能力和民事行为能力,依法独立享有民事权利和承担民事义务的组织。非法人组织是不具有法人资格,但能够以自己的名义从事民事活动的组织,包括个人独资企业、合伙企业、不具有法人资格的专业服务机构等。

由此可知,法人和其他非法人组织都可以成为招标人。自然人不能够成为招标人,但自然人投资的项目可以通过成立项目公司作为招标人。

工程建设项目招标发包的招标人通常为该建设工程的投资人,即项目业主;在国家投资的工程建设项目中,招标人通常为依法设立的项目法人或者项目的代建单位,但是如果委托方实际上以发包人身份进行招标并在合同履行过程中履行了本应由代建单位完成的部分责任,则委托方应与代建单位就合同义务(如工程款支付)承担连带责任。

(二)招标项目需要履行项目审批手续的情形

根据《招标投标法》第9条第1款规定,招标项目按照国家有关规定需要履行项目审批手续的,应当先履行审批手续,取得批准。就国有企业投资项目而言,对关系国家安全、涉及全国重大生产力布局、战略性资源开发和重大公共利益等项目,实行核准管理。具体项目范围以及核准机关、核准权限依照政府核准的投资项目目录执行。

现阶段执行的是2016年版本的《政府核准的投资项目目录》,该目录区分农业水利、能源、交通运输、信息产业、原材料、机械制造、轻工、高新技术、城建、社会事业、外商投资、境外投资12类项目,规定了需要核准的项目内容、规模和核准部门。例如在城建类别下,该目录规定了,"城市快速轨道交通项目:由省级政府按照国家批准的相关规划核准。城市道路桥梁、隧道:跨10万吨级及以上航道海域、跨大江大河(现状或规划为一级及以上通航段)的项目由省级政府核准。其他城建项目:由地方政府自行确定实行核准或者备案"。

(三)公开招标和邀请招标的适用情形

1. 公开招标和邀请招标的定义

根据《招标投标法》第10条规定,招标分为公开招标和邀请招标。公开招标,是指招标人以招标公告的方式邀请不特定的法人或者其他组织投标。邀请招标,是指招标人以投标邀请书的方式邀请特定的法人或者其他组织投标。

2.适用公开招标的情形

根据《招标投标法》第11条和《招标投标法实施条例》第8条规定,原则上,依法必须进行招标的项目,若属于国务院发展计划部门确定的国家重点项目和省、自治区、直辖市人民政府确定的地方重点项目以及国有资金占控股或者主导地位的依法必须进行招标的项目,应当公开招标。

3.适用邀请招标的情形

根据《招标投标法》第11条和《招标投标法实施条例》第8条规定,除法定应当公开招标的项目外,可以采用邀请招标的方式,具体包括以下几种情形。

(1)国务院发展计划部门确定的国家重点项目和省、自治区、直辖市人民政府确定的地方重点项目不适宜公开招标的,经国务院发展计划部门或者省、自治区、直辖市人民政府批准,可以进行邀请招标。

(2)国有资金占控股或者主导地位的依法必须进行招标的项目,应当公开招标;但有下列情形之一的,可以邀请招标:①技术复杂、有特殊要求或者受自然环境限制,只有少量潜在投标人可供选择;②采用公开招标方式的费用占项目合同金额的比例过大。

(3)企业自主确定采用招标方式的项目。

法定应当公开招标的项目除外的项目是否采取邀请招标的方式,可由国有企业根据企业自身情况确定。

(四)自行招标和代理招标的区分适用

国有企业可以根据实际情况决定适用自行招标还是委托招标代理机构进行招标。

1.自行招标

自行招标是指招标人自行办理招标全过程所有事项。招标人具有编制招标文件和组织评标能力的,可以自行办理招标事宜。所谓招标人具有编制招标文件和组织评标能力的,是指招标人具有与招标项目规模和复杂程度相适应的技术、经济等方面的专业人员,包括投资咨询师、项目管理师、工程造价师、招标师、专业工程师、会计师等,或具有相同专业水平和类似项目工作经验、业绩的专业人员。

任何单位和个人不得强制招标人委托招标代理机构办理招标事宜。根据《招标投标法》第12条第3款及有关法律、行政法规规定,依法必须进行招标的项目,招标人自行办理招标事宜的,应当向有关行政监督部门备案。

2. 代理招标

根据《招标投标法》第12条和《招标投标法实施条例》第10条规定,招标人不具备自行招标的能力应当委托招标代理机构办理招标事宜。具备自行招标能力的招标人也可以将全部或部分招标事宜委托给招标代理机构办理,招标人有权自行选择是否委托招标代理机构为其办理招标事宜,法律不要求所有招标活动都必须委托招标代理机构。

招标人有权自行决定具体委托哪一家招标代理机构,任何单位和个人不得以任何方式为招标人指定招标代理机构。招标代理机构接受招标人的委托后,在招标代理权限范围内以招标人的名义组织招标工作,招标人为委托人,招标代理机构为受托人,招标人对招标代理机构的代理行为承担民事责任。

(五)以不合理条件限制、排斥潜在投标人的认定

根据《招标投标法实施条例》第32条规定,招标人有下列行为之一的,属于以不合理条件限制、排斥潜在投标人或者投标人:(1)就同一招标项目向潜在投标人或者投标人提供有差别的项目信息。(2)设定的资格、技术、商务条件与招标项目的具体特点和实际需要不相适应或者与合同履行无关。(3)依法必须进行招标的项目以特定行政区域或者特定行业的业绩、奖项作为加分条件或者中标条件。(4)对潜在投标人或者投标人采取不同的资格审查或者评标标准。(5)限定或者指定特定的专利、商标、品牌、原产地或者供应商。(6)依法必须进行招标的项目非法限定潜在投标人或者投标人的所有制形式或者组织形式。(7)以其他不合理条件限制、排斥潜在投标人或者投标人。

(六)招标人与投标人串通投标的认定

根据《招标投标法》第32条和《招标投标法实施条例》第41条规定,招标人与投标人串通投标,是指招标人与投标人在招标活动中,以不正当的手段从事私下交易导致招投标流于形式,共同损害国家利益、社会公共利益或者他人的合法权益的行为。

有下列情形之一的,属于招标人与投标人串通投标:(1)招标人在开标前开启投标文件并将有关信息泄露给其他投标人。(2)招标人直接或者间接向投标人泄露标底、评标委员会成员等信息。(3)招标人明示或者暗示投标人压低或者抬高投标报价。(4)招标人授意投标人撤换、修改投标文件。(5)招标人明示或

者暗示投标人为特定投标人中标提供方便。(6)招标人与投标人为谋求特定投标人中标而采取的其他串通行为。

如果招标人委托招标代理机构办理招标事宜,可能会构成招标代理机构与投标人串通投标的情况。

**二、投标中的常见问题**

(一)投标人需要符合的条件

1. 除依法招标的科研项目允许个人参加投标的以外,其他招标活动的投标人应当为法人或其他组织,若允许自然人主体投标的,则不属于《招标投标法》调整范围,应适用《民法典》等一般民事法律规定或者当事人之间的约定。

2. 法人的分支机构属于"投标人"中的"其他组织",可以自己的名义从事民事活动,故其可以自己的名义参加招标活动,不需要总公司的专项授权,但其参与投标活动、签订合同的民事责任最终归属于总公司。

3. 投标人应当具备承担招标项目的能力,其在资金、技术、人员、装备等方面,应具备与完成招标项目的需要相适应的能力或者条件。

4. 国家有关规定对投标人资格条件或者招标文件对投标人资格条件有规定的,投标人应当具备规定的资格条件。如《建筑法》对从事房屋建筑活动的建筑施工企业、勘察单位、设计单位和工程监理单位规定了一定的从业资格条件。

5. 与招标人存在利害关系可能影响招标公正性的法人、其他组织或者个人,不得参加投标。但是,即使投标人与招标人存在某种"利害关系",只要招投标活动依法进行、程序规范,此等"利害关系"并不影响招投标活动的公正性,则其不属于不得参加投标的对象。

(二)国有企业下属参股子公司能否作为投标人公平参与国有企业组织的招投标工作

根据国家发展和改革委员会的答复,《招标投标法实施条例》第34条第1款规定,与招标人存在利害关系可能影响招标公正性的法人、其他组织或者个人,不得参加投标。本条没有一概禁止与招标人存在利害关系法人、其他组织或者个人参与投标,构成本条第1款规定情形需要同时满足"存在利害关系"和"可能影响招标公正性"两个条件。即使投标人与招标人存在某种"利害关系",但如果招投标活动依法进行、程序规范,该"利害关系"并不影响其公正性的,就可以参加投标。

（三）利害关系人参与投标的法律后果

根据《招标投标法实施条例》第34条第3款规定，利害关系人参与投标影响到招标公正性的，其投标无效。该利害关系人不可成为中标人。在评标时，评标委员会应当否决其投标；中标公示后，招标人应当取消其中标资格；合同签订后，相关合同无效，应当恢复原状，不能恢复原状的，中标人应当赔偿因此造成的损失。

（四）联合体投标需要注意的问题

1. 是否接受联合体投标

根据《招标投标法实施条例》第37条和《招标公告和公示信息发布管理办法》第5条规定，招标人可根据招标项目的实际情况和潜在投标人的数量自主决定是否允许联合体投标，但其应当在资格预审公告、招标公告或者投标邀请书中载明是否接受联合体投标。

2. 联合体的组成及变更

根据《招标投标法》第31条第1款规定，在接受联合体投标的招标活动中，两个以上法人或其他组织可以通过自主决策组成一个联合体，以一个投标人的身份共同投标，联合体仅为各主体为共同投标并在中标后共同完成中标项目而组成的临时性组织，不具有法人资格。招标人不得强制投标人组成联合体共同投标。

3. 联合体资质

根据《招标投标法》第31条第2款规定，联合体各方均应具备承担招标项目的相应能力，即完成招标项目所需要的技术、资金、设备、管理等方面的能力。国家有关规定或者招标文件对投标人资格条件有规定的，联合体各方均应当具备规定的相应资格条件。由同一专业的单位组成的联合体，按照资质等级较低的单位确定资质等级。

4. 联合体协议

根据《招标投标法》第31条第3款规定，联合体各方应当签订共同投标协议，明确约定各方拟承担的工作和责任，并将共同投标协议连同投标文件一并提交招标人。

5. 联合体法律责任承担

根据《招标投标法》第31条第3款规定："联合体中标的，联合体各方应当共同与招标人签订合同,就中标项目向招标人承担连带责任。"联合体内部之间权利、义务、责任的承担等问题则以联合体各方订立的内部合作合同为依据。

6. 联合体的禁止行为

根据《招标投标法实施条例》第37条规定,资格预审后,联合体成员不得增减或变更,否则其投标无效。

联合体各方在同一招标项目中以自己名义单独投标或者参加其他联合体投标的,相关投标均无效。

（五）投标人相互串通投标的认定

根据《招标投标法》第32条和《招标投标法实施条例》第39条、第40条,有下列情形之一的,属于投标人相互串通投标：投标人之间协商投标报价等投标文件的实质性内容；投标人之间约定中标人；投标人之间约定部分投标人放弃投标或者中标；属于同一集团、协会、商会等组织成员的投标人按照该组织要求协同投标；投标人之间为谋取中标或者排斥特定投标人而采取的其他联合行动。不同投标人的投标文件由同一单位或者个人编制；不同投标人委托同一单位或者个人办理投标事宜；不同投标人的投标文件载明的项目管理成员为同一人；不同投标人的投标文件异常一致或者投标报价呈规律性差异；不同投标人的投标文件相互混装；不同投标人的投标保证金从同一单位或者个人的账户转出。

### 三、合同签订、履行与变更中的常见问题

（一）合同签订中的常见问题

1. 合同签订主体

原则上,中标合同由招标人与中标人签订。但是,实践中存在以下几种例外情形：(1) 法人中标后,可以由其分支机构签订中标合同,但是其子公司不能代替母公司签订中标合同,否则构成转包行为。(2) 由母公司作为招标人进行集中采购的项目,实际使用方或最终用户为子公司的情况下,若在招标文件中明确中标合同由其子公司分别签订,则定标之后,可以由该子公司与中标人签订并执行合同。(3) 招投标过程中,招标人或中标人因企业名称、组织形式等发生变更,并不影响其主体资格的,以更名后的名称为准。(4) 招投标过程中,招标人或中标人发生合并且合并后的法人或非法人组织承继合并前的招标人或者投标人的主体资格的,由合并后存续企业签订中标合同。(5) 招投标过程中,招标人或中标人

发生分立情形,若其履约能力不受影响,分立后的法人或非法人组织承继合并前的招标人或者投标人的主体资格。

2. 合同签订时间

根据《招标投标法》第 46 条规定,招标人和中标人应当在中标通知书发出之日起 30 日内签订合同。

3. 合同内容

(1)按照招标文件和中标人的投标文件订立书面合同

根据《招标投标法实施条例》第 57 条规定,招标人与中标人应当依法签订合同,合同的标的、价款、质量、履行期限等主要条款应当与招标文件和中标人的投标文件的内容一致。

(2)不得再行订立背离合同实质性内容的其他协议

所谓合同实质性内容,是指会对当事人的权利义务产生实质性影响的内容,在招投标活动中,可能涉及其他中标人是否中标、对招标人与中标人有重大影响的权利义务内容。在不同类型的合同中,其实质性内容是有差异的。

以《建设工程施工合同》为例,参考有关司法解释的规定,此类合同的实质性内容的范围包括工程范围、建设工期、工程价款、工程质量等。招标人与中标人另行签订工程范围、建设工期、工程质量、工程价款等实质性内容与中标合同不一致的合同的,在招投标活动合法有效的前提下,以中标合同作为确定双方权利义务的依据,并以中标合同作为结算建设工程价款的依据。

在非依法必须进行招标的项目中,根据司法解释的规定,允许当事人在客观情况发生了招投标时难以预见的变化时另行订立建设工程施工合同。而在依法必须进行招标的项目中,相关司法解释未规定客观情况发生了招投标时难以预见的变化时可以另行订立建设工程施工合同,建议在招标文件中对此等情况予以明确。

(二)投标人中标后,任何一方拒绝签订合同的法律责任

1. 民事责任

根据《招标投标法》第 45 条第 2 款规定,中标通知书对招标人和中标人具有法律效力。中标通知书发出后即已经确定了招标项目的中标人,若招标人改变中标结果的,或者中标人放弃中标项目的,应当依法承担法律责任。但是,我国法律未明确招标人或中标人在投标人中标后未签订合同应承担的法律责任为违

约责任还是缔约过失责任。

在司法实践中,既有案例认定中标通知书到达中标人时,招标人和中标人之间以招标文件和中标人投标文件为内容的合同已经成立,也有案例认定中标通知书发出后,因单方原因导致合同未签订的,一方应承担缔约过失责任,具体赔偿数额由法院结合个案情况予以确定。

2. 行政责任

根据《招标投标法》第59条规定,招标人与中标人不按照招标文件和中标人的投标文件订立合同的,责令改正;可以处中标项目金额千分之五以上千分之十以下的罚款。

(三)合同履行过程中的转包和违法分包

原则上,中标人应当亲自履行合同,但考虑到有些项目的复杂性以及项目成本等方面,中标人按照合同约定或者征得招标人同意后,可以将中标项目的部分非主体、非关键性工作分包给他人完成。但是中标人不得将中标项目进行转包(即将中标项目转让给他人)或者违法分包(即将中标项目肢解后分别向他人转让),否则根据法律规定,转包或违法分包合同将被认定为无效合同。

此外,具有劳务作业法定资质的承包人与总承包人、分包人签订的劳务分包合同,不应被认定为转包而视为无效。但是,若当事人借劳务分包合同之名将中标项目进行转包的,应认定为无效合同。

### 四、招投标中涉及的法律责任

(一)招投标中涉及的刑事责任

国有企业在招标投标活动中可能涉及的刑事责任包括以下几种。

1. 串通投标罪

根据《刑法》第223条规定,投标人相互串通投标报价,损害招标人或者其他投标人利益,情节严重的,处3年以下有期徒刑或者拘役,并处或者单处罚金。投标人与招标人串通投标,损害国家、集体、公民的合法利益的,依照前款的规定处罚。

2. 侵犯商业秘密罪

根据《刑法》第219条规定,招标人向他人透露已获取招标文件的潜在投标人名称、数量以及可能影响公平竞争的有关招标投标的其他情况,如泄露评标专家委员会成员或是泄露标底并造成重大损失的,招标人构成侵犯商业秘密罪,处3年以下有期徒刑,并处或者单处罚金;情节特别严重的,处3年以上7年以下有期徒刑,并处罚金。

3. 合同诈骗罪

依据《刑法》第224条规定,投标人以非法占有为目的,在签订、履行合同过程中实施下列行为骗取对方当事人财物,数额较大的,处3年以下有期徒刑或者拘役,并处或者单处罚金;数额巨大或者有其他严重情节的,处3年以上10年以下有期徒刑,并处罚金;数额特别巨大或者有其他特别严重情节的,处10年以上有期徒刑或者无期徒刑,并处罚金或者没收财产。

4. 行贿罪、对单位行贿罪及对非国家工作人员行贿罪

投标人向招标人或者评标委员会成员行贿,依据《刑法》第389条、第390条的规定构成行贿罪的,可处五年以下有期徒刑或者拘役。依据《刑法》第391条的规定构成对单位行贿罪,可处3年以下有期徒刑或者拘役。单位犯行贿罪的,对单位判处罚金,并对其直接负责的主管人员和其他直接责任人员,处3年以下有期徒刑或者拘役,并处罚金。如果投标人向评标委员会中的非国家工作人员行贿,谋取中标的,根据《刑法》第164条规定可能涉嫌构成对非国家工作人员行贿罪。

5. 受贿罪及非国家工作人员受贿罪

依法组建的评标委员会在招标、评标活动中,索取他人财物或者非法收受他人财物,为他人谋取利益,数额较大的,根据《刑法》第163条规定,以非国家工作人员受贿罪定罪处罚。依法组建的评标委员会中国家机关或者其他国有单位的代表有以上行为的,依照《刑法》第385条的规定,以受贿罪定罪处罚。

6. 非法经营罪

根据《刑法》第225条规定,在招投标活动中,如果投标人出让、出租或者出借资格证书、资质证书供他人投标,涉嫌构成非法经营罪。

(二) 招投标中涉及的行政责任

招标投标活动当事人可能承担的行政法律责任主要有以下几种。

1. 责令改正

如招标人在评标委员会依法推荐的中标候选人以外确定中标人,依法必须进行招标的项目中标无效,责令改正。

## 2. 罚款

如招标人未依法应当公开招标而采用邀请招标的，有关行政监督机构可以处 10 万元以下的罚款；又如，根据《上海市建设工程招标投标管理办法》规定，政府投资的建设工程，以及国有企业事业单位使用自有资金且国有资产投资者实际拥有控制权的建设工程，达到法定招标规模标准，招标人未进入招标投标交易场所进行全过程招标投标活动的，由建设行政管理部门责令改正，处 3 万元以上 10 万元以下的罚款。

## 3. 暂停项目执行或者暂停资金拨付

全部或者部分使用国有资金的必须进行招标的项目而不招标的，可以暂停项目执行或者暂停资金拨付。

## 4. 没收违法所得

如招标代理机构在所代理的招标项目中投标、代理投标或者向该项目投标人提供咨询，接受委托编制标底的中介机构参加受托编制标底项目的投标或者为该项目的投标人编制投标文件、提供咨询，有违法所得的，没收违法所得。

## 5. 暂停或取消招标代理资格

如招标代理机构在所代理的招标项目中投标、代理投标或者向该项目投标人提供咨询的、接受委托编制标底的中介机构参加受托编制标底项目的投标或者为该项目的投标人编制投标文件、提供咨询，情节严重的，暂停或取消招标代理资格。

## 6. 吊销营业执照

如投标人以行贿谋取中标情节特别严重的，由市场监督管理部门吊销营业执照。

## 7. 取消投标资格

如依法必须进行招标的项目的投标人弄虚作假骗取中标的行为情节严重的，由有关行政监督机构取消其 1 年至 3 年内参加依法必须招标的项目的投标资格。

## 8. 行政处分

如招标人接受应当拒收的投标文件的，对单位直接负责的主管人员和其他直接责任人员依法给予处分。

### (三) 招投标中涉及的民事责任

招标投标活动中当事人可能涉及的民事责任主要包括合同责任及侵权责任。

#### 1. 合同责任（包括缔约过失责任及违约责任）

缔约过失责任是指在合同订立过程中，一方因违背诚实信用原则所产生的义务，而导致另一方的信赖利益损失所应承担的损害赔偿责任。如：投标截止后撤销投标文件，招标人可以不退还投标保证金，投标人此时承担的是缔约过失责任；订立的合同无效，对于合同无效负有责任一方应向对方承担缔约过失责任。

违约责任，是指合同当事人不履行合同义务或履行合同义务不符合合同约定而应当承担的法律责任。违约责任以合同生效为前提。中标人与招标人订立合同后，中标人或者招标人拒不履行合同，均构成违约，应当承担违约责任。当事人方不履行合同义务或者履行合同义务不符合合同约定的，应当承担继续履行、采取补救措施或者赔偿损失等违约责任。

#### 2. 侵权责任

在招标投标活动中，若侵害他人民事权益，如名誉权、担保物权等，此时应当承担的是侵权责任。如串通投标导致不正当竞争侵害他人民事权益的，应当承担侵权责任。根据《民法典》第179条规定，在招标投标活动中，承担民事责任的方式主要有停止侵害、排除妨碍、返还财产、赔偿损失、支付违约金、消除影响、恢复名誉、赔礼道歉等。这些方式可以单独适用也可以合并适用。

因当事人一方的违约行为，损害对方人身权益、财产权益的。受损害方有权选择请求其承担违约责任或者侵权责任。

### (四) 招投标中涉及的内部违规责任

根据《中央企业违规经营投资责任追究实施办法（试行）》第9条第5款、第10条第6款、第13条第4款的规定，在购销管理方面未按规定进行招标或未执行招标结果、在工程以及与工程建设有关的货物、服务采购中未按规定招标或规避招标、在购建项目中未按规定招标，干预、规避或操纵招标的，都属于违规经营投资责任追究情形。

对相关责任人的处理方式包括：(1) 组织处理。包括批评教育、责令书面检查、通报批评、诫勉、停职、调离工作岗位、降职、改任非领导职务、责令辞职、免职等。(2) 扣减薪酬。扣减和追索绩效年薪或任期激励收入，终止或收回中长期激励收益,取消参加中长期激励资格等。(3)禁入限制。5年直至终身不得担任国有企业董事、监事、高级管理人员。(4)党纪政务处分。由相应的纪检监察组织依法依规查处。(5)移送监察机关或司法机关处理。依据国家有关法律规定,移送监察机关或司法机关查处。

上述责任处理方式既可以单独适用,也可以合并使用。

## 第四节 国有企业的招投标合规管理

实践中,国有企业除了依法必须进行招标的项目采用招标方式,往往还会根据企业自身情况确定其他需要采用招标方式进行采购的项目。若国有企业在招投标实践中未能有效落实法律法规规定的招投标原则及流程,未能区分依法必须进行招标的项目与自主决定采用招标项目在招标流程上的差异,则可能导致即使采取了招标方式进行采购,但是由于缺乏有效的约束机制,招标流程无法依法有序进行,进而影响项目的采购。

鉴于此,我们认为国有企业需要根据其自身情况制定招投标合规管理制度,一方面可以确定法律、行政法规等有关规定确定的招投标制度在企业内部的落地方案(包括但不限于执行机构、程序要求、程序保障等),另一方面可以明确企业自主决定采用招标方式进行招标项目与法律、行政法规等规定确定的招投标制度的衔接,以此促进国有企业招投标活动的合法合规性。

### 一、国有企业招投标合规管理制度的架构体系

国有企业招标投标合规管理制度一般应包括以下内容。

(一)总则

总则部分应当明确合规管理制度的制定目的、依据、适用主体、适用范围、招标投标活动的基本原则,并对合规管理制度中使用的有关术语进行定义。

(二)招标

招标部分应明确国有企业招标负责机构及职责、招标范围(包括依法必须进行招标以及企业自主决定须招标项目)及招标活动具体操作流程等与招标活动有关的内容。

（三）投标

投标部分应明确国有企业投标项目收集、跟踪、筛选、决策及投标过程管理等具体内容。

（四）监督管理机制

监督管理机制部分应明确招标投标活动中的禁止行为及对应的处罚措施、赔偿责任等。

（五）附则

附则部分应当包括制度生效日期、解释办法等内容。

## 二、国有企业招投标合规体系的建设

一旦招投标过程中发生违法违规行为，可能导致招投标行为无效或签署的合同被认定为无效，企业在为此付出高额成本的同时，还可能因此面临承担民事责任、行政处罚责任，企业利益受损的风险。因此，合规经营是国有企业持续发展的必然要求，在招投标合规体系建设方面主要做好以下几个方面。

（一）制定招投标合规制度

企业应完善企业内部招标采购管理制度体系，优化招标采购流程，推进招标采购工作集中化、标准化、规范化。企业应当以《招投投标法》《招标投标法实施条例》等为法律依据，从企业自身的部门设置与职责、运营特点与效率等方面出发，建立适合企业自身的如《招投标合规管理办法》《招投标合规管理实施细则》等规定。内容至少应包括招投标的流程、期限、责任部门与责任人、选商程序和标准、处罚机制等。

（二）拟定招投标规范文本

招标人具有编制招标文件和组织评标能力的，可以自行办理招标事宜。目前，除依法必须进行招标的项目外，越来越多的企业开始自行组织招标事宜，就需要拟定招标规范文本。企业可以组织人员，针对企业自身的招标项目拟定一系列招标文件，包括资格预审文件、招标公告、招标文件、评标委员会成员评标打分表、中标公告、合同文本等。

（三）合理组建评标委员会

《招标投标法》第 37 条规定，明确评标由招标人依法组建的评标委员会负责。对于依法必须进行招标的项目,评标委员会和评标方法可以参考《评标委员会和评标方法暂行规定》。企业可以参照上述规定根据招标项目特点分别组建评标委员会,比如根据企业经营特点和常见招标类型分别组建专门的评标委员会、评标委员会的成员为 5 人以上的单数、定期对评标委员会成员进行选拔、考核和更新、建立评标委员会成员的追责机制、制定具体明确的评标细则等,也可以加入外部专家,与高校或律所协作,聘请某领域的教授或律师作为某招标项目的评标专家等。

(四)加强招标过程的合规性管理

招标人应加强招标过程管理:一是严把招标方案审核,确保招标信息准确、完整、清晰、科学、合规,便于潜在投标人及时作出投标响应。二是加强信息发布管理。充分利用个人沟通渠道、企业自建平台、国家平台广泛发布招标信息,特别是要重点邀请事先完成技术交流、合作良好的供应商参与投标。三是加强资格预审。建立供应商集中资格预审制度,提前对潜在供应商进行资格审查,防止不良供应商的投机行为,保证合格投标人的数量,降低劣质供应商中标风险。四是做好澄清答疑。对技术复杂或者首次招标的重要项目,招标人应开展标前澄清,避免供应商对招标文件理解偏差造成不必要的失误。

(五)中标后及时签订合同

招标人和中标人应当依照《招标投标法》和《招标投标法实施条例》自中标通知书发出之日起 30 日内,按照招标文件和中标人的投标文件订立书面合同。合同的标的、价款、质量、履行期限等主要条款应当与招标文件和中标人的投标文件的内容一致。招标人和中标人不得再行订立背离合同实质性内容的其他协议。

# 第六章　城市建设类企业与建设工程

## 第一节　施工总承包合同中发承包双方均应重视的条款

住房和城乡建设部、国家工商行政管理总局于2017年9月22日联合发布《住房城乡建设部　工商总局关于印发建设工程施工合同(示范文本)的通知》。对《建设工程施工合同(示范文本)》(GF－2013－0201)(以下简称2013版示范文本)进行修订,并制定《建设工程施工合同(示范文本)》(GF－2017－0201)(以下简称2017版施工合同示范文本),2017版施工合同示范文本自2017年10月1日起执行,2013版示范文本同时废止。施工合同是规范建设单位与施工企业之间权利义务关系最为重要的依据,为更好地指引发承包双方适用施工合同,下文从发承包方立场梳理施工总承包合同的审查要点。

**一、应注意"签约合同价与合同价格形式"条款的审查**

根据2017版施工合同示范文本通用条款第1.1.5.1条规定:"签约合同价:是指发包人和承包人在合同协议书中确定的总金额,包括安全文明施工费、暂估价及暂列金额等。"

根据2017版施工合同示范文本通用条款第12.1条规定,分为单价合同、总价合同、其他价格形式。

根据《建筑工程施工发包与承包计价管理办法》第13条的规定:"发承包双方在确定合同价款时,应当考虑市场环境和生产要素价格变化对合同价款的影响。实行工程量清单计价的建筑工程,鼓励发承包双方采用单价方式确定合同价款。建设规模较小、技术难度较低、工期较短的建筑工程,发承包双方可以采用总价方式确定合同价款。紧急抢险、救灾以及施工技术特别复杂的建筑工程,发承包双方可以采用成本加酬金方式确定合同价款。"

（一）从发包人立场，应注意合同价款包含的风险范围

无论采用哪种计价方式，特别是近期钢材价格频繁变化，为避免双方争议，建议一并约定风险范围以外的合同价格调整方法。

注意风险费用的计算方式，如合同约定工程总价款包含全部工程量，无论基于何种原因没有列入单价或总价款中的工程，承包人都无权要求发包人增加支付。该工程竣工结算时，只计算变更部分和材料价差调整部分，不再对报价书、标底价及中标价进行重新核对。固定总价合同在建筑行业又被称为"包死合同"或"闭口合同"，意味着除了业主进行工程量的增减以及变更设计，不得随意调整价款。对发包人而言，此类约定方式对投资控制和工程结算颇有裨益。

（二）从承包人立场，建议承包人应基于项目基本情况约定调价条款

就合同价款的约定方式，就承包人而言，因其在合同签订中处于相对劣势地位，对合同价款的约定方式无选择权。因此，为解决由于市场价格波动引起合同履行的风险问题，建议承包人在深入了解项目情况、明确合同价款约定方式的同时，按照适用性原则约定合理调价条款，就合同价款范围之外的风险约定调整方法（如材料价格重大变化、供材方变化、在专用条款中约定材料价款发生重大、工程量变更的条件）。此外，承包人在签订合同之前要做好清标工作，以及深化设计图纸、明确工程量、减少施工过程中的变更等，尽可能规避合同争议。

## 二、应注意"工程质量"条款的审查

2017 版施工合同示范文本第一部分合同协议书第 3 条和第三部分专用合同条款第 5 条工程质量条款。工程质量是否合格直接影响建设工程能否直接投入使用，直接影响发承包双方的核心利益。

（一）从发包人立场，应注意工程质量标准

（1）如合同当事人未在专用合同条款中约定工程质量特殊标准，那么工程质量应当符合现行国家质量验收规范和标准，即约定质量"合格"。

（2）如合同当事人在专用合同条款中约定工程质量特殊标准，则其不能低于国家质量验收规范和标准，只能高于国家质量验收规范和标准。

（3）如合同当事人的施工工程没有国家质量验收规范和标准时，应该参照相似工程的国家质量验收规范和标准或者行业质量验收规范和标准，对此当事人

可在专用条款中进行明确约定。

（二）从承包人立场，应格外关注是否约定特殊的工程质量标准

实践中，合同双方对工程质量标准的约定大致分为两种类型：一是直接约定执行国家标准；二是约定特殊的工程质量标准。因《建筑法》和《建设工程质量管理条例》均规定了建设工程只有经验收合格，方可交付使用，故双方对工程质量标准须达到"合格"争议不大。双方产生争议主要出现在不少发包方对工程项目提出了特殊的质量标准且将该标准作为工程款结算依据和违约责任追究依据的情形。

基于此，作为承包人，在签约时务必引起重视，对于发包方有特殊质量标准要求的建设工程施工合同，一定要事先对该工程质量标准进行仔细研究，并结合自身建设实力进行分析，如自身无法达到该质量要求，则建议与发包方协商调整该条款，否则可能会因工程质量无法达到双方约定的质量标准而承担责任。

### 三、应注意"工期条款"的审查

2017版施工合同示范文本第一部分合同协议书第2条合同工期条款。同时，通用条款第1.1.4.3条款约定："工期：是指在合同协议书约定的承包人完成工程所需的期限，包括按照合同约定所作的期限变更。"

工期是工程招投标及施工合同的实质性条款或内容之一，也是项目管理的主要任务之一。项目工期是项目投资人或项目发包人非常重视的一个项目管理要素，是实现项目管理增值的重要目标之一。当承包商延期交付建设工程成果时，往往会遭到发包人工期延误违约的质疑甚至索赔，双方就工期延误的责任问题发生争议。实务中工期延误的责任或原因有时在于发包人，有时在于承包人，由于建设工程项目具有投资规模大、建设周期长、施工环节多、发承包双方权利义务关系缠绕、复杂等特点，使得工期违约的认定问题异常复杂。对此，就工期条款而言，应当予以重视。

（一）从发包人立场，应当注意工期、工期违约责任、延长等条款

1. 审查工期约定

计划开工日期、计划竣工日期、工期总天数等可以进行明确的约定，而对于合同签订时无法确定的实际开工日期和实际竣工日期，则应尽量明确确定的标准。除了竣工日期外，若发包人对关键节点工期有要求的，也可对关键节点的完

工日期进行约定。

2. 审查工期延误违约约定

与工期约定对应，承包人工期延误的违约责任可分为逾期开工的违约责任、关键节点延误的违约责任、逾期竣工的违约责任。

为对承包人形成制约，发包人可要求以上3种违约责任同时适用，违约金可重复计算，且发包人有权在违约行为发生后，在当期应付款中扣除相应违约金，避免在结算时再行扣除。

但是，为了敦促承包人在逾期开工或者关键节点延误的情况下采取赶工措施，确保竣工日期不延误，发包人也可以给予承包人在竣工日期不延误的情况下，退还逾期开工违约金和关键节点延误违约金。

3. 审查工期延长约定

承包人工期延误的原因通常包括发包人原因、承包人原因、不可归责于双方的原因（如不可抗力、不利物质条件、政府行为等）。一些发包人要求无论工期因何原因延误，一律不得延长。这种方式和"风险范围以外一概不予调价"条款一样，一旦发生诉讼，出于公平原则，法官可行使自由裁量权，裁判结果不一定对发包人有利。建议双方在签订合同时，区分工期延误的具体原因，合理分配工期延误的责任。

（二）从承包人立场，应当针对工期、暂停施工、工期延长、项目进度计划调整、工期顺延等条款进行审查

1. 审查工期约定

就承包人而言，建议在合同中明确因发包人原因导致迟延开工的处理，以便于工期顺延权利的主张。可明确约定为："工期总日历天数与根据前述计划开竣工日期计算的工期天数不一致的，以工期总日历天数为准。实际开工日期以发包人/监理人的书面通知开工日期为准，因发包人原因导致开工日期延迟的，工期相应顺延。"

2. 审查暂停施工约定

出现暂停施工，或将会造成施工材料堆积，产生人力资源成本、材料设备保管费用支出，以及导致工期延误等情况。更有甚者，如无法恢复施工，发包人恐借此向承包人主张损失赔偿责任，防不胜防。故，建议在总承包合同中明确约定工程暂停施工的情况与具体的审核确定方式，并增加暂停施工后的复工和暂停

施工解约条款,以便于承包人相对掌握主动权,提出暂停施工、工期顺延、解除合同的主张。

此外,如出现暂停施工的情况,承包人往往会产生设备保管、人工成本的支出,建议在合同中明确暂停施工期间的工程照管的约定,并明确因此增加的费用由发包人另行支付。就"材料与工程设备的保管与使用"条款明确约定如下:"因发包人原因,导致工程暂停施工或终止施工的,承包人可以对材料设备进行保管,因此而增加的人工成本和保管费用由发包人另行支付。因工程暂停施工或终止施工所造成的一切损失,由发包人承担。"亦可在"暂停施工"条款中增加复工后相关恢复、修复费用由发包人承担的约定,如"发包人发出复工通知后,应当组织承包人对受暂停影响的工程、工程物资进行检查,承包人应将检查结果及需要恢复、修复的内容和估算通知发包人,经发包人确认后,所发生的恢复、修复价款由发包人承担。承包人因暂停施工所增加的合理费用,由发包人另行支付。因恢复、修复造成工程延误的,竣工日期相应延长"。

3. 审查工期延长约定

建议明确约定:"在合同履行过程中,因发包人原因、政府机关要求、不利物质条件、恶劣气候条件及其他不可抗力情况下导致工期延误和(或)费用增加的,承包人有权主张工期延长,并要求发包人承担由此延误的工期和(或)增加的费用,且发包人应支付承包人合理的利润。"同时,明确发包人对工期延长的审核确认期限,一定程度上限制发包人不予认可承包人工期延长主张的权利。

4. 审查项目进度计划调整约定

项目施工过程中,如因发包人原因,导致工程实际进度与项目进度计划不符,便于主张调整项目进度计划,向发包人主张顺延工期,可以在合同条款中针对"进度计划的修订"进行约定。可增加约定如下:"出现下列情况,竣工日期相应顺延,承包人有权对项目进度计划进行调整:(1)发包人提供的项目基础资料、现场障碍资料等不真实、不准确、不齐全、不及时,导致开工日期延误的;(2)因发包人原因,导致工程暂停施工的;(3)因发包人原因,导致工程审批、许可手续不完备,不具备施工条件的;(4)合同约定的其他可延长竣工日期的情况。"

5. 审查工期顺延条款约定

导致工期顺延的原因有多种,除规定不可抗力外,对于因工程内容变更、工期增加、设计变更、工程款支付、政府指令(停水停电)、地下物等因素,为避免双方对工期顺延争议,建议明确造成的工期顺延原因,并约定标准作为认定是否构成工期顺延的依据。

除明确约定构成工期顺延的原因外,还应明确约定程序条款,如约定承包人在一定时间内,书面报发包方认可、监理认可。

**四、应注意"支付条款"的审查**

2017版施工合同示范文本第二部分通用合同条款第2.6条约定,发包人应按合同约定向承包人及时支付合同价款。同时,通用条款第12.2条、第12.4条等就发包人预付款、进度款进行了约定。

(一)从发包人角度,建议对以下内容进行审查

1. 审查工程预付款约定

为减轻发包人的资金压力和控制承包人的履约风险,对于非政府投资项目,发包人可争取不支付预付款。如果发包人支付预付款的,应在合同中约定预付款的金额、支付时间、承包人应提供的预付款担保以及预付款的扣回方式。对发包人而言,预付款一般在支付首期进度款时全额扣回或者在前几期进度款中同比例扣回,不建议在结算时扣回。

2. 审查工程进度款约定

(1)工程进度款的支付方式:实践中,工程进度款一般采用按月支付和按形象进度支付两种方式。相较而言,按形象进度支付依赖于工程节点进度的完成和工程的阶段性验收通过,可对承包人的施工进度形成制约,对发包人较为有利。

(2)工程进度款的付款形式:为保证发包人运用资金的灵活性,建议尽量约定发包人有权通过多种方式支付工程款,包括但不限于现金、银行受托支付、商业承兑汇票贴现、保理、以物抵债等多种方式,如采用非现金支付的,应明确相应的贴息成本的计算和承担主体(由承包人承担)等。

(3)明确工程进度款的申请流程和所需资料:应特别注意明确工程进度款支付的前提条件;在支付时间上,应根据发包人的资金流动需求、发包人的成本审核、财务付款流程等实际情况设置充足的甲方付款期限。

(二)从承包人角度,建议就以下内容进行审查

1. 审查工程预付款约定

如合同中,就发包人支付预付款有约定,建议审查明确预付款的支付时间、

支付比例、扣回方式,以及发包人未按照约定支付的违约责任。

2. 审查工程进度款约定

付款周期、进度付款申请单的内容与审核程序、进度款支付时间、收款账户应当明确,且具有实操性。其中,在可操盘的范围内,应尤其注意明确发包人审批或提出异议的时间,从承包人角度,为推进进度款结算,对发包方形成约束,建议明确约定,"发包人或监理人应于收到进度款申请单 10 日内完成审批,逾期未完成审批且未提出异议的,视为发包人已签发进度款支付证书"。

此外,在发包人未按照合同约定支付工程进度款的情况下,建议明确经承包人催告/通知而仍不履行工程款支付义务的,承包人有权主张暂停施工,且发包人应承担相应的违约责任。

### 五、应注意"变更条款"的审查

2017 版施工合同示范文本第 10 条就变更的范围、变更权、变更程序、变更估价等进行约定。

(一)从发包人立场,建议进行以下审查

1. 审查变更流程约定

建议发包人在施工合同中明确约定工程签证的申请流程、审核流程,并明确审核主体。为了避免承包人不断进行签证变更结算,可约定承包人申请工程签证对应结算款的时间期限,超过该时间限制的,则视为承包人放弃该签证对应结算款。

为规范承包人进行工程签证变更的行为,建议设置签证变更的限制条款,如:涉及隐蔽工程的签证变更应在隐蔽工程覆盖或拆除前;工程签证变更结算报价超过最终审定价的一定比例时,承包人应承担违约责任。此外,还应尽量避免签证变更的审批默示条款,即"发包人收到签证变更申请后,在约定期限内不予答复视为认可该签证变更"等类似表述。

2. 审查变更价款的支付约定

变更费用的支付时间一般包括随进度款支付和随结算款支付两种方式。对发包人而言,应尽量争取在结算时支付签证费用以减小资金压力。

(二)从承包人角度,建议审查以下条款

工程变更条款对于工程量、工程款的确定至关重要,在合同审查中尤其需要加以注意。如就工程变更范围、变更权、变更程序、变更估价等是否有约定,约定是否明确、合理。

1. 审查变更范围约定

对于承包人而言,工程量、工程款的确定至关重要,建设工程项目实施过程中,存在发生工程变更的可能。为便于确定工程变更范围、主张工程变更款项,合同审核中应注意工程变更范围的约定。对承包人而言,可以参考 2017 版施工合同示范文本第 10 条的规定,掌握工程变更和价款结算的主动权。

2. 审查变更程序/签证约定

审查合同中是否约定有变更程序,以及变更签证的条件、形式、确认程序及作为结算依据的必要条件是否明确。

3. 审查工程变更价款确定约定

审查合同中是否有工程变更所涉价款的估算方式、估算程序的相关约定以及约定是否明确、可适用。

### 六、应注意"竣工结算"条款的审查

2017 版施工合同示范文本通用合同条款第 14 条约定竣工结算条款。在司法实践中,建设工程的纠纷多是由结算工程款引起的,而法院审理工程结算纠纷的主要依据是,双方当事人签订的建设工程施工合同的约定与履行情况。

(一)从发包人角度,建议审查以下条款

1. 审查竣工验收约定

工程的竣工验收不但关系工程的质量,还关系发包人能否按时使用工程;如发包人是房地产开发企业,还将关系发包人能否如期向房屋买受人交付房屋。发包人应在施工合同中明确竣工验收的期限、条件、验收程序及验收不合格的后果。

除了工程实体的验收,工程资料的验收也是办理竣工验收备案和产权登记的必备条件,因此,资料验收同样重要。发包人应在施工合同中明确承包人提供资料的名称、数量、形式和提交时间,以及要求承包人对分包人提供的资料进行复核、汇总和确认,以满足工程档案验收的要求。

2. 审查竣工结算约定

竣工结算条款应包括结算、付款流程、承包人申请结算日期、承包人应提交

的资料、发包人完成结算的日期、支付结算款的日期、支付结算款的比例等。

在实务中，承包人往往以不配合竣工验收、不提供工程资料作为要求发包人加快结算、支付工程款甚至增加费用的筹码，因此，建议发包人将承包人申请竣工结算的日期设置在发包人取得竣工验收备案证明之后。

此外，发包人需避免结算默示条款，即"发包人收到承包人提交的竣工结算文件后，在约定期限内不予答复，视为认可竣工结算文件"等类似表述。

(二)从承包人角度，建议审查以下条款

1. 审查竣工结算文件约定

承包人作为施工单位是结算的发起方，应向发包人提交完整的竣工结算文件。承包人提交的竣工结算文件必须符合合同约定，合同约定不明的，应符合法律规范规定以及建筑市场工程结算惯例。审查合同时应注意：竣工结算材料的要求是否合理明确，如明确完整的验收资料、验收报告和竣工图纸的具体形式、内容、份数和提交时间。

关于竣工结算文件，因工程内容不同、工程所在地档案管理部门的要求不同会有差异，为避免争议，建议在施工合同中明确约定竣工结算资料的格式、内容和份数以及提交时间。可特别约定如工程所在地工程档案主管部门政策变更，应以变更后要求为准。

2. 审查竣工结算程序约定

审查竣工结算文件报送、审核(异议、回复)、认可的程序和时间是否约定明确，防范发包人怠于履行审批、结算义务的风险。从承包人角度，建议在施工合同中明确约定竣工结算文件的内容、发包人收到竣工结算文件应当回复的期限以及发包人在约定期限内不予回复视为认可承包人报送的结算申请。从发包人角度，建议收到发包人报送竣工结算类文件后，及时予以回复，如材料不充分的，应告知承包人及时补充，避免不予回复而被推定为以承包人报送审核为结算依据。

3. 审查最终结清约定

缺陷责任期届满后，建设工程项目应履行最终结清手续。合同审查中，应注意最终结清条款是否健全、最终结清程序是否明确、结清款项支付时间是否明确。就此，亦可以 2017 版施工合同示范文本通用合同条款第 14.4 条为参考：一是明确最终结清申请单提交的时间、需列明内容；二是明确发包人审批、意见提出的时间;三是明确发包人逾期未予回复的默示条款;四是明确最终结清款项的支付时间、逾期支付违约金。

此外,质量不合格情况下的整改措施和责任承担、质量不合格情况下的整改措施和责任承担等也应在合同审查时加以关注。

对于以上逾期默示认可条款,建议约定"发包人在收到承包人提交竣工结算申请书后28天内未完成审批且未提出异议的,视为发包人认可承包人提交的竣工结算申请单,并自发包人收到承包人提交的竣工结算申请单后第29天起视为已签发竣工付款证书"。

并且,据此,应用"视为认可竣工结算文件"的规定需要满足以下条件:(1)合同中明确约定发包方在承包方提交竣工结算文件后的审核异议期限,以及逾期不答复的后果,应有"逾期不答复,视为认可竣工结算文件"的类似表述。(2)承包方提交的结算资料是按时且完整的。(3)发包人收到竣工结算文件,即承包人提交的竣工结算文件需要得到发包人的有效签收,承包人对相应证据进行保留。(4)约定的审核异议期限届满,在期限届满之前,承包人尽可能不提前催款,以免发包人进行答复或提出异议,从而丧失之后强制认定结算的可能。(5)发包人在约定期限内不予答复,即不做任何回应,若发包人提出异议,或未明确提出异议而是要求补充相关材料等,都应视为答复。

### 七、应注意"违约条款"的审查

2017版施工合同示范文本通用合同条款第16条约定了发包人、承包人、第三人造成的违约。违约责任条款贯穿于施工合同各条款过程中。因此,建议发包人在审查时应进行全面审查。

1. 对于工期拖延的罚则:扣保证金、违约金及抵工程款、总价款的违约金。

2. 对于逾期支付工程款的罚则:发包人不能按时支付工程款的,自逾期之日起按照中国人民银行规定的贷款利率承担迟延履行期间的利息。

3. 对于工程及资料交付的约定:发包人与承包人工程结算发生的任何异议,应当通过仲裁或者诉讼解决,但是无论是否发生或者争议责任如何,都不能成为承包人行使工程移交、工程验收、配合工程备案以及移交工程资料的抗辩理由。

4. 对于质量争议的约定:质量问题认定的中间机构设置和认定证明责任的承担和程序。可约定第三方:区所在地的质量部门。

5. 对于质保金的约定：质保期的长短、质保金返还的方式和利息支付问题。

6. 对于安全文明施工过程中的责任承担和处罚方式的约定。

7. 关于工程违法转分包、挂靠的约定：主要是罚则。工程不允许转包或者违法分包，发包人发现承包人违反规定转包或者违法分包的，有权立即解除合同。承包人除比照本协议质量、工期相应处罚条款承担全部责任外，应当承担工程总标价10%的违约金。造成发包人损失的，承包人还应承担由于解除合同迫使发包人重新招标引起的房屋销售信誉受损带来的直接、间接经济、名誉赔偿责任。但协议中约定发包人分包的除外。

8. 对于工程保修责任的认定：承包方不保修情况下的处理和费用承担。

从承包人角度，建议约定发包人构成违约发包人应承担因其违约给承包人增加的费用和(或)延误的工期，并支付承包人合理的利润。

**八、争议解决条款**

2017版施工合同示范文本通用合同条款第20条约定争议解决条款。

《最高人民法院关于适用〈中华人民共和国民事诉讼法〉的解释》第28条明确规定，建设工程施工合同纠纷案件按照不动产纠纷确定受诉法院，即建设工程施工合同纠纷由建设工程所在地人民法院管辖，从而排除了协议管辖。

审查施工合同解决争议的条款时要注意：尽量选择双方协商，协商不成时申请仲裁或诉讼。选择仲裁时必须写明仲裁机构和仲裁地点，诉讼虽然不能协议管辖，但是仲裁的管辖约定依然有效。

# 第二节 施工总承包合同中发包方应特别重视的条款

**一、承包方主体和履约能力审查**

(一)承包人无资质后超越资质导致合同无效

根据《建筑法》第13条规定："从事建筑活动的建筑施工企业、勘察单位、设计单位和工程监理单位，按照其拥有的注册资本、专业技术人员、技术装备和已完成的建筑工程业绩等资质条件，划分为不同的资质等级，经资质审查合格，取得相应等级的资质证书后,方可在其资质等级许可的范围内从事建筑活动。"

根据《建筑法》第26条规定:"承包建筑工程的单位应当持有依法取得的资质证书,并在其资质等级许可的业务范围内承揽工程。禁止建筑施工企业超越本企业资质等级许可的业务范围或者以任何形式用其他建筑施工企业的名义承揽工程。禁止建筑施工企业以任何形式允许其他单位或者个人使用本企业的资质证书、营业执照,以本企业的名义承揽工程。"

该规定涵盖实践中常出现的承包人资质存在的问题,属于效力性强制性规定,违反该规定签订的建设工程合同属于无效合同。在出现合同纠纷时,首先要解决的就是合同效力问题,既然资质问题对于合同效力有重大的影响。

根据《最高人民法院关于审理建设工程施工合同纠纷案件适用法律问题的解释(一)》(以下简称《司法解释(一)》)第1条,承包人未取得建筑业企业资质或者超越资质等级的,合同无效。合同无效将导致当事人不再享有和承担原合同约定的权利和义务,只能依据施工的具体情况适用缔约过失责任。故,建议发包人审查承包人资质时,应根据行业、工程的建设规模等,审查承包人是否具备相应的施工资质,以及资质证书是否在有效期内。

另外,承包人资质的问题可能会导致发承包双方都要面临严厉的行政处罚。《建筑法》《建设工程质量管理条例》《建筑工程施工发包与承包违法行为认定查处管理办法》等法律、行政法规均规定了如没收违法所得、罚款、降低资质等级或吊销资质证书的行政处罚。另外,查处的违法行为和处罚结果还将记入单位或个人信用档案,同时会在全国建筑市场监管公共服务平台上予以公示,严重者还将构成刑事责任。

因此,对于发包人,建议要严格审查承包人及其主要人员的资质,杜绝违法分包、挂靠等问题的出现;对于施工单位,则要加强对合作伙伴即自己分包方资质的审查,避免与不具备相应资质的承包商订立合同,要避免挂靠资质或被挂靠。

(二)承包人履约能力审查

承包人的履约能力直接关系工程的质量、进度、安全等各个方面,直接影响建设施工合同目的的实现。因此,发包人在签署施工合同之前,对承包人的履约能力进行全面审查。具体可以通过以下方式。

1.发包人可通过中国裁判文书网、中国执行信息公开网查询承包人企业征信、案件情况、失信情况等调查。

2. 国家企业信用信息公示系统、企业查、天眼查等系统对承包人的整体情况进行调查，如查询有无进行股权质押、财务情况、履约能力、企业舆情等进行调查。

3. 必要时也可要求承包人提供以往同类工程的施工合同、企业征信报告、工商内档、社保及税收缴纳记录等方式了解该承包人的经营情况。

**二、应注意对招标文件的审核**

招标文件既是潜在投标人响应投标并编制投标文件的依据，也是评标过程中评标专家对投标文件进行评审的依据，还是招标人与中标人签订合同的依据性文件，在整个招标投标活动中起指导性作用，其质量直接关系项目或设备招标的成败。

根据《招标投标法》第 46 条规定，招标人和中标人应当自中标通知书发出之日起 30 日内，按照招标文件和中标人的投标文件订立书面合同。招标人和中标人不得再行订立背离合同实质性内容的其他协议。招标文件要求中标人提交履约保证金的，中标人应当提交。

第 59 条规定，招标人与中标人不按照招标文件和中标人的投标文件订立合同的，或者招标人、中标人订立背离合同实质性内容的协议的，责令改正；可以处中标项目金额千分之五以上千分之十以下的罚款。

《司法解释（一）》第 2 条、第 22 条、第 23 条的规定，强化了中标合同及招投标文件的法律效力。对于必须招标的建设工程，以及虽不属于必须招标但实际上进行了招标的建设工程，中标后，招标人和中标人不得再行订立实质性内容背离中标合同的其他协议。实质性内容包括工程范围、建设工期、工程质量、工程价款等。

从发包人角度，建议为保障发包人权利，对于进行招标的建设工程，发包人在招标前就对招标文件和中标合同进行全面的、整体的审核，避免出现确定中标人后对中标合同实质性条款进行变更的情况，避免构成合同无效的法律风险。

**三、应注意对"工程承包范围"的审查**

2017 版施工合同示范文本第一部分合同协议书第 1 条等条款涉及"工程承

包范围",承包范围是施工合同的重要条款,直接确定承包人的具体施工内容,因此不能忽视。为避免发承包双方承包范围产生争议,建议审查包括招标文件、合同协议书、专用条款、图纸、工程量清单等进行全面审查,避免签订的合同与招投标文件出现不一致的情形。

另外,在建设工程项目中,存在将一个工程划分成多个标段、将一个单项工程划分由多个承包单位进行施工的情形。对于此,建议发包人在审查施工合同时,应注意不同承包人之间工作界面的划分是否清晰,避免出现因工作界面划分不清产生争议。

**四、应注意对项目经理、监理人权限的审查**

2017版施工合同示范文本第二部分通用合同条款第1.1.2.4条约定,监理人是指在专用合同条款中指明的,受发包人委托按照法律规定进行工程监督管理的法人或其他组织。

第1.1.2.8条约定,项目经理是指由承包人任命并派驻施工现场,在承包人授权范围内负责合同履行,且按照法律规定具有相应资格的项目负责人。

就发包人而言,一是监理人的权限设置;二是对项目经理的更换权利。

监理人的权限设置:在建设工程施工的过程中,监理人受发包人委托,享有《施工总承包合同》相关合同约定的权利。但是,发包人应当注意规范监理人的权利范围,以规避监理人滥用权利产生的履约风险。建议在"监理人的职责和权利"中增加监理人发出指示视为已得到发包人批准的例外情形,并明确总监理工程师有权确定的事项以专用条款约定为准。建议约定如下:"监理人发出的任何指示(变更合同实质性内容的除外,如工程范围、建设工期、工程质量、工程价款等)应视为已得到发包人的批准,但监理人无权免除或变更合同约定的发包人和承包人的权利、义务和责任。"

对项目经理的工作要求与更换权利:为保证项目实施质量和工期,建议在合同中明确承包人项目经理常驻施工现场的时间,保证承包人对工程审慎尽责、勤勉履职。建议约定如下:"在本合同履行期间,承包人应当任命一名项目经理常驻现场(每周不少于5天),以代表承包人行使和履行本合同约定的承包人的所有权利和义务,项目经理不得兼任。项目经理确需离开施工现场时,应事先通知施工承包人,并取得发包人的书面同意。"

此外，建议明确发包人有权要求承包人更换项目经理，以规避工程施工中，项目经理怠于履行工程管理职责，或将产生的施工不可控风险。建议约定如下："发包人有权书面通知承包人更换其认为不称职的项目经理，通知中应载明要求更换的理由。承包人应在接到更换通知后7天内更换项目经理，并将新任命的项目经理的注册执业资格、管理经验等资料书面通知发包人。继任项目经理继续履行约定职责。承包人无正当理由拒绝更换的，应承担违约责任。"

## 第三节　施工总承包合同中承包人应特别重视的条款

### 一、应注意验收条款的审查

2017版施工合同示范文本第13条约定验收条款，包括分部分项工程验收、竣工验收等。

1. 分部分项工程验收

建议在合同中明确分部分项工程验收的条件，并明确分部分项工程验收通过，发包人应当向承包人出具分部分项验收合格单，说明工程已经通过验收且质量合格。

2. 竣工验收

建议关注合同中所涉竣工验收条件、竣工验收程序、竣工验收日期条款，并就具体适用条件进行审核。2017版施工合同示范文本第13.2条竣工验收条款较为全面地约定了竣工验收的条件、程序、竣工日期、拒绝接收全部或部分工程以及移交、接收全部与部分工程。从承包人角度，建议参考第13.2.3条竣工日期约定"工程经竣工验收合格的，以承包人提交竣工验收申请报告之日为实际竣工日期，并在工程接收证书中载明；因发包人原因，未在监理人收到承包人提交的竣工验收申请报告42天内完成竣工验收，或完成竣工验收不予签发工程接收证书的，以提交竣工验收申请报告的日期为实际竣工日期；工程未经竣工验收，发包人擅自使用的，以转移占有工程之日为实际竣工日期"。

3. 工程退场

2017版施工合同示范文本第13.6条约定了竣工退场中承包人义务，项目竣工验收合格后的竣工退场,建议承包人结合工程实际约定退场清理义务并与发包方协商相关费用的承担方式。对于未完工的中途退场,为避免后续争议,工程款债权难以实现,建议退场前与发包人确认已完工工程量以及工程质量,完工结算,并签署结算协议。由此,建议在施工合同中明确约定,承包方退场以承发包双方完工已完工程结算为前提。

**二、缺陷责任期与质量保证条款**

2017 版施工合同示范文本中约定,缺陷责任期是指承包人按照合同约定承担缺陷修复义务,且发包人预留质量保证金(已缴纳履约保证金的除外)的期限,自工程实际竣工日期起计算。

1. 缺陷责任期条款

为解决长期以来存在的合同当事人约定"保修期满返还保修金"的争议,住建部 2013 版施工合同示范文本通用条款第 15 条引入了缺陷责任与保修制度,明确缺陷责任期是指"承包人按照合同约定承担缺陷修复义务,且发包人预留质量保证金的期限,自工程实际竣工日期起计算"。2017 版施工合同示范文本将缺陷责任期的起算时间修改为"从工程通过竣工验收之日起"。该等起算时间的修改总体上加重了承包人的责任,实际上延长了承包人承担缺陷责任的期限。在合同审核中也应对缺陷责任期的起算时间特别加以注意。《建设工程质量保证金管理办法》第 2 条第 3 款明确规定:"缺陷责任期一般为 1 年,最长不超过 2 年,由发、承包双方在合同中约定。"

2. 质量保证条款

对比 2013 版与 2017 版的两个施工合同示范文本,存在如下差异:一是 2017 版施工合同示范文本增加规定:"在工程项目竣工前,承包人已经提供履约担保的,发包人不得同时预留工程质量保证金。"即履约担保和质量保证金不能同时使用。二是 2017 版施工合同示范文本将质量保证金的额度从"不得超过结算合同价格的 5%",修改为"不得超过工程价款结算总额的 3%",减轻了承包人的负担。这主要是基于 2017 年 6 月 20 日住房和城乡建设部与财政部联合发布《建设工程质量保证金管理办法》第 7 条的规定。三是 2017 版施工合同示范文本明确了如果发包人扣留的是质量保证金,则"发包人在退还质量保证金的同时按照中国人民银行发布的同期同类贷款基准利率支付利息"。但是,实际合同约定中质保金往往是在质保期满后无息返还的。

基于该等合同范本对比，质量保证条款的审核中应注意审查如下问题：一是质保金比例、质保金返还程序、质保金的结算方式与返还时间；二是质保金是否计息、质保期间发生的甲方维修费用如何承担；三是质量保证期中的维修项目的再次的保修期限和保修金的问题等。

### 三、应注意工程保险条款的审查

住房和城乡建设部 2013 版施工合同示范文本中增加了工程系列保险制度，其通用条款第 18 条除对工程保险作出规定外，对工伤保险也作了规定，还增加了其他保险的条款。2017 版施工合同示范文本就该等规定予以了延续。

合同范本中明确的险种有工程保险（建筑工程一切险或安装工程一切险等）、工伤保险、意外伤害保险、财产保险等。就施工合同审查而言，应注意明确工程保险的险种、投保义务主体、投保时间、投保费用承担方式等。

对于承包人来说，住房和城乡建设部 2017 版施工合同示范文本中关于"保险"的相关内容是相对公平合理的，可以加以参考。

### 四、应注意涉税条款

就合同中的涉税条款，审查中应注意如下要点。
1. 明确合同总价款中是否含税、税率、税额。
2. 明确发票类别、开具时间、付款时间。
3. 合同中如约定有预付款，是否需开具发票。
4. 合同中约定由于一方原因造成发票不可用，由责任方负责，与对方无关。
5. 合同中约定如遇国家财税政策调整、新政出台，按调整后的政策、新出台政策对合同具体涉税条款进行协商调整。

### 五、合同签订后的履约管理

对承包人而言，主要在于如下几点：
1. 在具体履行过程中，加强施工管理方面的技术力量，严格掌握发包人相关工作人员的履约动态。
2. 及时有效地巡查合同履行情况，掌握好第一手现场材料，洞察任何违反合同约定的行为并记录在案。

3. 严格按照发包人签字确认的施工图、项目基础资料、现场障碍资料等进行施工，审慎履约。

4. 履约过程中发生工程变更的，应严格按照施工合同约定的变更程序进行变更实施方案以及变更后价款的确认，及时获取有效签证、核算工程量并办理结算。

5. 与发包人、监理等业主方保持有效沟通，联系沟通尽量以书面为主并做好证据留存。

6. 在履行合同过程中，项目经理、相关负责人对发包人的来函表示同意时，最好做出这样的限制：此同意仅为承包人的现场初步意见，并不涉及履行工期确认、履行质量确认、技术确认、价格确认、工程索赔、违约责任承担等事项。

## 第四节　工程总承包模式要点梳理

因近期项目中涉及工程总承包模式，尤其是发包方式、发包人要求、承包人资质、价格形式、分包等问题，笔者结合住房和城乡建设部、国家发展和改革委员会印发《房屋建筑和市政基础设施项目工程总承包管理办法》（以下简称《总承包管理办法》），就工程总承包模式中的要点进行梳理，以供参考。

### 一、《总承包管理办法》要点梳理

根据《总承包管理办法》第 3 条规定："本办法所称工程总承包，是指承包单位按照与建设单位签订的合同，对工程设计、采购、施工或者设计、施工等阶段实行总承包，并对工程的质量、安全、工期和造价等全面负责的工程建设组织实施方式。"该条对工程总承包进行了定义，本书将按照该办法条文的先后顺序逐一就总承包模式中的要点进行梳理与说明。

根据《总承包管理办法》第 8 条规定："建设单位依法采用招标或者直接发包等方式选择工程总承包单位。工程总承包项目范围内的设计、采购或者施工中，有任一项属于依法必须进行招标的项目范围且达到国家规定规模标准的，应当采用招标的方式选择工程总承包单位。"

必须招标项目范围依据《招标投标法》第3条、《必须招标的工程项目规定》、《必须招标的基础设施和公用事业项目范围规定》确定。

目前必须招标的工程项目范围为：

1. 使用国有资金投资或国家融资的项目。(1)使用预算资金200万元人民币以上，并且该资金占投资额10%以上的项目。(2)使用国有企业事业单位资金，并且该资金占控股或者主导地位的项目。

2. 使用国际组织或者外国政府贷款、援助资金的项目。(1)使用世界银行、亚洲开发银行等国际组织贷款、援助资金的项目。(2)使用外国政府及其机构贷款、援助资金的项目。

3. 大型基础设施、公用事业等关系社会公共利益、公众安全的项目。(1)煤炭、石油、天然气、电力、新能源等能源基础设施项目。(2)铁路、公路、管道、水运，以及公共航空和A1级通用机场等交通运输基础设施项目。(3)电信枢纽、通信信息网络等通信基础设施项目。(4)防洪、灌溉、排涝、引(供)水等水利基础设施项目。(5)城市轨道交通等城建项目。

4. 同时，前述项目的勘察、设计、施工、监理以及与工程建设有关的重要设备、材料等的采购项目还必须达到下列标准之一：(1)施工单项合同估算价在400万元人民币以上。(2)重要设备、材料等货物的采购，单项合同估算价在200万元人民币以上。(3)勘察、设计、监理等服务的采购，单项合同估算价在100万元人民币以上。

## 二、发包阶段的合规性问题及建议

根据《总承包管理办法》第7条规定，不同投资性质的项目发包前需完成的手续要求不同。①企业投资项目，在项目核准或备案后发包。②政府投资项目分为一般型政府投资项目和简化型政府投资项目。一般型政府投资项目在初步设计审批完成后发包；简化型政府投资项目在投资决策审批后发包，投资决策一般指可研通过批复。

基础设施项目既包括企业投资项目，也包括政府投资项目，因此，应当根据项目投资主体的不同，完成相应手续后方可发包。

工程总承包项目招标文件新增"发包人要求"，且需明确、具体。

根据《总承包管理办法》第9条规定："建设单位应当根据招标项目的特点和

需要编制工程总承包项目招标文件，主要包括以下内容：……发包人要求，列明项目的目标、范围、设计和其他技术标准，包括对项目的内容、范围、规模、标准、功能、质量、安全、节约能源、生态环境保护、工期、验收等的明确要求；建设单位提供的资料和条件，包括发包前完成的水文地质、工程地质、地形等勘察资料，以及可行性研究报告、方案设计文件或者初步设计文件等……"

新增"发包人要求"规定，并且在此后印发的《建设项目工程总承包合同（示范文本）》（GF-2020-0216）中新设《发包人要求》《项目清单》《价格清单》等响应该规定，以达到通过明确发包人要求提高合同内容的精确度，尽可能避免后续履行中的争议。

虽如此设置，但"发包人要求"若约定不当，仍易产生争议：约定过于具体易漏掉内容；约定过于概括导致投标时无法准确计算投标价格，进而履约中承包人与发包人就此无法达成一致意见，甚至承包人会以"发包人要求"不明确主张发包人违约，主张突破固定总价。如材料采购仅约定了品牌、数量，未确定明确具体的型号，而事实上某品牌内部符合同样功用的材料价格差距较大，相应的涉及耐用性等质量差异较大的，就可能出现争议。因此，建议招标人尽可能细致地明确招标文件中发包人要求，并且就争议较多的采购范围从正反角度进行约定。

### 三、建设单位要求的深度问题及建议

《工程总承包管理办法》第 9 条规定了建设单位要求的编制要求，而建设单位要求的编制深度是应用工程总承包模式的重点与难点。建设单位要求的核心之一是指导设计的技术文件，设计技术要求形式与深度不同，对于工程总承包合同的风险与双方权利、义务会产生巨大的影响，具体如下。

（1）建设单位通过编写设计要求说明书或设计任务书，来明确建设单位对拟发包项目的设计要求，工程总承包单位以设计要求说明书或设计任务书作为工程总承包合同报价的基础，因此合同总价较难估算，价格风险较大。

（2）建设单位先行委托设计单位出具设计方案来明确建设单位对拟发包项目的设计要求，工程总承包单位以设计方案作为工程总承包合同报价的基础。由于设计方案的设计深度仍然比较浅，价格风险仍然比较大。

（3）建设单位先行委托设计单位出具初步设计来明确建设单位对拟发包项目的设计要求，工程总承包单位以初步设计文件作为工程总承包合同报价的基

础。初步设计已经具有一定的设计深度，价格风险相对较小。

《总承包管理办法》对发承包双方风险进行划分做了原则性规定。基础设施项目在采用工程总承包模式时，要特别关注合同风险的分配。

基础设施项目往往投资大、工期长、施工技术复杂、施工难度大，在合同风险分配时，要结合项目特点、合同价格形式、发承包双方的风险承担能力，对具体项目的特殊风险或专有风险的承担或分担作出约定。

在确定风险分担机制后，合同专用条款中要作明确约定，尽可能在合同中对建设单位、工程总承包单位所承担的风险类型和范围作出明确约定。如果将风险分配给工程总承包单位，则允许工程总承包单位考虑风险承担的费用，确保风险责任与权利之间相互平衡。在签订合同时，应注意约定明确的风险幅度范围以量化风险的适用。

**四、工程总承包单位资质要求及限制**

根据《总承包管理办法规定》第10条规定："工程总承包单位应当同时具有与工程规模相适应的工程设计资质和施工资质，或者由具有相应资质的设计单位和施工单位组成联合体。工程总承包单位应当具有相应的项目管理体系和项目管理能力、财务和风险承担能力，以及与发包工程相类似的设计、施工或者工程总承包业绩。设计单位和施工单位组成联合体的，应当根据项目的特点和复杂程度，合理确定牵头单位，并在联合体协议中明确联合体成员单位的责任和权利。联合体各方应当共同与建设单位签订工程总承包合同，就工程总承包项目承担连带责任。"

第11条规定："工程总承包单位不得是工程总承包项目的代建单位、项目管理单位、监理单位、造价咨询单位、招标代理单位。

政府投资项目的项目建议书、可行性研究报告、初步设计文件编制单位及其评估单位，一般不得成为该项目的工程总承包单位。政府投资项目招标人公开已经完成的项目建议书、可行性研究报告、初步设计文件的，上述单位可以参与该工程总承包项目的投标，经依法评标、定标，成为工程总承包单位。"

要求工程总承包单位须同时具备相应设计和施工资质，或者以联合体形式承包的，设计和施工单位需各自具有相应资质。此外，政府投资项目的项目建议书、可行性研究报告、初步设计文件编制单位及其评估单位除招标人已公开上述文件外,一般不得成为该项目的工程总承包单位。但政府投资项目招标人公开已经完成的项目建议书、可行性研究报告、初步设计文件的,上述单位可以参与该项目的投标。

另外,需要特别注意的是,工程总承包单位不能是工程总承包项目的代建单位、项目管理单位、监理单位、造价咨询单位、招标代理单位。

**五、工程总承包一般采取总价合同形式**

根据《总承包管理办法》第 16 条规定:"企业投资项目的工程总承包宜采用总价合同,政府投资项目的工程总承包应当合理确定合同价格形式。采用总价合同的,除合同约定可以调整的情形外,合同总价一般不予调整。建设单位和工程总承包单位可以在合同中约定工程总承包计量规则和计价方法。依法必须进行招标的项目,合同价格应当在充分竞争的基础上合理确定。"

企业投资项目的工程总承包宜采用总价合同。对固定总价的理解一般是在约定承包范围和风险范围内的总价,所以需要综合考虑合同体量、价格与风险分配的关系。

工程总承包一般需要遵守严格的限额设计要求,对设计优化、价值工程利益分配作出约定,同时工程进度款支付一般参照国际惯例采取按节点或进度支付。对于市场中的价格形式除固定总价外,还存在下浮率计价、综合单价、限额总价等多种形式。

《总承包管理办法》第 16 条规定,企业投资项目的工程总承包宜采用总价合同,政府投资项目的工程总承包应当合理确定合同价格形式。一般而言,企业投资的基础设施项目宜采用总价合同,对建设单位控制总造价比较有利。若基础设施项目为政府投资项目,则项目主体应当合理确定合同价格形式,适用工程总承包项目的合同价格形式通常包括总价合同及单价合同,总价合同及单价合同各有优缺点。

采用单价合同形式的工程总承包项目无法将工程造价的风险与收益转移给工程总承包单位,无法调动工程总承包单位设计优化的积极性,一定程度上无法发挥工程总承包模式的优势。因此,基础设施项目应用工程总承包模式过程中,建议条件允许时采用总价合同的价格形式,最大限度地发挥工程总承包模式的优越性。

### 六、总承包单位可分包类型

根据《总承包管理办法》第21条规定:"工程总承包单位可以采用直接发包的方式进行分包。但以暂估价形式包括在总承包范围内的工程、货物、服务分包时,属于依法必须进行招标的项目范围且达到国家规定规模标准的,应当依法招标。"

上述规定明确总承包单位分包的形式一般采用直接发包或者依法招标形式。实际上对于发包的具体范围还应当参照《建筑法》《招标投标法》等规定进行明确。

1. 主体结构的施工不得分包

根据《建筑法》第29条第1款规定:"建筑工程总承包单位可以将承包工程中的部分工程发包给具有相应资质条件的分包单位;但是,除总承包合同中约定的分包外,必须经建设单位认可。施工总承包的,建筑工程主体结构的施工必须由总承包单位自行完成。"

《建筑工程施工质量验收统一标准》(GB 50300—2013)规定:"建筑工程施工质量验收应划分为单位工程、分部工程、分项工程和检验批,单位工程是由若干个分部工程组合而成。"

附录B《建筑工程的分部工程、分项工程划分》,将单位工程分拆分为十大分部工程,包括主体结构。主体结构又由7个分项工程组成,包括混凝土结构、砌体结构、钢结构、钢管混凝土结构、型钢混凝土结构、铝合金结构、木结构。

因此,对于工程总承包而言,因设计、采购、施工于一体,因此对于转包应理解为:(1)设计和施工转包;(2)自行进行设计的总承包单位将工程主体设计转包;(3)自行进行施工的总承包单位将项目主体施工转包。

此外,对于主体结构而言,2014年6月1日实施《建筑工程施工质量验收统一标准》(GB 50300—2013)对主体结构进行了明确划分,包括7个分项工程。

2. 可将非关键性工作分包

根据《招标投标法》第48条第2款规定:"中标人按照合同约定或者经招标人同意,可以将中标项目的部分非主体、非关键性工作分包给他人完成。"因此,非主体、非关键性工作按照合同约定或者经招标人同意可分包。

3. 可以专业分包

根据《建筑业企业资质标准》规定,施工总承包企业可以对承包工程内的各专业工程全部自行施工,也可以将专业工程依法分包给具备资质的专业承包单位施工。因此,施工总承包企业对专业工程可依法分包。

4. 二次分包存在争议

根据《建筑法》第 29 条规定:"建筑工程总承包单位按照总承包合同的约定对建设单位负责;分包单位按照分包合同的约定对总承包单位负责。总承包单位和分包单位就分包工程对建设单位承担连带责任。禁止总承包单位将工程分包给不具备相应资质条件的单位。禁止分包单位将其承包的工程再分包。"

《上海市建设工程招标投标管理办法》第 9 条规定:"工程总承包单位依法将其承接的勘察、设计或者施工依法再发包给具有相应资质企业的,可以采用招标发包或者直接发包;相应的设计、施工总承包企业可以依法将部分专业工程分包。"

《浙江省住房和城乡建设厅、浙江省发展和改革委员会关于进一步推进房屋建筑和市政基础设施项目工程总承包发展的实施意见》规定:"工程总承包单位应当依法与分包单位签订分包合同。工程总承包单位不得将工程总承包项目转包,也不得将项目的全部设计和施工业务肢解后发包给其他单位。施工分包单位除建筑劳务分包外,不得再分包;设计分包单位不得再分包。"

据此,《建筑法》明确规定禁止分包单位将其承包的工程再分包。在工程总承包范围内,如果总承包单位是联合体形式,那么联合体对内分包,联合体一方再次分包的,不属于分包单位再分包,所以不属于违法分包。

但司法实务中对于二次分包的理解存在较大争议,如上海、浙江有明确规定允许工程总承包单位发包后部分工程进行再分包。

## 第五节　工程总承包合同(示范文本)重点条款解读

此前已结合《房屋建筑和市政基础设施项目工程总承包管理办法》(以下简称《总承包管理办法》)就工程总承包模式进行了相关梳理。在上述办法生效不久后,住房和城乡建设部、国家市场监督管理总局于 2020 年 10 月 15 日印发《建设项目工程总承包合同(示范文本)》(GF-2020-0216)(以下简称《2020 版总承包合同示范文本》),可以发现《2020 版总承包合同示范文本》是基于《总承包管理办法》进行对应调整，并且该办法规定建议使用该示范文本。

通过与此前2011年印发的《建设项目工程总承包合同（示范文本）》（GF－2011－0216）（以下简称《2011版总承包合同示范文本》）进行对比梳理，对《2020版总承包合同示范文本》重点条款列举并进行解读，以供参考。

**一、新设《发包人要求》《项目清单》《价格清单》**

《总承包管理办法》第9条明确规定工程总承包项目招标文件增加"发包人要求"，《2020版总承包合同示范文本》根据该规定新设《发包人要求》作为合同附件，以及发包人应当提供《项目清单》，承包人据此制作《价格清单》《承包人建议书》等，尽可能增强合同内容约定的准确性，避免合同履行中变更、索赔等争议。

**【《2020版总承包合同示范文本》内容】**

1.1.1.6《发包人要求》：指构成合同文件组成部分的名为《发包人要求》的文件，其中列明工程的目的、范围、设计与其他技术标准和要求，以及合同双方当事人约定对其所作的修改或补充。

1.1.1.7 项目清单：是指发包人提供的载明工程总承包项目勘察费（如果有）、设计费、建筑安装工程费、设备购置费、暂估价、暂列金额和双方约定的其他费用的名称和相应数量等内容的项目明细。

1.1.1.8 价格清单：指构成合同文件组成部分的由承包人按发包人提供的项目清单规定的格式和要求填写并标明价格的清单。

1.1.1.9 承包人建议书：指构成合同文件组成部分的名为承包人建议书的文件。承包人建议书由承包人随投标函一起提交。

1.5 合同文件的优先顺序

组成合同的各项文件应互相解释，互为说明。除专用合同条件另有约定外，解释合同文件的优先顺序如下：

（1）合同协议书。

（2）中标通知书（如果有）。

（3）投标函及投标函附录（如果有）。

（4）专用合同条件及《发包人要求》等附件。

（5）通用合同条件。

（6）承包人建议书。

（7）价格清单。

（8）双方约定的其他合同文件。

## 二、细化联合体模式承包工程

《总承包管理办法》第 10 条规定,要求工程总承包单位应同时具备与工程规模相适应的工程设计资质和施工资质,因此基于资质大量的设计单位与施工单位组成联合体承接工程。联合体内部涉及众多风险点诸如分工、设计施工融合、工程款支付、发票开具、分包等事项在法律层面无明确规定,需通过各方合同约定予以明确,需重点注意。

《2020 版总承包合同示范文本》明确联合体应当约定事项,如签订联合体协议作为合同附件,以及在专用条款中约定联合体成员分工、费用收取、发票开具等事项,双方在专用条款及联合体协议中就上述事项应进一步约定达到细化目的,引导联合体模式承接项目。

【《2020 版总承包合同示范文本》内容】

4.2 履约担保

……履约担保可以采用银行保函或担保公司担保等形式,承包人为联合体的,其履约担保由联合体各方或者联合体中牵头人的名义代表联合体提交,具体由合同当事人在专用合同条件中约定。……

4.6 联合体

4.6.1 经发包人同意,以联合体方式承包工程的,联合体各方应共同与发包人订立合同协议书。联合体各方应为履行合同向发包人承担连带责任。

4.6.2 承包人应在专用合同条件中明确联合体各成员的分工、费用收取、发票开具等事项。联合体各成员分工承担的工作内容必须与适用法律规定的该成员的资质资格相适应,并应具有相应的项目管理体系和项目管理能力,且不应根据其就承包工作的分工而减免对发包人的任何合同责任。

4.6.3 联合体协议经发包人确认后作为合同附件。在履行合同过程中,未经发包人同意,不得变更联合体成员和其负责的工作范围,或者修改联合体协议中与本合同履行相关的内容。

## 三、修改设计文件的审查机制

《2011版总承包合同示范文本》在实践中存在承包人报送设计文件与发包人要求之间有偏差或发包人拖延审查承包人文件从而造成工程拖延的情形。《2020版总承包合同示范文本》约定承包人报送文件时应对偏离内容说明，发包人对承包人文件审查期不超过21天，若合同约定的审查期满，发包人没有做出审查结论也没有提出异议的，视为承包人文件已获发包人同意。同时明确若发包人的意见构成变更的，或者政府有关部门或第三方审查单位的审查意见，需要修改《发包人要求》的，承包人可按照变更程序处理。

**【《2020版总承包合同示范文本》内容】**

5.2 承包人文件审查

5.2.1 根据《发包人要求》应当通过工程师报发包人审查同意的承包人文件，承包人应当按照《发包人要求》约定的范围和内容及时报送审查。

除专用合同条件另有约定外，自工程师收到承包人文件以及承包人的通知之日起，发包人对承包人文件审查期不超过21天。……承包人对发包人的意见按以下方式处理：

（1）发包人的意见构成变更的，承包人应在7天内通知发包人按照第13条【变更与调整】中关于发包人指示变更的约定执行，双方对是否构成变更无法达成一致的，按照第20条【争议解决】的约定执行；

（2）因承包人原因导致无法通过审查的，承包人应根据发包人的书面说明，对承包人文件进行修改后重新报送发包人审查，审查期重新起算。因此引起的工期延长和必要的工程费用增加，由承包人负责。

合同约定的审查期满，发包人没有做出审查结论也没有提出异议的，视为承包人文件已获发包人同意。

发包人对承包人文件的审查和同意不得被理解为对合同的修改或改变，也并不减轻或免除承包人任何的责任和义务。

5.2.3 承包人文件需政府有关部门或专用合同条件约定的第三方审查单位审查或批准的，发包人应在发包人审查同意承包人文件后7天内，向政府有关部门或第三方报送承包人文件，承包人应予以协助。

对于政府有关部门或第三方审查单位的审查意见，不需要修改《发包人要求》的，承包人需按该审查意见修改承包人的设计文件；需要修改《发包人要求》的，承包人应按第13.2款【承包人的合理化建议】的约定执行。上述情形还应适用第5.1款【承包人的设计义务】和第13条【变更与调整】的有关约定。

政府有关部门或第三方审查单位审查批准后，承包人应当严格按照批准后的承包人文件实施工程。政府有关部门或第三方审查单位批准时间较合同约定时间延长的，竣工日期相应顺延。因此，给双方带来的费用增加，由双方在负责的范围内各自承担。

**四、新增工程师角色**

《2020版总承包合同示范文本》中未沿用《2011版总承包合同示范文本》中的"监理人"角色，通过合同中约定"如本合同工程属于强制监理项目的，由工程师履行法定的监理相关职责"对监理职责进行了延续，并完善工程师参与项目实施过程中商定确定程序。

《2020版总承包合同示范文本》明确工程师作为专业第三方，根据专业技能按照合同约定进行发承包双方争议事项的商定。若双方未按照合同约定期限对争议达成一致意见，那么工程师作出确定结果并通知，双方未在28天内发出书面异议的，工程师的确定应被视为已被双方接受并对双方具有约束力。

商定确定程序有利于高效解决发承包双方的履约争议提高效率。鉴于目前强制监理制度存在，《2020版总承包合同示范文本》还约定"但发包人另行授权第三方进行监理的除外"，发包人可以委托监理，但会出现发包人代表、工程师、监理人间职责权限如何区分的困境。

**【《2020版总承包合同示范文本》内容】**

第3条　发包人的管理

3.3　工程师

3.3.1 发包人需对承包人的设计、采购、施工、服务等工作过程或过程节点实施监督管理的，有权委任工程师。工程师的名称、监督管理范围、内容和权限在专用合同条件中写明。根据国家相关法律法规规定，如本合同工程属于强制监理项目的，由工程师履行法定的监理相关职责，但发包人另行授权第三方进行监理的除外。

3.6.3 任何一方对工程师的确定有异议的，应在收到确定的结果后28天内向另一方发出书面异议通知并抄送工程师。除第19.2款【承包人索赔的处理程序】另有约定外,工程师未能在确定的期限内发出确定的结果通知的,或者任何一方发出对确定的结果有异议的通知的,则构成争议并应按照第20条【争议解决】的约定处理。如未在28天内发出上述通知的,工程师的确定应被视为已被双方接受并对双方具有约束力,但专用合同条件另有约定的除外。

3.6.4 在该争议解决前,双方应暂按工程师的确定执行。按照第20条【争议解决】的约定对工程师的确定作出修改的,按修改后的结果执行,由此导致承包人增加的费用和延误的工期由责任方承担。

**五、设置现场负责人**

《2011版总承包合同示范文本》中涉及"项目经理",而《2020版总承包合同示范文本》中增加了设计负责人、采购负责人、施工负责人的定义,以期能够构成科学高效的项目管理组织架构。

【《2020版总承包合同示范文本》内容】

1.1 词语定义和解释

1.1.2.8 设计负责人:是指承包人指定负责组织、指导、协调设计工作并具有相应资格的人员。

1.1.2.9 采购负责人:是指承包人指定负责组织、指导、协调采购工作的人员。

1.1.2.10 施工负责人:是指承包人指定负责组织、指导、协调施工工作并具有相应资格的人员。

**六、工期不再分别约定设计、施工等期限,注重衔接**

从工期管理角度,《2011版总承包合同示范文本》协议书第3条"主要日期"分别约定了设计开工日期、施工开工日期、工程竣工日期。与工程总承包模式初衷并不一致,并不能达到通过设计施工融合提高建设效率的目的。《2020版总承包合同示范文本》协议书第2条"合同工期"仅区分了开始工作日期和开始现场施工日期,不再拆开分别要求设计、采购、施工某一单项进度。同时,《2020版总承包合同示范文本》明确发包人不得以任何理由,要求承包人在工程实施过程中违反法律、行政法规以及建设工程质量、安全、环保标准,任意压缩合理工期或者降低工程质量。

**【《2020版总承包合同示范文本》内容】**

第一部分 合同协议书

二、合同工期

计划开始工作日期：____年__月__日。计划开始现场施工日期：____年__月__日。计划竣工日期：____年__月__日。

工期总日历天数：__天，工期总日历天数与根据前述计划日期计算的工期天数不一致的，以工期总日历天数为准。

第2条 发包人

2.1 遵守法律

发包人在履行合同过程中应遵守法律，并承担因发包人违反法律给承包人造成的任何费用和损失。发包人不得以任何理由，要求承包人在工程实施过程中违反法律、行政法规以及建设工程质量、安全、环保标准，任意压缩合理工期或者降低工程质量。

第8条 工期和进度

8.4 项目进度计划

8.4.2 项目进度计划的内容

项目进度计划应当包括设计、承包人文件提交、采购、制造、检验、运达现场、施工、安装、试验的各个阶段的预期时间以及设计和施工组织方案说明等，其编制应当符合国家法律规定和一般工程实践惯例。项目进度计划的具体要求、关键路径及关键路径变化的确定原则、承包人提交的份数和时间等，在专用合同条件约定。

## 七、发承包双方合理分担风险

《2011版总承包合同示范文本》中要求承包人限期15日对发包人提供的基础资料复核，否则承包人承担基础资料、现场障碍资料短缺、遗漏、错误风险。且约定不可抗力情形下"承包人的停工损失由承包人承担"，该约定与各地印发的政策文件存在差异。

《2020版总承包合同示范文本》首先明确发包人承担《发包人要求》或提供的基础资料错误风险，由发包人承担增加的费用或顺延工期，且需支付合理利润。其次,明确约定不可抗力情形下"由此导致承包人停工的费用损失由发包人和承包人合理分担,停工期间必须支付的现场必要的工人工资由发包人承担"。

**【《2020版总承包合同示范文本》内容】**

1.12《发包人要求》和基础资料中的错误

承包人应尽早认真阅读、复核《发包人要求》以及其提供的基础资料,发现错误的,应及时书面通知发包人补正。发包人作相应修改的,按照第13条【变更与调整】的约定处理。

《发包人要求》或其提供的基础资料中的错误导致承包人增加费用和(或)工期延误的,发包人应承担由此增加的费用和(或)工期延误,并向承包人支付合理利润。

4.8 不可预见的困难

不可预见的困难是指有经验的承包人在施工现场遇到的不可预见的自然物质条件、非自然的物质障碍和污染物,包括地表以下物质条件和水文条件以及专用合同条件约定的其他情形,但不包括气候条件。

承包人遇到不可预见的困难时,应采取克服不可预见的困难的合理措施继续施工,并及时通知工程师并抄送发包人。通知应载明不可预见的困难的内容、承包人认为不可预见的理由以及承包人制定的处理方案。工程师应当及时发出指示,指示构成变更的,按第13条【变更与调整】约定执行。承包人因采取合理措施而增加的费用和(或)延误的工期由发包人承担。

第17条 不可抗力

17.4 不可抗力后果的承担

不可抗力导致的人员伤亡、财产损失、费用增加和(或)工期延误等后果,由合同当事人按以下原则承担:

(1)永久工程,包括已运至施工现场的材料和工程设备的损害,以及因工程损害造成的第三人人员伤亡和财产损失由发包人承担;

(2)承包人提供的施工设备的损坏由承包人承担;

(3)发包人和承包人各自承担其人员伤亡及其他财产损失;

(4)因不可抗力影响承包人履行合同约定的义务,已经引起或将引起工期延误的,应当顺延工期,由此导致承包人停工的费用损失由发包人和承包人合理分担,停工期间必须支付的现场必要的工人工资由发包人承担;

(5) 因不可抗力引起或将引起工期延误，发包人指示赶工的，由此增加的赶工费用由发包人承担；

(6) 承包人在停工期间按照工程师或发包人要求照管、清理和修复工程的费用由发包人承担。

不可抗力引起的后果及造成的损失由合同当事人按照法律规定及合同约定各自承担。不可抗力发生前已完成的工程应当按照合同约定进行支付。

## 八、通过发包人行使变更权、接受承包人的合理化建议发出变更指示等程序要件，界定是否构成变更

《2011 版总承包合同示范文本》通过列举的形式确定设计、采购、施工变更的范围，因此实践中就存在因范围约定过大导致无法控制合同总价，甚至常出现双方对变更的界定无法一致进而引发争议。《2020 版总承包合同示范文本》约定变更指示应经发包人同意并由工程师发出，未经许可，承包人不得擅自对工程进行变更，承包人提出合理化建议的，应当经过发包人审查批准并由工程师发出变更指示。变更程序更加规范，双方在履约时应当重视书面的变更指示。

**【《2020 版总承包合同示范文本》内容】**

第 13 条　变更与调整

13.1 发包人变更权

13.1.1 变更指示应经发包人同意，并由工程师发出经发包人签认的变更指示。除第 11.3.6 项【未能修复】约定的情况外，变更不应包括准备将任何工作删减并交由他人或发包人自行实施的情况。承包人收到变更指示后，方可实施变更。未经许可，承包人不得擅自对工程的任何部分进行变更。发包人与承包人对某项指示或批准是否构成变更产生争议的，按第 20 条【争议解决】处理。

13.1.2 承包人应按照变更指示执行，除非承包人及时向工程师发出通知，说明该项变更指示将降低工程的安全性、稳定性或适用性；涉及的工作内容和范围不可预见；所涉设备难以采购；导致承包人无法执行第 7.5 款【现场劳动用工】、第 7.6 款【安全文明施工】、第 7.7 款【职业健康】或第 7.8 款【环境保护】内容；将造成工期延误；与第 4.1 款【承包人的一般义务】相冲突等无法执行的理由。工程师接到承包人的通知后，应作出经发包人签认的取消、确认或改变原指示的书面回复。

**13.2 承包人的合理化建议**

13.2.1 承包人提出合理化建议的,应向工程师提交合理化建议说明,说明建议的内容、理由以及实施该建议对合同价格和工期的影响。

13.2.2 除专用合同条件另有约定外,工程师应在收到承包人提交的合理化建议后 7 天内审查完毕并报送发包人,发现其中存在技术上的缺陷,应通知承包人修改。发包人应在收到工程师报送的合理化建议后 7 天内审批完毕。合理化建议经发包人批准的,工程师应及时发出变更指示,由此引起的合同价格调整按照第 13.3.3 项【变更估价】约定执行。发包人不同意变更的,工程师应书面通知承包人。

13.2.3 合理化建议降低了合同价格、缩短了工期或者提高了工程经济效益的,双方可以按照专用合同条件的约定进行利益分享。

### 九、发包人未按约提供支付担保情形下承包人有合同解除权

《政府投资条例》《保障农民工工资支付条例》明确规定施工单位不得垫资建设,《2020 版总承包合同示范文本》约定发包人应当向承包人提供支付担保。进一步保障工程款稳妥支付。

**【《2020 版总承包合同示范文本》内容】**

2.5 支付合同价款

2.5.3 发包人应当向承包人提供支付担保。支付担保可以采用银行保函或担保公司担保等形式,具体由合同当事人在专用合同条件中约定。

16.2 由承包人解除合同

16.2.1 因发包人违约解除合同

除专用合同条件另有约定外,承包人有权基于下列原因,以书面形式通知发包人解除合同,解除通知中应注明是根据第 16.2.1 项发出的,承包人应在发出正式解除合同通知 14 天前告知发包人其解除合同意向,除非发包人在收到该解除合同意向通知后 14 天内采取了补救措施,否则承包人可向发包人发出正式解除合同通知立即解除合同。解除日期应为发包人收到正式解除合同通知的日期,但在第(5)目的情况下,承包人无须提前告知发包人其解除合同意向,可直接发出正式解除合同通知立即解除合同:

(6)发包人未能遵守第 2.5.3 项的约定提交支付担保;

### 十、区分税率,细化合同价格组成

新版合同在建筑业全面营改增的背景下,结合工程总承包项目覆盖多个应税行为、适用不同税率的现实需求,分别区分设计费、设备购置费、建筑安装工程费,引导市场主体区分列明不同费用组成、适用税率、税金等内容,以免因适用营改增税收法律及政策,导致从高适用税率的风险,也避免合同发承包双方之间因为税费计算口径的差异以及税收政策调整引发合同价格的争议。

### 十一、提升承包人基于工程总承包合同的赔偿最高限额,将工程总承包商的风险限定在可预见的合理范围之内

结合 FIDIC 合同体系惯例和国内工程实践,新版合同[1.13 责任限制]约定:承包人对发包人的赔偿责任不应超过专用合同条件约定的赔偿最高限额。若专用合同条件未约定,则承包人对发包人的赔偿责任不应超过签约合同价。但对于因欺诈、犯罪、故意、重大过失、人身伤害等不当行为造成的损失,赔偿的责任限度不受该最高限额的限制。这个条款与《2011 版总承包合同示范文本》相比,较大程度改善了以往承包商较难与业主谈判争取赔偿最高额的境地,极大增强了承包商实施工程总承包项目的安全感。

### 十二、理顺了竣工验收相关条款的顺序,细化竣工试验、竣工验收条件、程序和退场要求

国家合同示范文本的条款通常沿着工程建设的生命周期时间线进行排序,在工程进入完工和竣工阶段,一般按照"竣工试验→竣工验收→工程接收→竣工后试验"执行,在竣工验收合格之日起开始起算缺陷责任期和工程质量保修期,《2011 版总承包合同示范文本》中的条款顺序为"[第 8 条  竣工试验]→[第 9 条  工程接收]→[第 10 条  竣工后试验]→[第 11 条  质量保修责任]→[第 12 条  竣工验收]",在一定程度上打乱了工程建设验收阶段的次序,容易引起市场主体的误解,新版合同理顺了工程验收阶段的条款顺序,并增加了[10.5 竣工退场]的约定,要求承包人按约撤离人员、设备、剩余材料、遗留物品,进行地表还原并负担相应费用,保障发包人接收使用工程的权利。这里要特别提醒的是新版合同通过竣工验收和退场环节的约定更加强调了建筑活动对生态环境保护,

这也与党的十九大报告提出的"坚持人与自然和谐共生。必须树立和践行绿水青山就是金山银山的理念,坚持节约资源和保护环境的基本国策"和《民法典》"避免浪费资源、污染环境和破坏生态"的基本原则相符合。

### 十三、引入 FIDIC 争议评审机制,多元化解决争议,降低争议解决成本

基于国内法律对争议解决方式的规定和发承包双方解决争议的习惯,《2011版总承包合同示范文本》在双方不能调解的情况下,主要是采取诉讼或仲裁方式解决争议,但诉讼或仲裁一定程度上也增加了当事人解决争议的时间成本和经济成本,且随着国内企业从事海外项目,越来越感觉到当发生争议事项时,选择有专业知识和能力的第三方进行调解、协商、商定解决争议往往更高效成本更低。新版合同中在传统的仲裁或法院诉讼的争议解决方式下,借鉴 FIDIC 国际惯例引入了争议评审机制,在[20.3 争议评审]中约定了争议评审小组的确定、争议评审的程序、争议评审员的报酬分担、争议小组的决定、争议小组决定对合同当事人的约束力等。

争议评审机制作为 FIDIC 合同条件中广泛推行的争议解决机制,已在国内2013 版施工总承包合同示范文本和 2017 版施工总承包合同示范文本中引入并实施,通过工程总承包合同示范文本再次完善细化争议评审制度,未来也可以为工程总承包市场主体高效率解决工程履约争议提供有效补充,提高国内企业走出国门从事国际工程的竞争能力和风险管理能力。

1. 增加了履约过程中出现约定情况时发包人提供资金来源证明的义务,合理平衡各方风险,促进合同的顺利履行。以往的工程实践中,发包人往往是在工程建设实施之前通过承诺备案、支付预付款、预存一定比例资金等方式,来证明资金来源已经落实,从而启动项目,但工程建设实施期间,如发生工程建设内容、建设标准、建设规模的较大变更,导致变更增加价款超出签约合同金额一定比例的,则该部分变更增加的款项缺乏对应的支付保障。对此新版合同借鉴 FIDIC 合同体系惯例在[2.5 支付合同价款]中第 2.5.2 条约定:"……如发生承包人收到价格大于签约合同价 10% 的变更指示或累计变更的总价超过签约合同价 30%;或承包人未能根据第 14 条[合同价格与支付]收到付款,或承包人得知发包人的资金安排发生重要变更但并未收到发包人上述重要变更通知的情况,则承包人可随时要求发包人在 28 天内补充提供能够按照合同约定支付合同价款

的相应资金来源证明。"

2. 强化了发包人应当提供支付担保的义务，以及发包人未按约提供支付担保情形下承包人的合同解除权。《2011版总承包合同示范文本》中虽约定发包人应当提供的支付保函，但实践中执行情况并不理想。《政府投资条例》《保障农民工工资支付条例》均从行政法规的立法层面明确了发包人提供支付担保、施工单位不得垫资建设等要求。对此新版合同从双方约定角度进一步强化了发包人提供工程款支付担保的义务，在[2.5 支付合同价款]中第2.5.3条约定："发包人应当向承包人提供支付担保。支付担保可以采用银行保函或担保公司担保等形式，具体由合同当事人在专用合同条件中约定。"这明确了发包人提供支付担保的义务，同时约定发包人未遵守约定提供支付担保的，构成[16.2.1 因发包人违约解除合同]的情形，以保障工程价款支付安全性。

区分责任主体，细化市场价格波动对合同价格的影响，引入《价格指数权重表》降低价格调整争议。鉴于工程总承包合同模式国际惯例和《房屋建筑和市政基础设施项目工程总承包管理办法》及新版示范文本均建议采用总价合同形式，影响合同价格的因素对发承包双方而言都关系到切身利益。《2011版总承包合同示范文本》中，对合同价格调整的情况约定较为宽泛，相对不利于发包人的成本管理，不能很好地解决合同履行过程中价格调整的争议。《2020版总承包合同示范文本》提供了价格调整公式并引导合同双方采用《价格指数权重表》，同时区分"承包人原因工期延误后的价格调整""发包人引起的工期延误后的价格调整"，针对不同责任主体所导致遭遇的市场价格波动，做出针对性妥善安排。

## 第六节 发承包人签订工程总承包合同的要点

### 一、应注意签约合同价与合同价格形式审查

签约合同价是指发包人和承包人在合同协议书中确定的总金额，包括暂估价及暂列金额等。签约合同价的费用类型包括设计费、设备购置费、建筑安装工程费等板块，因为各板块适用的税率不同，《2020版总承包合同示范文本》协议书第4条要求对设计费、设备购置费、建筑安装工程费的税率分别约定。同时，

承发包双方还可对合同履行过程中国家税收政策调整且税率发生变化的情况下是否调整合同价格进行约定。

鉴于工程总承包项下的设计、采购、施工分别使用不同增值税的税率,为了避免视为兼营从高适用税率,发承包双方应在合同中对于设计、采购、施工的委托范围和造价、税率、支付等条件分别约定,依法合理进行税务策划,以减轻税务负担。

关于合同价格形式。合同价格是指发包人用于支付承包人按照合同约定完成承包范围内全部工作的金额,包括合同履行过程中按合同约定发生的价格变化。

工程总承包项目往往投资巨大、建设周期长、专业多而复杂,为有效进行造价投资控制,往往对于方案相对稳定的项目采用总价包干,对于变化因素多、方案不稳定、相对不可控的项目可以采用其他方式,以此做到"公平合理",避免纷争。

工程总承包合同更适宜总价合同形式。工程总承包模式下承包人不仅负责施工,还负责设计,即施工图纸亦由承包人出具,如果不采用总价合同则一定程度上相当于承包人掌握了定价权,结算价格可能会远远超出发包人的预期。故工程总承包模式更适宜总价合同。示范文本也是优先推荐了总价合同的形式。但对于政府投资项目,考虑到政府审计的实际情况,发承包双方可结合实际情况对合同价格形式灵活约定。

**二、应注意变更、调整条款的审查**

由于建设工程体量大、周期长,涉及种类繁多的材料、设备、机具、人工,充满各种不确定性。工程价款无法经由一个简单的价格条款得以确定,而是形成了一套与工程造价的专业知识紧密关联的,包括计价方式、组价要素、合同价格形式和价格调整机制的复杂体系。"变更估价"条款是建设工程合同价款调整机制的组成部分。

住房和城乡建设部2013版《建设工程工程量清单计价规范》(GF-50500-2013)第9.1.1条规定了"应当按照合同约定调整合同价款"的15种情形,具体包括法律法规变化、工程变更、项目特征不符、工程量清单缺项、工程量偏差、计日工、物价变化、暂估价、不可抗力、提前竣工(赶工补偿)、误期赔偿、索赔、现场签证、暂列金额、双方约定的其他调整事项。在传统的施工总承包模式下,"变更估价"条款的实质性内容一般约定在施工合同"协议书"或"专用条款"部分。

《2020版总承包合同示范文本》第13条以"变更与调整"为标题,概括性地列举了在EPC等工程总承包模式下,因发包人指令或批准的变更、暂估价、暂列金额、计日工、法律法规变化、市场价格因素变化这六种可以变更合同价格的情况。变更估价的规定还散见于《2020版总承包合同示范文本》的其他条款,建议发承包双方应对变更的条件和程序、变更的估价原则,市场价格波动是否调整合同价格及如何调整,调整合同价格的情形及调整方法,索赔文件的内容、形式、索赔程序等事项进行约定。

《2020版总承包合同示范文本》第13.3.3.2条对"变更估价程序"进行了规定。从发包人角度,就该条款约定"发包人应在承包人提交变更估价申请后14天内审批完毕。发包人逾期未完成审批或未提出异议的,视为认可承包人提交的变更估价申请",为逾期默示认可条款,显然对发包人不利,不建议在专用条款中引用。

从承包人角度,对于前文所述的逾期默示条款,建议在对应的专用条款中进行明确约定。

**三、应注意付款和发票开具**

《2020版总承包合同示范文本》通用合同条件第14条"合同价格与支付",对预付款、进度款、结算款、质量保证金等付款申请、支付等程序进行明确约定。为避免双方付款争议,建议发承包双方明确约定各个阶段的付款条件、程序等。预付款的金额或比例、支付期限、扣回的方式,进度付款申请方式、进度付款申请单的格式、内容、份数和时间、进度付款的审核方式和支付。承包人提交竣工结算申请的时间、资料清单和份数、内容、发包人审批竣工付款申请单的期限、完成竣工付款的期限等事项明确约定。

在上述各阶段款项的支付中,结算款涉及发承包人的核心利益。从承包人角度,建议明确约定发包人在一定期限内进行审核结算申请单的义务,如建议约定发包人应在收到工程师提交的经审核的竣工结算申请单后14天内完成审批,发包人在收到承包人提交竣工结算申请书后28天内未完成审批且未提出异议的,视为发包人认可承包人提交的竣工结算申请单。同时,还应明确约定发包人按期付款的义务,否则应承担相应的违约责任,且工期顺延。

此外,从发包人角度,建议约定发包人应在专用条款中删除逾期默示条款的表述,以避免在发包人未经审核的情况下,认可了承包人提交结算申请的价格。

**四、应注意发包人要求条款**

发包人要求,从字面含义上可以理解为建设项目的发包人对承包人在履行建设项目工程总承包合同时的具体要求,或者建设项目的发包人对项目建成后所能达到的预期效果的评判标准。发包人要求既可以包括对工程项目的性能、质量、环保、施工周期、技术工艺、检验办法、试验条件等一般性的要求,也可以包括发包人根据不同项目的特点所提出的特殊要求。这些要求最终均将作为承包人履行合同、发包人对项目进行验收、结算工程价款以及判断承包人是否全面、适当履行合同义务的标准。

《2020版总承包合同示范文本》通用合同条件第1.1.1.6条发包人要求指构成合同文件组成部分的名为《发包人要求》的文件,其中列明工程的目的、范围、设计与其他技术标准和要求,以及合同双方当事人约定对其所作的修改或补充。

示范文本将发包人要求作为工程总承包合同的重要附件并在合同组成的效力顺序中将其提升到了与专用合同条件同等重要的地位,发包人要求已经作为建设项目工程总承包合同的核心组成部分,同时作为建设单位招标的必备文件。

发包人要求,可以理解为建设项目的发包人对承包人在履行建设项目工程总承包合同时的具体要求,或者建设项目的发包人对项目建成后所能达到的预期效果的评判标准。发包人要求既可以包括对工程项目的性能、质量、环保、施工周期、技术工艺、检验办法、试验条件等一般性的要求,也可以包括发包人根据不同项目的特点所提出的特殊要求。这些要求最终均将作为承包人履行合同、发包人对项目进行验收、结算工程价款以及判断承包人是否全面、适当履行合同义务的标准。因此,根据《总承包管理办法》的规定,发包人要求中需列明项目的目标、范围、设计和其他技术标准,包括对项目的内容、范围、规模、标准、功能、质量、安全、节约能源、生态环境保护、工期、验收等的明确要求。

因此,发包人在填写、制定项目要求时应根据项目的实际情况尽可能要求内容的完整、准确及具有可操作性;发包人要求的准确、完整,不仅关系着承包人能够准确理解并执行发包人的相关指令、确保发包人的要求能够得到全面实现；如果发包人要求设置不当或错误还可能导致承担相关的法律责任。

同时，承包人全面、适当履行发包人要求的内容是工程总承包合同中承包人最基本的合同义务，而准确了解发包人要求的含义、掌握发包人的意图则是合同顺利履行的前提。

若工程项目采用招投标模式确定承包人，《发包人要求》是作为发包人招标文件的重要组成部分需要对外进行招标公告，由于发包人在招标时均会要求投标人对招标条件进行实质性响应，因此在投标前，投标人（承包人）应对《发包人要求》的全部内容进行全面、仔细、审慎的阅读，要综合权衡自身的履约能力等因素决定是否进行投标。

故，对于通过协商方式订立工程总承包合同的，承包人在订立合同前同样应全面、仔细、审慎地阅读发包人的要求内容，一旦合同订立即对双方产生约束力，承包人就应全面、适当地履行且不能进行随意变更或调整，否则将承担相应的违约责任。

### 五、应注意工程师条款

《2020版总承包合同示范文本》通用合同条件第1.1.2.6条工程师：是指在专用合同条件中指明的，受发包人委托按照法律规定和发包人的授权进行合同履行管理、工程监督管理等工作的法人或其他组织。该法人或其他组织应雇用一名具有相应执业资格和职业能力的自然人作为工程师代表，并授予其根据本合同代表工程师行事的权利。

根据《2020版总承包合同示范文本》的内容，工程师的管理工作主要包括以下内容：

1. 工程师在项目中，对于一些重要事项，起了协助沟通的作用，具体表现为根据授权向承包人发出指示，或是向发包人送达承包人提出的异议等。

2. 对现场材料、设备、样品等，工程师需进行检查检验，但工程师做出的认可，不减轻承包人需承担的责任。

3. 工程师或其他人员均无权修改合同，且无权减轻或免除合同当事人的任何责任与义务。

4. 当工程实施过程中，对于产生重大影响的事项，双方无法达成一致时，工程师应及时与双方当事人进行协商,并尽量达成商定一致的结果,如无法达成一致,工程师应按照合同约定审慎做出公正的确定,但是双方均可提出异议,且按照《2020版总承包合同示范文本》第3.6.3条约定,如未在28天内发出上述通知的,工程师的确定应被视为已被双方接受并对双方具有约束力,除非专用合同条件另有约定。

由上可知,工程师的职权范围,是指发包人授权工程师从事监督管理工作的处理权限,工程师的权利来源于发包人授权,故工程师只能在授权范围内行使,不得超越。

从发包人角度,《2020版总承包合同示范文本》通用合同条件第3.5.3条约定,由于工程师未能按合同约定发出指示、指示延误或指示错误而导致承包人费用增加和(或)工期延误的,发包人应承担由此增加的费用和(或)工期延误,并向承包人支付合理利润。若对合同中"工程师"的监管范围约定不明确具体,可能导致施工过程中工程师的监管职能的缺位、不全面,部分工作监管缺位。因此,就发包人在专用条款中约定对工程师的监管范围,应可能包括通用合同条件中约定由工程师行使的职权,或者加上概括性语句"以及通用合同条件中约定由工程师行使的职权"。

对于承包人角度,对于工程师的权限范围需进行明确约定,以便后续合同的履行,实践中,易出现工程师超过监管范围作出指示。在此情形下,建议承包人应以该指示是否正确以及不执行指示之后是否会有风险作为判断,按照程序报发包人确认。对此,建议审查工程师的权限,以及超越权限需要发包人进行确认的事项,约定发包人确认的时间,特别是发包人未作回复该如何处理,建议承包人与发包人在专用条款中对此予以明确。

## 六、应注意联合体条款

《2020版总承包合同示范文本》通用合同条件第1.1.2.4条联合体:是指经发包人同意由两个或两个以上法人或者其他组织组成的,作为承包人的临时机构。

联合体内部是相对松散的独立单位,联合体各方均应当具备承担招标项目的相应能力,国家有关规定或者招标文件对投标人资格条件有规定的,联合体各方均应当具备规定的相应资格条件而不能相互替代,由同一专业的单位组成的联合体,按照资质等级较低的单位确定资质等级;联合体的组成形式可以是两个以上法人组成的联合体、两个以上非法人组织组成联合体,或者法人与其他组织组成的联合体。如果属于共同注册并进行长期经营活动的"合资公司或项目公司"等法人形式的联合体,则不属于这里的联合体。

从承包人角度,联合体各方应当签订共同投标协议,明确约定各方拟承担的工作和责任,成员方擅自退出联合体或单独与业主签订合同的违约责任。例如:投标阶段,联合体成员方擅自退出联合体导致联合体解散、不配合投标、投标后不能中标、中标后无法签订工程合同,违约的成员方赔偿其他成员参与投标过程中的产生的费用,并承担具体金额的违约金;中标后工程总承包合同履行过程中,联合体成员方擅自退出联合体导致合同无法履行、工程完工后无法竣工验收,违约的成员方赔偿给其他成员造成的实际损失及预期利润损失。

从发包人角度,建议要求联合体将共同投标协议连同联合体协议一并提交发包人。

## 七、应注意承包人建议书条款审查

《2020版总承包合同示范文本》通用合同条件第1.1.1.9条承包人建议书:指构成合同文件组成部分的名为承包人建议书的文件。承包人建议书由承包人随投标函一起提交。

第1.1.1.10条其他合同文件:是指经合同当事人约定的与工程实施有关的具有合同约束力的文件或书面协议。合同当事人可以在专用合同条件中进行约定。

承包人建议书是对"发包人要求"响应的文件,构成合同文件组成部分。承包人建议书一般包括承包人对工程设计方案、工程方案、设备方案、分包方案的说明、对发包人要求中的错误说明以及其他事项等内容。随着发包人要求的调整,承包人建议书也应对一些技术细节进一步予以明确或补充修改,作为合同文件的组成部分。承包人建议书实质上是对发包人的承诺。

建议发包方可在专用条款中,对需要列入合同文件的其他资料作出约定,共同作为合同文件一部分,双方遵照执行。如招标文件、投标文件及答疑,经发包人或工程师确认的施工组织设计、施工方案以及对合同内容有实质性影响的会议纪要、签证、设计变更等资料。

### 八、应注意发包人代表条款

《2020版总承包合同示范文本》通用合同条件第1.1.2.5条发包人代表：是指由发包人任命并派驻工作现场，在发包人授权范围内行使发包人权利和履行发包人义务的人。

发包人代表系发包人委派的具备相应技术资格的工程师常驻施工现场，在发包人授权范围内处理合同履行过程中与发包人有关的具体事宜，由此产生的责任由发包人承担。发包人代表在发包人授权范围行使权利，超越发包人授权范围的，其做出的行为对发包人不承担责任。发包人对发包人代表授权范围通常包括工程建设过程的管理、协调工程质量、各方关系的处理，审核工程进度、组织竣工验收等权限。

发包人代表对往来文件签署的授权范围应仅限于不减损发包人权利且不加重发包人责任，其签字权也仅限于不增加工程造价、不降低工程质量、不增加工期的文件签署。若发包人代表对涉及的增减工程价款、设计变更、施工变更以及可能影响造价、工期、质量以及加重发包人责任等文件签署，发包人代表应进行初步审查核实后，提交发包人由发包人进行确认。

从发包人角度，建议发包人在专用条款中对发包人代表签字权限作出限制约定，如"发包人任何文件签署若无发包人代表签字并加盖发包人印章均为无效文件，对发包人不产生约束力"。通过这种设置，有效防范可能存在的发包人管理不善或管理漏洞造成发包人损失。

### 九、设计、采购、施工负责人条款

《2020版总承包合同示范文本》通用合同条件第1.1.2.8条设计负责人：是指承包人指定负责组织、指导、协调设计工作并具有相应资格的人员。

第1.1.2.9条采购负责人：是指承包人指定负责组织、指导、协调采购工作的人员。

第1.1.2.10条施工负责人：是指承包人指定负责组织、指导、协调施工工作并具有相应资格的人员。

工程总承包系对工程设计、采购、施工实行总承包。该总承包模式决定了工程总承包单位应当建立与工程总承包相适应的管理制度，并形成针对项目设计、采购、施工、运行管理等工程总承包综合管理能力。因此,设计、采购、施工负责人各司其职、各负其责,并受工程总承包项目经理的领导并向其负责。

设计、采购、施工负责人属于承包人就其工程总承包工作所做具体分工的负责人,属于承包人的人员,不具有直接代表承包人向发包人履行合同的权限。

从发包人角度,建议拟订合同时在附件5《承包人主要管理人员表》中承包人应就设计、采购、施工负责人主要资历经验、承担过的项目以及所取得的资质向发包人作出明确约定。同时,为保持人员的稳定性,建议约定除非征得发包人书面同意,承包人不得随意更换设计、采购、施工以及其他技术负责人,如承包人随意更换人员的。

**十、应注意审查分包人条款**

根据《2020版总承包合同示范文本》通用合同条件第1.1.2.11条分包人:是指按照法律规定和合同约定,分包部分工程或工作,并与承包人订立分包合同的具有相应资质或资格的法人或其他组织。

《民法典》第791条第3款规定:"禁止承包人将工程分包给不具备相应资质条件的单位。禁止分包单位将其承包的工程再分包。建设工程主体结构的施工必须由承包人自行完成。"

《招标投标法》第48条第2款规定:"中标人按照合同约定或者经招标人同意,可以将中标项目的部分非主体、非关键性工作分包给他人完成。接受分包的人应当具备相应的资格条件,并不得再次分包。"

《建筑法》第29条第1款规定:"建筑工程总承包单位可以将承包工程中的部分工程发包给具有相应资质条件的分包单位;但是,除总承包合同中约定的分包外,必须经建设单位认可。施工总承包的,建筑工程主体结构的施工必须由总承包单位自行完成。"

由上述规定可以看出,法律上是允许总承包人将中标项目的部分非主体、非关键性工作进行分包的,属于合法分包范围的只能是除了建筑工程主体结构以外的工程。

因此,发包人角度,承包人可以将承包工程中的部分工程发包给具有相应资质条件的分包单位,但是,除总承包合同中约定的分包外,必须经发包人认可。承包人按照总承包合同的约定对发包人负责。同时,依据《施工合同司法解释》

的规定,承包人非法转包、违法分包工程,签订的施工合同无效。故建议发包人在总承包合同中明确约定应对禁止分包、允许分包的工程范围,并且约定如果承包人违法分包的,一经发现,应承担相应违约责任的法律后果。

**十一、应注意审查发包人代表的权限条款**

根据《2020版总承包合同示范文本》通用合同条件第1.1.2.5条发包人代表:是指由发包人任命并派驻工作现场,在发包人授权范围内行使发包人权利和履行发包人义务的人。

根据《民法典》第162条规定,代理人在代理权限内,以被代理人名义实施的民事法律行为,对被代理人发生效力。委托代理人按照被代理人的委托行使代理权。简而言之,发包人代表在授权范围内的行为由发包人承担,发包人代表在授权范围内的行为由发包人承担法律责任。实践中,就发包人代表的权限约定不清或较为模糊,而导致争议。

从发包人角度,应重视在施工合同中对其代表(及派驻现场的工程师团队)授权的条款约定,授权范围尽可能明确细化,或另行出具书面授权告知承包人,书面授权应办理登记签收手续。发包人代表授权管理及法律风险防范应注意以下几点:

第一,明确发包人的授权权限。发包人可在授权范围内明确,发包人代表签字的变更、签证引发工程价款或费用增加超过一定数额或比例,需由发包人盖公章确认签字方有效,否则对发包人不产生效力。

第二,明确发包人代表签字无效的事项范围。对于涉及合同中已约定的计价条款,如人工费、材料费、机械费是否调整、如何调整,以及工程款支付等条款。这些属于施工合同中的核心条款,直接影响发包人的利益,而这些费用是需要发包人双方在合同谈判阶段反复协商后才得以确定,是施工合同签订及履行的重要基础。针对以上条款,除非得到发包人的特别授权,才具有效力。因此,建议约定发包人代表在涉及此类条款变更的工作联系单、备忘录或会议纪要等文件上签署意见,应明确对发包人没有约束力。

第三,发包人代表变更应及时终止授权并告知各参建主体。发包人现场代表或驻现场团队中工程师出现工作调动、离职等情况的,发包人应及时书面通知承包人及其他参建单位,终止授权;对其签署涉及工程费用变化的洽商签证等文件及时与监理、承包人等认真核对清理,并明确核对清理之后承包人再提供有该发包人代表签字的其他洽商签证不予认可。避免出现个别发包人代表离职前突击补签,甚至签署虚假文件,给发包人造成损失。

### 十二、工程总承包项目经理的授权范围及相关违约责任

根据《2020版总承包合同示范文本》通用合同条件第1.1.2.7条,工程总承包项目经理:是指由承包人任命的,在承包人授权范围内负责合同履行的管理,且按照法律规定具有相应资格的项目负责人。

具体到施工过程中,工程总承包项目经理系根据发包人需求及企业要求组建项目团队开展工程总承包管理工作,同时根据工程总承包项目开展情况,协调各相关单位(包括发包方、勘察、设计、监理、施工、造价等)进行统一部署,对工程总承包项目进行全面全过程管理,协调对接各方资源,在项目组织和控制活动中实现项目目标的专业人员。

可见,项目经理是承包人在项目上的代表,其在授权范围的行为应由承包人承担,建议发包方应对工程总承包项目经理的授权范围、承包人未提交劳动合同以及没有为工程总承包项目经理缴纳社会保险证明的违约责任,每月在现场的时间要求及未经批准擅自离开施工现场的违约责任,承包人擅自更换工程总承包项目经理的违约责任,承包人无正当理由拒绝更换工程总承包项目经理的违约责任等有关事项明确约定。

同时,工程总承包项目经理注册执业资格、管理经验等资料,该人员应具备履行相应职责的资格、经验和能力,因此,从发包人角度,拟订工程总承包合同时应重点审查以下条款:

1. 取得相应工程建设类注册执业资格,包括注册建筑师、勘察设计注册工程师、注册建造师或者注册监理工程师等;未实施注册执业资格的,取得高级专业技术职称。

2. 担任过与拟建项目相类似的工程总承包项目经理、设计项目负责人、施工项目负责人或者项目总监理工程师。

3. 熟悉工程技术和工程总承包项目管理知识以及相关法律法规、标准规范。

4. 具有较强的组织协调能力和良好的职业道德。

5. 工程总承包项目经理不得同时在2个或者2个以上工程项目担任工程总

承包项目经理、施工项目负责人。

### 十三、担保条款

履约担保,是指发包人在招标文件中规定的要求承包人提交的保证履行合同义务的担保。履约担保是工程发包人为防止承包人在合同执行过程中违反合同规定或违约,并弥补给发包人造成的经济损失。

根据《2020版总承包合同示范文本》通用合同条件第4.2条关于履约担保的约定,发包人需要承包人提供履约担保的,由合同当事人在专用合同条件中约定履约担保的方式、金额及提交的时间等,并应符合第2.5款[支付合同价款]的规定。履约担保可以采用银行保函或担保公司担保等形式,承包人为联合体的,其履约担保由联合体各方或者联合体中牵头人的名义代表联合体提交,具体由合同当事人在专用合同条件中约定。

从发包人角度,为了避免承包履约的风险,建议要求承包人提供担保,担保的方式包括履约保证金、银行保函或担保公司担保等形式。目前,应用比较广泛的是银行保函方式。为了减少工程总承包合同履行过程中的争议,还应在签订工程总承包合同时约定清楚担保的期限、保函开立机构、保函开立时间等。具体内容可以参考《住房和城乡建设部关于印发工程保函示范文本的通知》(建市〔2021〕11号)附件"预付款保函示范文本"和"履约保函示范文本"进行约定。同时,如承包人为联合体的,建议明确预付款担保、履约担保是由联合体各方提交,还是以联合体中牵头人的名义代表联合体提交。

### 十四、竣工验收条款

《2020版总承包合同示范文本》通用合同条件第1.1.4.11条竣工验收:是指承包人完成了合同约定的各项内容后,发包人按合同要求进行的验收。

第1.1.4.12条竣工后试验:是指在工程竣工验收后,根据第12条[竣工后试验]约定进行的试验。

《2020版总承包合同示范文本》从完工到竣工验收、竣工后试验(如有)的流程可简要概括如下:承包人完成工程进行竣工试验所需的作业;承包人提交竣工文件(包括竣工记录、竣工图纸等)、操作和维修手册;承包人向工程师提交竣工试验计划,工程师审查竣工试验计划;承包人进行竣工试验,完成试验后向工程师提交试验报告;承包人编制扫尾工作和缺陷修补工作清单以及相应实施计划;承包人向工程师报送竣工验收申请报告,工程师进行审查并报送发包人;发包人组织进行竣工验收(承包人应在工程竣工验收合格后向工程师提交竣工结算申请);承包人向发包人提交质量保证金;工程具备接收条件后,发包人向承包人颁发工程接收证书;承包人对施工现场进行清理,并撤离相关人员,工程移交发包人;发包人组织进行竣工后试验(如有)。

从发包人角度,建议明确以下条款:(1)明确竣工资料。承发包双方应对竣工文件的形式、提供的份数、技术标准以及其他相关要求进行约定。(2)隐蔽工程检查。承发包双方应对隐蔽工程检查程序、重新检查、承包人私自覆盖等相关事宜进行约定。(3)承包人试验和检验。承发包双方应对试验的内容、时间和地点、试验所需要的试验设备、取样装置、试验场所和试验条件,尤其是试验和检验费用的计价原则及承担主体进行约定。(4)竣工试验、竣工验收和工程接收。竣工试验是指在工程竣工验收前,根据竣工试验要求进行的试验。竣工验收是指承包人完成了合同约定的各项内容后,发包人按合同要求进行的验收。承发包双方应对竣工试验、竣工验收和工程接收的程序及违反相应义务的违约责任进行约定。

**十五、工程概况及审批手续取得情况**

《2020版总承包合同示范文本》第一部分"合同协议书"第1条"工程概况"中包括"工程名称、工程地点、工程审批、核准或备案文号、资金来源、工程内容及规模、工程承包范围"。工程概况是建设单位的工程基本情况、特点、施工条件等一个简要而突出的重点的文字描述。由于是对工程的基本描述,遵循的一个基本原则是准确、真实填写,在签订合同时应对该条款进行核查。

如工程审批文件,包括但不限于如发展改革委的立项审批文件、建设用地规划许可证、国有土地使用权证、建设工程规划许可证等,应特别注意审查是否完备,是否已取得审批许可。根据《最高人民法院关于审理建设工程施工合同纠纷案件适用法律问题的解释(一)》(以下简称《司法解释(一)》)第3条第1款规定:"当事人以发包人未取得建设工程规划许可证等规划审批手续为由,请求确认建设工程施工合同无效的,人民法院应予支持,但发包人在起诉前取得建设工程规划许可证等规划审批手续的除外。"

因此，根据该条款的规定，如未取得建设工程规划许可证等文件，发承包双方签订的合同可能面临合同无效的风险，合同无效则约定的违约条款无效，那么对于处于弱势地位的承包人而言，则不利于合同的履行，无法更好地约束发包人。对此，建议承包人在签订合同的同时，应注意审查建设工程项目是否已取得法律规定的建设审批手续，证件许可是否齐全，否则将面临合同无效的风险。

此外，工程概况也涉及了工程内容及规模、工程承包范围的审查。承包范围和工程内容是合同总价的基础，且直接约定承包人施工的内容，是承包人的核心条款。为避免发承包双方在合同履行过程中就施工的具体内容产生争议，建议工程内容、承包范围不能相互矛盾，如有招投标文件的应当与招投标文件一致。同时，由于工程内容、规模、承包人承包范围，反映了拟建工程的基本情况和要求，签订合同时需根据前期审批文件准确填写。

**十六、应注意项目清单和价格清单**

《2020版总承包合同示范文本》通用合同条件第1.1.1.7条项目清单：是指发包人提供的载明工程总承包项目勘察费（如果有）、设计费、建筑安装工程费、设备购置费、暂估价、暂列金额和双方约定的其他费用的名称和相应数量等内容的项目明细。

第1.1.1.8条价格清单：指构成合同文件组成部分的由承包人按发包人提供的项目清单规定的格式和要求填写并标明价格的清单。

项目清单由具有编制能力的招标人或受其委托、具有相应资质的工程造价咨询人编制，投标人在项目清单上自主报价，形成价格清单。经批准的建设规模、建设标准、功能要求、发包人要求作为编制项目清单的依据，但项目清单仅作为承包人报价的参考，投标人应依据发包人要求和初步设计文件、详细勘察文件进行投标报价，对项目清单内容可以增减，对项目进行细化，在原项目下填写投标人认为需要的施工项目和工程数量及单价，发包人提供的项目清单不再作为竞价依据，投标人只需要参考发包人提供的项目清单，并可以在投标报价时自主改变项目清单内容，形成自己的价格清单，价格清单对发承包双方具有约束力，但项目清单对发承包双方无约束力。

示范文本所推荐工程总承包的计价方法是总价合同，即由发包人提供项目清单，投标人提供价格清单，最后由价格清单形成总价，并作为投标竞争依据。

但总价合同并不以发包人提供的项目清单或承包人提供的价格清单为依据,这两种清单仅作为形成合同价格的参考,一旦合同价格形成,合同价格与清单再无关系。

建议,承包人应该对价格清单的准确完整负责,应准确编制。项目清单是由发包人提供的,价格清单则是由投标人提供的,投标人应该对价格清单的准确完整负责。《房屋建筑和市政基础设施项目工程总承包计价计量规范》(征求意见稿)第4.1.4条:"除另有规定和说明者外,价格清单应视为已经包括完成该项目所列(或未列)的全部工程内容。"也就是说,在工程总承包项目中,甲方在编制类似于招标清单的项目清单时,应该包含了其所要求的全部工程范围,只要是项目清单中包含的内容就是承包人应当施工的内容,无论该项目是否被包含在价格清单中,为了完成发包人的要求,承包人均需要施工。价格清单应涵盖一切为建设这个项目而发生的所有费用和项目,如果投标人在价格清单当中并没有描述相应的项目,也没有描述清楚具体的内容的话,相应责任由投标人承担。

**十七、应注意关于施工过程中完成的知识产权归属认定问题**

《2020版总承包合同示范文本》通用合同条件第1.10.2条规定,除专用合同条件另有约定外,由承包人(或以承包人名义)为实施工程所编制的文件、承包人完成的设计工作成果和建造完成的建筑物,就合同当事人之间而言,其著作权和其他知识产权应归承包人享有。发包人可因实施工程的运行、调试、维修、改造等目的而复制、使用此类文件,但不能用于与合同无关的其他事项。未经承包人书面同意,发包人不得为了合同以外的目的而复制、使用上述文件或将之提供给任何第三方。

该条的规定与建设工程施工合同示范文本的规定正好相反,建设工程施工合同示范文本规定的是知识产权归发包人所有,工程总承包合同示范文本规定的是知识产权归承包人所有。

建议承包人可据此积极进行相关知识产权成果的申报,并与发包人签订相关的协议,维护承包人的知识产权利益。

**十八、应注意关于发包人提供基础资料的义务与工期条款**

《2020版总承包合同示范文本》通用合同条件第2.3条提供基础资料:发包

人应按专用合同条件和《发包人要求》中的约定向承包人提供施工现场及工程实施所必需的毗邻区域内的供水、排水、供电、供气、供热、通信、广播电视等地上、地下管线和设施资料,气象和水文观测资料,地质勘察资料,相邻建筑物、构筑物和地下工程等有关基础资料,并根据第1.12款[《发包人要求》和基础资料中的错误]承担基础资料错误造成的责任。按照法律规定确需在开工后方能提供的基础资料,发包人应尽其努力及时地在相应工程实施前的合理期限内提供,合理期限应以不影响承包人的正常履约为限。因发包人原因未能在合理期限内提供相应基础资料的,由发包人承担由此增加的费用和延误的工期。

该条明确了发包人应根据合同及《发包人要求》提供基础资料,如提供的基础资料有错误的,应承担责任;需要开工后提供的,应在合理期限内提供,否则需要承担工期延误及费用的责任。

发包人提供的基础资料存在错误实践中并不鲜见,出现时承包人首先应当对该事实进行固定,通过发包人或者其现场代表签认;施工过程中,出现发包人逾期提供基础资料的,应对相关的情况以及对工期、费用的影响及时、多次进行报告,要求发包人或者代表确认,如果无法得到确认的,应当保留承包人不断催促的资料。

## 十九、应注意关于承包人现场勘查的合同义务

《2020版总承包合同示范文本》通用合同条件第4.7.2条,承包人应对现场和工程实施条件进行查勘,并充分了解工程所在地的气象条件、交通条件、风俗习惯以及与完成合同工作有关的其他资料。承包人提交投标文件,视为承包人已对施工现场及周围环境进行了踏勘,并已充分了解评估施工现场及周围环境对工程可能产生的影响,自愿承担相应风险与责任。在全部合同工作中,视为承包人已充分估计了应承担的责任和风险,但属于第4.8款[不可预见的困难]约定的情形除外。

相比于建设工程施工合同示范文本,工程总承包合同的示范文本规定更为严苛,承包人提交投标文件即视为已进行现场勘查,采用倒置方式。

对此,建议承包人在进行工程总承包项目投标时应对现场充分了解、勘查,避免出现不利问题导致承包人在施工中处于被动地位;另该规定可能还会对工程价款产生影响,如前所述,工程总承包合同示范文本对于价格采用的是较为严

格的形式,合同价格一般不予调整。如果承包人不在现场勘查时对项目相关的地理、水文、气象等进行充分掌握,可能导致合同价款与施工成本倒挂。因此承包人应做好勘查,掌握现场情况。

**二十、应注意材料及工程设备所有权的转移问题**

《2020版总承包合同示范文本》通用合同条件第6.2.4条材料和工程设备的所有权:除本合同另有约定外,承包人根据第6.2.2项[承包人提供的材料和工程设备]约定提供的材料和工程设备后,材料及工程设备的价款应列入第14.3.1项第(2)目的进度款金额中,发包人支付当期进度款之后,其所有权转为发包人所有(周转性材料除外);在发包人接收工程前,承包人有义务对材料和工程设备进行保管、维护和保养,未经发包人批准不得运出现场。

承包人按第6.2.2项提供的材料和工程设备,承包人应确保发包人取得无权利负担的材料及工程设备所有权,因承包人与第三人的物权争议导致的增加的费用和(或)延误的工期,由承包人承担。

该条是工程总承包合同示范文本中新增的条款,对于承包人为施工而购买的材料及工程设备,发包人通过进度款的形式支付后,所有权即转移给发包人。

该条款意味着承包人应保障购买的材料及工程设备权属无争议,同时在施工完毕后,需要做好交接等工作,避免被发包人主张返还、赔偿等责任。

**二十一、应注意关于工程照管与交接**

《2020版总承包合同示范文本》通用合同条件第7.11条工程照管:自开始现场施工日期起至发包人应当接收工程之日止,承包人应承担工程现场、材料、设备及承包人文件的照管和维护工作。

如部分工程于竣工验收前提前交付发包人的,则自交付之日起,该部分工程照管及维护职责由发包人承担。

如发包人及承包人进行竣工验收时尚有部分未竣工工程的,承包人应负责该未竣工工程的照管和维护工作,直至竣工后移交给发包人。

如合同解除或终止的,承包人自合同解除或终止之日起不再对工程承担照管和维护义务。

该条对工程的全部移交、部分移交、解除移交等进行了规定,承包人应在出现相关情形时做好交接工作,否则可能出现承担赔偿责任的风险。

承包人接受施工期限为现场工程的管理人,如因看管不力导致出现第三方或者业主材料被盗等问题,可能会承担的赔偿责任,承包人应谨慎对待。

# 第七章 城市建设类企业与委托代建

## 第一节 委托代建类型及相关概念辨析

### 一、委托代建的产生背景

我国房地产行业历来是重资产模式的代表。自2010年起,"限商、限售、限签、限购、限贷、限价"等调控政策相继颁布,2021年"两道红线"和"两集中"等政策相继实施,重资产模式下传统房地产开发负债率高、现金周转速度慢、融资财务费用高等问题开始凸显,传统房地产开发因融资受阻、资金回笼困难而变得难以为继。重资产模式易形成行业寡头垄断、产生规模效应。传统的房地产开发以土地持有为核心,从买地、建造到销售、管理全部由一家开发商独立完成。

在此背景下,房地产企业开始由开发商向服务商转型,从重资产模式逐步转变为轻资产模式。其中,设计、建设、销售及服务各环节都由专门企业独立完成的委托代建模式逐渐受到青睐。具体而言,委托代建是指业主将整个项目工程的管理工作委托给代建方,该代建方自行承担包括但不限于设计、采购、可行性研究、施工、竣工试运行等工作,但不承担工程费用的支付义务。我国部分地区也开始尝试采用代建制度,例如厦门市自1993年起便通过招标或委托等方式将部分涉及基础设施、社会公益性的政府投资项目委托给专业公司,重庆、深圳等地区也开始陆续推行委托代建法律制度。

### 二、法律法规梳理

委托代建尚未在部门法、行政法规层面形成体系化的法律制度,相关规定散见于各地规范性文件,且鉴于前文所述,委托代建在我国仍处于延伸、发展的阶段,各地基于其经济状态和现实需求,对委托代建的法治化进程各有区别,因此也呈现出各地在定性、监管等方面的必然差异(见表7-1)。

表7-1 我国法律法规中的"代建"内容

| | |
|---|---|
| 《国务院办公厅关于印发国家突发事件应急体系建设"十三五"规划的通知》(国办发〔2017〕2号) | 3.1 加强应急管理基础能力建设<br>健全完善突发事件风险管控体系,加强城乡社区和基础设施抗灾能力,完善监测预警服务体系,强化城市和基层应急管理能力建设,提升应急管理基础能力和水平。<br>3.3.4.3 研究探索航空运输能力社会化储备机制,通过委托代建、能力共建、购买服务、保险覆盖等方式,支持鼓励通用航空企业增加具有应急救援能力的直升机、固定翼飞机、无人机及相关专业设备,发挥其在抢险救灾、医疗救护等领域的作用。 |
| 《国务院关于印发全国农业现代化规划(2016—2020年)的通知》(国发〔2016〕58号) | 大规模推进高标准农田建设。整合完善建设规划,统一建设标准、监管考核和上图入库。统筹各类农田建设资金,做好项目衔接配套,形成高标准农田建设合力。创新投融资方式,通过委托代建、先建后补等方式支持新型经营主体和工商资本加大高标准农田投入,引导政策性银行和开发性金融机构加大信贷支持力度。 |
| 《国务院关于加快棚户区改造工作的意见》(国发〔2013〕25号) | 3.鼓励民间资本参与改造。鼓励和引导民间资本根据保障性安居工程任务安排,通过直接投资、间接投资、参股、委托代建等多种方式参与棚户区改造。…… |
| 《国务院关于投资体制改革的决定》(国发〔2004〕20号) | 对非经营性政府投资项目加快推行"代建制",即通过招标等方式,选择专业化的项目管理单位负责建设实施,严格控制项目投资、质量和工期,竣工验收后移交给使用单位。随着代建制度的不断发展,我国委托代建也开始逐渐从传统的非经营性政府投资项目向房地产行业商业代建延伸。 |
| 《公路建设项目代建管理办法》 | 第八条 高速公路、一级公路及独立桥梁、隧道建设项目的项目法人,需要委托代建时,应当选择满足以下要求的项目管理单位为代建单位:<br>(一)具有法人资格,有满足公路工程项目建设需要的组织机构和质量、安全、环境保护等方面的管理制度;<br>(二)承担过5个以上高速公路、一级公路或者独立桥梁、隧道工程的建设项目管理相关工作,具有良好的履约评价和市场信誉;<br>(三)拥有专业齐全、结构合理的专业技术人才队伍,工程技术系列中级以上职称人员不少于50人,其中具有高级职称人员不少于15人。<br>高速公路、一级公路及独立桥梁、隧道以外的其他公路建设项目,其代建单位的选择,可由省级交通运输主管部门根据本地区的实际进行规范。 |

续表

| | |
|---|---|
| 《公路建设项目代建管理办法》 | 项目法人选择代建单位时,应当从符合要求的代建单位中,优先选择业绩和信用良好、管理能力强的代建单位。省级交通运输主管部门可以根据本地公路建设的具体需要,细化代建单位的要求。鼓励符合代建条件的公路建设管理单位及公路工程监理企业、勘察设计企业进入代建市场,开展代建工作。 |
| 《交通运输部关于进一步加强普通公路勘察设计和建设管理工作的指导意见》(交公路发〔2022〕71号) | (十九)提升项目管理水平。部完善重点公路项目建设实施协调机制,加强协调调度。省级交通运输主管部门要指导完善普通公路项目管理制度。普通国省道项目要根据项目实际情况,组建项目现场建设管理机构,机构设置、人员配备要求可由省级交通运输主管部门明确,项目单位不具备相应建设管理能力的可委托代建。…… |

可以看出,委托代建虽未形成完备的法律体系,但已经在行政法规、部门规章中被明确提及,且主要涉及交通、改造等城市基础建设领域。应当认为,在当今发展趋势下,委托代建仍存在广阔的发展空间,鉴于其标的金额大、项目周期长等特征,及时明晰相关制度要求、合理降低风险便具有重要的现实意义。

**三、委托代建的类别**

2004年,《国务院关于投资体制改革的决定》(国发〔2004〕20号)在国家层面对"代建制"进行明确,其中规定:"对非经营性政府投资项目加快推行'代建制',即通过招标等方式,选择专业化的项目管理单位负责建设实施,严格控制项目投资、质量和工期,竣工验收后移交给使用单位。"

随着代建制度的不断发展,我国代建制度也开始逐渐从传统的非经营性政府投资项目向房地产行业商业代建延伸。在实际操作中,一般存在以下代建的类型。

(一)政府代建

政府代建是指政府或行使政府职能的机构对非营利性项目通过招标方式,选择具有技术性、专业性的项目代建管理单位,对项目建设进行全过程的管理。在政府代建模式下,部分地方政府会以地方性法规的形式对代建方和委托方各自的工作职责予以明确,如广东省的《广东省政府投资省属非经营性项目代建管理办法(试行)》等。

政府代建有以下特点。

首先,项目一般都具有政治相关性和非营利性,包括能源、交通、水利等公共建设,例如博物馆、体育馆、城市广场、学校、医院、保障性住房等。区别于商业代建项目以经济上获利为最终投资目标,政府代建下的项目更多考虑满足社会需求与经济发展。

其次,政府代建的企业主要是政府主导型房企和区域性龙头企业。这部分企业都是有着财政资金背景的企业,由政府出资成立并运行。政府对于参加代建的企业具有严格的资质及相关要求,在公司规模、资金背景、施工业绩这些方面进行全面考核,只有相关政府部门认可后才有准入资格。

最后,政府代建一般涉及三方,即投资单位(委托方)、代建单位(受托方)、使用单位(指项目建成后实际接受、使用、管理并拥有项目产权的法人或组织)。实践中,政府代建中的代建单位往往履行项目业主(建设单位)的职责,建设手续以代建单位名义办理,设计、施工、监理等工程合同由代建单位同承包人直接签订。

(二)商业代建

商业代建是指由非政府类委托方委托,以营利为目的,受托方以品牌输出或管理输出为主要运营模式并收取代建管理费或服务费的代建模式。商业代建通过不断发展,已从纯收取服务费的代建,不断进化到股权式代建、配资代建、资本代建等。

1. 纯收取服务费的商业代建

纯收取服务费的商业代建是指代建方与已经取得标的地块土地使用权证的委托方合作,委托方负责筹措项目开发所需全部资金,拥有项目开发中的投资决策权、监督权、建议权和知情权,享有项目的投资收益,承担项目的风险,而代建方主要负责项目管理团队组建、规划设计管理、工程营造管理、成本管理、营销管理、竣工交付管理等开发环节的全过程管理,并根据双方签订的代建委托协议中的约定,根据项目销售或利润总额收取佣金的模式。

2. 股权式代建

股权式代建是指代建方在项目中占有一定股权的特殊代建形式,又称"小股操盘",是指代建方房地产企业在合作项目中占有较小比例的股份,但根据委托方和代建方的相关委托协议,由持小股的团队操盘。

与纯收取服务费的商业代建相同，股权式代建对项目的实际操盘权，亦来自双方签订的委托代建协议；此外，两种模式都是在管理输出和品牌输出的基础上，获得委托方支付的代建管理费，而无须经传统房地产开发下交付环节加以确认。在股权式代建中，代建方的收入可能还涉及部分股权收益，而单纯收取服务费的商业代建则无此项收入。

股权式代建中，代建方所投入的部分股权，实质上被看作与委托方共担开发风险的筹码，在实际操作中更容易被委托方接受；双方对企业的信用资源和采购资源进行共享，也更有利于加强合作中的信任关系；此外，对代建企业而言，股权式代建不仅收取服务费，还享受股权收益与溢价分成。

关于代建方的持股比例，受双方品牌实力、风险评估、服务模式等方面的影响，以双方约定为主，没有固定的比例，现有实践中小股操盘的比例一般在30%以下。

3. 配资代建

配资代建是指代建方除了提供常规的代建服务，还引入部分资本的商业代建模式，该模式多见于资质优异的品牌房地产企业。代建方在看好项目发展前景的基础上，自己投资或引荐与自身战略合作关系的金融机构，参与到项目开发中，从中收取一定的投资收益，从而缓解委托人资金压力。

配资代建要求代建方有强大的资金整合能力，且品牌实力和开发能力又能得到项目主体的认可，对代建方的要求较高。

4. 资本代建

过去，房地产企业与金融机构的合作主要聚焦在前端的融资阶段，在房地产行业从粗放式向精细化运作转变的背景下，金融机构对房地产行业已开始从前端向中间环节的资产管理和实现退出的后端渗透，房地产企业与金融机构的关系更为紧密。

目前，资本代建暂时没有明确的定义，资本代建的委托方多为外部资本，即各类具备房地产投资能力的金融机构，包括信托公司、保险公司等，由于资本代建中可能存在代建开始前未获得标的地块的土地使用权的情形，因此代建方除一般管理服务外，会相应地增加投资咨询、项目公司组建、前期管理等方面的服务内容，最终为金融投资机构实现安全、高效的投资收益。

从当前资本代建的发展来看，金融机构更易与代建方房地产企业形成合作：

首先,金融机构对项目的收益能力有更高的要求。除单纯的投资利息收益外,对整个开发过程中的项目增值收益,甚至后期的物业管理中的服务增值收益都有相应的要求。而基于这一诉求,委托方金融机构在选择投资项目或代建单位时,将尤其注重项目的投资价值以及代建方的运营能力、品牌影响力,因而项目质量相对较高。其次,由于金融机构在房地产行业的专业性相对较低,因此相比普通的中小房地产企业更容易与代建单位形成战略合作关系,在代建过程中不易引起权责纠纷,委托方金融机构与代建方房地产企业在各自的专业领域各司其职,资源配置将达到最优。

**四、政府代建、商业代建和资本代建的比较**

政府代建和商业代建基本都是委托法律关系架构,但商业代建不同于政府代建,其通常仅涉及建设单位和代建单位两方,建设手续均以建设单位名义办理,设计、施工、监理等工程合同由建设单位同承包人直接签订,而代建单位则受建设单位的委托提供管理服务,进行品牌输出,以固定服务费、股权收益等方式获取利润。

上述基本结构的基础上,商业代建的配资代建中,代建方则与资本端相结合,或者凭借其资源优势向委托方或项目方提供资金方面的资源合作并获取额外的收益。

就资本代建来说,资本方和代建方的合作阶段和合作深度前置到前期项目研判和拿地阶段,部分代建强势企业也在寻求在不良资产方面与资本方的深度合作,因此,资本代建的模式和合同设计也会更加复杂。

政府代建、商业代建和资本代建的比较见表7-2。

**表7-2 政府代建、商业代建和资本代建的比较**

| 代建类型 | 委托方 | 合作方式 | 特点 |
| --- | --- | --- | --- |
| 政府代建 | 政府及事业单位 | 为政府安置房、经济适用房、公租房等保障性住房及公共服务设施等政府投资项目提供服务 | ● 公益性,遏制寻租<br>● 代建企业以城市建设类企业和区域性龙头企业为主 |

续表

| 代建类型 | 委托方 | 合作方式 | 特点 |
|---|---|---|---|
| 商业代建 | 已经或即将取得土地的中小开发商 | 委托方提供土地和资金,代建方输出品牌和服务,派驻开发团队承担合同约定的开发服务 | ●委托方多为地方中小开发商,缺乏相应的技术、管理能力、品牌影响等,希望借助品牌房企的管理能力、产品力、品牌优势完成项目开发,实现产品溢价<br>●有的土地持有方同时缺乏资金,代建方可同时提供融资服务 |
| 资本代建 | 金融投资机构 | 为有房地产投资需求的金融机构提供从项目研判、土地获取直至房产开发的全过程服务,最终为金融投资机构实现安全、高效的投资收益 | ●委托方为金融资本,对项目收益有更高要求,风险隔离要求也更高,但是缺乏项目操盘经验,或者没有操盘团队<br>●代建方与委托方形成战略合作,合作阶段可以前置或拓展到项目选择阶段,对项目选择和管理的自主权相对较高 |

### 五、委托代建与项目管理的区别

根据《建设工程项目管理试行办法》第 2 条、第 3 条的规定,工程项目管理是指从事工程项目管理的企业受业主委托,按照合同约定,代表业主对工程项目的组织实施进行全过程或若干阶段的管理和服务。项目管理企业应当具有工程勘察、设计、施工、监理、造价咨询、招标代理等一项或多项资质。而委托代建,各地关于代建单位的资质、要求、代建单位的权利义务的规定有所不同,如《杭州市政府投资项目代建制管理暂行办法》第 2 条规定,申请代建资格的单位应为具有工程咨询甲级、设计甲级、施工一级、监理甲级、房地产开发甲级资质中的任何两项或已经市政府批准从事建设工程管理工作的市级建设管理单位,且注册资本金在 2000 万元以上,在编专职从事工程技术、经济等相关专业技术人员总数不少于 30 人,其中具备高级技术职称的人员不少于 15 人,有良好的企业信誉等;而《昆山市政府投资项目实行代建制管理暂行办法》则未对代建单位的资质等进行限定。

此外,根据《建设工程项目管理试行办法》第 6 条规定,工程项目管理业务范围包括协助业主方提出工程设计要求、组织评审工程设计方案、组织工程勘察设计招标、签订勘察设计合同并监督实施;协助业主方组织工程监理、施工、设备材料采购招标;协助业主方与工程项目总承包企业或施工企业及建筑材料、设备、构配件供应等企业签订合同并监督实施等工作。而对于委托代建,各地一般规定代建单位的主要职责为:"组织项目施工、监理等招标活动,负责签订施工合同和监理合同等。"

因此,委托代建与项目管理工作内容十分相似,都是主要处理建设单位为确保进度、质量、投资的项目建设的相关事务,但两者在资质要求、报酬计取、推行原因等方面略有不同。

**六、委托代建与工程总承包的区别**

根据《建设部关于培育发展工程总承包和工程项目管理企业的指导意见》第2条的规定,工程总承包是指从事工程总承包的企业受业主委托,按照合同约定对工程项目的勘察、设计、采购、施工、试运行(竣工验收)等实行全过程或若干阶段的承包。工程总承包企业按照合同约定对工程项目的质量、工期、造价等向业主负责。工程总承包企业可依法将所承包工程中的部分工作发包给具有相应资质的分包企业;分包企业按照分包合同的约定对总承包企业负责。

工程总承包合同属于《民法典》中规定的建设工程合同,即承包人进行工程建设,发包人支付价款的合同。而委托代建的合同性质虽有争议,但就委托代建的服务内容与目的来看,其并非建设工程合同:委托代建最主要的目的在于确保进度、质量、投资的项目建设相关事务,更偏向于管理职能,委托代建方为了起到管理作用,不能承担同一项目设计、勘察、施工等业务。

此外,关于委托代建中代建方的地位与工程总承包中总包方的地位与责任亦有所不同。代建方一般代行建设单位职责,而总包方则作为建设单位的承包方,为建设单位进行项目建设;代建方除确保进度及质量的责任外,通常还需要控制投资,履行成本控制的责任。

# 第二节 委托代建合同的法律性质辨析

代建对于项目的"投资、建设、管理、使用"彼此分立、相互制约起了积极作用,但由于代建尚未在法律法规层面建立统一、系统的规范制度,且代建在各地实践中推进形式各异,各地法院等司法裁判机构在实践中常常难以统一裁判尺度。鉴于此,笔者通过对代建所涉法律问题及相关司法判例进行检索,逐一梳理争议分歧如下,仅供参考,以便各相关主体能够更准确、理性地开展委托代建业务。

合同性质的认定对于解决案件程序与实体争议都有极大影响,例如:合同是民事合同还是行政合同,决定合同双方是按照约定平等地享有权利、承担义务,还是依法受比例原则、信赖利益保护原则、程序正当原则等约束;合同为委托合同还是房地产开发经营合同,决定代建合同是否享有任意解除权、是否适用过错赔偿责任,以及在代建方与施工单位签署合同的情况下,施工单位能否突破合同相对性向建设单位追偿等。

目前,理论上对代建合同的法律性质存在较大争议,并在一定程度上引发了代建合同纠纷司法救济的不确定性。因此,在理论上准确界定代建合同的法律性质,并在此基础上重新构建代建合同纠纷的法律救济途径,对于完善我国代建制度、助推其持续发展,具有重要的现实意义。

**一、民事合同与行政合同之争**

当前,我国代建已发展成"政府代建"与"商业代建"两种代建模式并存的状态。商业代建双方当事人都是民事主体,其在民事合同的法律性质上一般没有争议;政府代建合同中的一方为政府行政部门,且合同目的具有一定公益性,因此存在三种观点,即民事合同说、行政合同说及混合合同说。

民事合同说认为,第一,政府部门虽享有一定的监管权,但其权利来源于合同约定而非行政法规,其并不享有可以违背合同而无须承担责任的特权。第二,代建合同相较于政府和社会资本合作项目合同(PPP项目协议),其公益性和行政性质更弱。在PPP项目协议中,政府利用社会资本开展基础设施和公用事业建设,最终服务社会公众,协议履行过程中,政府需要对服务质量、产品价格等进行严格监管,以保障社会公共利益和公共安全;代建则是为了弥补建设主体缺位而产生,代建方代理建设单位行使项目建设管理职责,负责项目建设的组织实施,并承担控制项目投资、质量、工期和施工安全等责任,委托方通常无须另行监管。

行政合同说及混合合同说认为,代建合同内容包括涉及需要行使行政职权的土地征收拆迁、土地出让、土地出让金返还、税收政策优惠、政府财政担保等行政法上权利义务的约定,同时具有民事合同和行政合同双重法律属性。

在最高人民法院发布修改后的《民事案件案由规定》(2020)中,代建合同纠纷已被作为房地产开发经营合同纠纷之一被列入民事案由。将代建协议界定为民事合同,进而适用民事诉讼、仲裁等途径,更有利于实际解决纠纷,有利于调动民事主体参与代建的热情,推动代建制度的进一步发展。

**二、建设工程合同、房地产开发经营合同与委托合同之争**

代建合同并不属于《民法典》所规定的有名合同,由于现行法律法规未对其法律性质进行明确,且实践中代建合同所包含的服务内容差别较大,代建合同的法律性质在司法审判中逐渐形成以下观点。

(一)代建合同中代建方无须完成具体的工程建设,因此并非建设工程合同,该点已在众多司法判例中形成一致性观点

> **案例** 黑河市某房地产开发有限公司、黑河市某管理站委托代建合同纠纷,黑龙江省高级人民法院,(2018)黑民终＊＊号二审民事判决书
>
> 【法院裁判】本院认为,某管理站与某公司签订的合同虽然名为《建筑安装工程施工合同》,但某公司不具备施工单位的建筑资质,案涉工程亦非由其具体施工。从相关政府及其部门间的往来文件可以看出,案涉项目为某管理站利用其"原址建设公共租赁住房",之后,签订了委托房地产建设企业某公司代建房屋,向受托人某公司支付报酬的案涉合同,只不过将支付报酬的方式约定为某公司自行出售商服及车库而获得价款,因此,案涉两份《施工合同》的性质均为代建合同。鉴于该合同系双方的真实意思表示,合同是否备案并非法律、行政法规的效力性强制性规定,黑河市人民政府批准了案涉项目的建设,某公司亦具有房地产建设企业的开发资质,故应认定两份《施工合同》有效,且应以时间在后的《施工合同二》确定合同双方的权利义务关系。一审判决认定案涉合同的性质为建设工程施工合同不当,本院予以纠正。

(二)房地产开发经营合同说

在《民事案件案由规定》(2020)中,代建合同纠纷作为一类单独的案由,

与合资、合作开发房地产合同纠纷、项目转让合同纠纷并列，归入房地产开发经营合同纠纷类别项下。由此可见，此观点基于现行法律法规有一定的合理性。

> **案例** 新疆某房地产投资有限公司、新疆生产建设兵团某农场建设工程施工合同纠纷，最高人民法院,(2020)最高法民申＊＊号再审民事裁定书

【法院裁判】某房产公司认为其系案涉项目代建人，其未向土地管理部门缴纳国有土地出让金，未取得国有土地使用权，不具备开发主体资格，不是实际的建房人，也未参与工程施工，案涉三证一书均办理在某农场名下，本案为委托代建法律关系，二审法院否定委托代建合同的性质，违背基本事实。本院认为，从《代建协议书》约定的具体内容，案涉项目的建设工程施工合同签订及履行情况，竣工房屋销售及补贴发放情况综合来看，某房产公司名为代建，实际系案涉项目的投资建设方，对案涉项目拥有投资决策权，其通过销售房屋实际获得了部分房款，理应承担相应投资风险；其未获取国有土地使用权，系遵守保障性住房政策与按照协议约定履行义务的表现。根据查明的案件事实，二审判决认定双方存在保障性住房投资建设关系，不存在委托代建关系，并无不当。

但应注意，从代建在我国的发展历程及其创设目的来看，委托方选择代建的目的，一是实现工程项目管理的专业化，二是可将工程建设中的风险在一定程度上进行切割，而根据《城市房地产管理法》第2条第3款规定："本法所称房地产开发，是指在依据本法取得国有土地使用权的土地上进行基础设施、房屋建设的行为。"代建与房地产开发经营合同之间仍然存在相当的差异，代建有其自身独立的价值追求和目标取向，不宜以案由为唯一标准直接将代建合同定性为房地产开发经营合同。

(三)委托合同说

《民法典》第161条第1款、第162条规定："民事主体可以通过代理人实施民事法律行为。""代理人在代理权限内，以被代理人名义实施的民事法律行为，对被代理人发生效力。"《民法典》第919条规定："委托合同是委托人和受托人约定，由受托人处理委托人事务的合同。"在代建合同中，持有土地使用权的业主作为委托方，约定由代建人代行业主职责提供项目开发专业服务，服务范围可以包括建设项目的前期审批、项目策划与定位、可行性研究调查、规划和设计，中期施

工建设、项目销售或招商,后期物业管理和自持期间运营等,一般是有偿且诺成的;其显著特征在于建设单位不亲自参与项目建设管理,而是委托给代建方履行项目建设的管理职责,因此代建具有《民法典》规定的委托合同的一定法律特征。但代建合同是否即委托合同,可否参照适用委托合同的规定,在司法实践中存在较大的争议。

观点一:代建合同即委托合同,应当直接适用委托合同的规定。

**案例** 中国某集团有限公司、新疆某房地产开发有限公司建设工程施工合同纠纷,最高人民法院,(2020)最高法民终**号二审民事判决书

【法院裁判】本院认为,某集团有限公司与某房地产开发有限公司签订委托代建协议,某房地产开发有限公司系委托方,某集团有限公司系代建方,某集团有限公司作为代建方,将委托人信息披露给某第三方公司,按照《合同法》第403条的规定,某第三方公司可以选择代建方或者委托方作为相对人主张其权利。

**案例** 芜湖市某房地产开发有限公司、安徽某建筑安装有限责任公司建设工程施工合同纠纷,安徽省芜湖市中级人民法院,(2021)皖02民终**号二审民事判决书

【法院裁判】综合以上三方面情形及施工常识,可以认定某第三方公司在与某建筑安装有限责任公司订立工程承包合同时是知道某房地产开发有限公司与某建筑安装有限责任公司之间就案涉工程存在委托代建关系的。《合同法》第402条规定,受托人以自己的名义,在委托人的授权范围内与第三人订立的合同,第三人在订立合同时知道受托人与委托人之间的代理关系的,该合同直接约束委托人和第三人,但有确切证据证明该合同只约束受托人和第三人的除外。因此,依据上述事实和法律规定,某第三方公司与某建筑安装有限责任公司订立的工程承包合同直接约束委托人某房地产开发有限公司和某第三方公司,某房地产开发有限公司应按合同约定向某第三方公司支付工程款,故一审法院判决某房地产开发有限公司承担工程款给付责任,并无不当。

观点二：代建合同同时具有房地产开发经营的性质，不同于一般的委托合同，一般委托合同的任意解除权不适用于代建合同。

**案例** 广西壮族自治区某推广站委托代建合同纠纷，最高人民法院，（2021）最高法民申＊＊号再审民事裁定书

【法院裁判】首先，如前所述，双方在履行合同的过程中均有违约行为，故原《合同法》第94条第4项的规定在本案并无适用的余地。其次，某公司与某推广站之间形成委托代建合同关系，双方对此均无异议。根据案涉《委托改造合同》和《补充协议》的约定，某推广站作为建设方，提供土地和建设资金，委托具有开发资质的某公司代建房屋、代为进行相关建设活动，并向其支付酬金。因此，案涉合同具有房地产开发经营的性质，不同于一般的委托合同，如果允许某推广站任意解除合同将影响整个案涉项目的交易秩序和安全。

## 第三节　影响委托代建合同效力的因素辨析

代建合同是代建法律关系的核心文件，委托方和代建方之间的整体权利义务安排由其体现，直接决定委托方、代建方和项目建设相关法律主体之间的法律关系定位，也由此影响着各主体在争议发生时法律责任的承担方式和承担内容。

司法实务中，常见的认定代建合同无效的理由主要包括两类：一是因代建方缺乏相应的资质导致代建合同无效；二是因代建合同未经招标投标程序导致无效，尤见于政府投资类的委托代建。笔者就此进行梳理，以供参考。

### 一、资质要求对代建合同效力的影响

（一）规范性文件中对代建方的资质要求

我国法律法规层面并无单独的"代建"类资质规定，部分地方政府的规范性文件对代建方的资质有相应要求（见表7-3），但各地的规定不尽相同，且仍未在国家层面形成统一的强制性规定。

表7-3 部分地方政府的规范性文件对代建方的资质要求

| 文件名称 | 资质要求 |
| --- | --- |
| 《北京市政府投资建设项目代建制管理办法(试行)》 | 政府投资代建项目的前期工作代理单位和建设实施代建单位必须是具有相应资质并能够独立承担履约责任的法人。 |
| 《河北省省本级投资非经营性项目代建制办法(试行)》 | 申请列入代建单位名录库的专业化项目管理单位,必须具备以下基本条件:(一)……(二)具有国家发展改革部门颁发的综合或有关专业甲级工程咨询资质,同时具备有关行政管理部门颁发的乙级及以上工程监理、招标代理、设计资质和一级及以上施工资质等四项资质中的一项…… |
| 《湖南省政府投资项目代建制管理办法》 | 代建单位应当具有与代建项目相适应的施工总承包一级、工程设计甲级、工程监理甲级、工程咨询甲级、房地产开发一级资质中的一项或者多项资质。 |
| 《新疆维吾尔自治区政府投资建设项目代建制管理暂行办法》 | 代建单位应当具备下列条件:(一)具有法人资格;(二)具有甲级工程咨询、甲级工程设计、甲级监理、一级以上施工总承包等资质之一;(三)具有与承担代建责任相适应的资金、组织机构和项目管理能力;(四)法律、法规、规章规定的其他条件。 |
| 《东莞市政府投资建设项目代建制管理办法》 | 本办法所称代建制,是指社会机构代建,即市政府投资建设项目建设、使用或资产管理的单位(以下统称"委托单位")通过政府采购等方式,委托具备相应资质和工程管理能力的、能独立开展工作并承担法律责任的企事业法人(以下统称"代建单位"),按照合同约定履行市政府投资建设项目(以下统称"代建项目")全过程管理职责,包括项目投资咨询、勘察、设计和施工、监理单位招标等工作,并对项目投资、质量安全和工期进度严格控制,项目竣(交)工验收后移交使用单位,直至工程质量缺陷责任期结束的制度。 |

(二)司法实务中对代建方的资质要求

在代建关系中,代建方本身不直接提供设计、施工、监理等服务,而仅对设计、施工、监理等实施相关管理,司法实务中一般不直接因代建方不具备设计、施工、监理等资质而否认代建合同的效力。

但应当注意,根据最高人民法院《民事案件案由规定》,代建合同是指委托方获得国有土地使用权后委托房地产建设企业代建房屋,并向受托方房地产建设企业支付酬金的协议。该观点在一定程度上认可代建合同具备房地产开发经营合同的法律性质,因此司法实务中存在以代建方是否具有房地产经营资格为标准审定代建方资格的案例,并以此为依据认定代建合同是否有效。

**案例** 上诉人陕西省某院与上诉人陕西某有限责任公司委托代建合同纠纷,陕西省高级人民法院,(2017)陕民终＊＊号二审民事判决书

【法院裁判】至于《委托协议》中关于勘察、设计、施工的部分约定是否有效的问题:一是从《委托协议书》的约定来看,某公司作为省某院的代建人,进行省某院职工住宅楼项目报建,在建房过程中履行相关工程项目管理职责,而不是由某公司直接进行工程勘察、设计、施工。因此,依据委托协议约定某公司无须拥有工程勘察、设计、施工等资质。二是因委托代建合同应归属房地产开发合同类别中,在法律、行政法规针对委托代建合同未有明确规定的情况下,委托代建合同的受托人是否具有建设工程项目的代建人资格,应以其是否具有房地产经营资格为标准来审定。本案中,某公司不但在2000年9月19日就取得了包含有房地产开发的《企业营业执照》,而且该公司在双方签订《委托协议书》之前即于2009年5月15日已取得陕西省住房和城乡建设厅核发的房地产开发企业《资质证》。因此,某公司在签订《委托协议》时,是依法具备房地产开发经营的企业,其作为建设工程项目的代建人是符合法律规定的。根据以上两点,省某院认为某公司不具备工程勘察、设计、施工的任何一项资质,采取隐瞒真相的方式,用房地产开发资质冒充工程建设资质,不具有建设省科学院职工住宅楼的专业能力等理由,不能成立。

**案例** 平顶山市某建筑有限公司、中国某集团某轮胎有限责任公司等委托代建合同纠纷,河南省平顶山市湛河区人民法院,(2020)豫0411民初＊＊号一审民事判决书

【法院裁判】委托代建合同是指建房人获得国有土地使用权后委托房地产建设企业代建房屋,并向受托房地产企业支付酬金的协议,代建人应当具备房地产开发经营的资质。围绕双方争议焦点,本院作如下评析:一、关于委托代建合同的效力问题:庭审查明,某建筑公司以某轮胎公司名义向平顶山市环境保护局交纳环境监测费、环评费等费用,某轮胎公司委托某建筑公司乔某某办理土地划拨等事宜,且某轮胎公司、某建筑公司(乙方)、第三方公司(丙方)签订的债权债务转让《协议书》第1条明确载明:"某轮胎公司生活区(棚户区)改造项目系甲方委托给乙方代建的工程。"据此可以认定,某轮胎公司对于某建筑公司借用资质签订合同之事知情。而某建筑公司不具备房地产开发经营质证,其借用资质与

某轮胎公司签订的《建设工程委托代建合同》,因违反《城市房地产管理法》《城市房地产开发经营管理条例》的强制性规定,属于无效合同。

**二、招标投标程序对代建合同效力的影响**

商业代建项目中,如不涉及政府投资资金的使用,一般不涉及强制招标投标的问题;但在政府代建项目中,代建方的确定是否必须经过招标投标程序则存在争议。

观点一:未经招标投标程序不影响代建合同效力

《招标投标法》第3条第1款规定:"在中华人民共和国境内进行下列工程建设项目包括项目的勘察、设计、施工、监理以及与工程建设有关的重要设备、材料等的采购,必须进行招标:(一)大型基础设施、公用事业等关系社会公共利益、公众安全的项目;(二)全部或者部分使用国有资金投资或者国家融资的项目;(三)使用国际组织或者外国政府贷款、援助资金的项目。"《招标投标法实施条例》第2条第1款规定:"招标投标法第三条所称工程建设项目,是指工程以及与工程建设有关的货物、服务。"

代建合同虽涉及工程建设,但在法律性质上并不等同于建设工程施工合同,前述《招标投标法》《招标投标法实施条例》的规定并不当然适用于代建合同,即并无法律、行政法规明确规定代建归属于必须招标的范围;因此,存在部分观点认为,即便代建方的选定未经招标投标程序,也不影响委托代建合同的效力。

> **案例** 湖北某建设有限公司、武汉市硚口区某管理局建设工程施工合同纠纷再审审查与审判监督,最高人民法院,(2018)最高法民申＊＊号民事裁定书
>
> 【法院裁判】首先,某公司与第三方公司具有建设工程施工合同关系,案涉建设工程由某公司实际建设完成,现已竣工验收并交付使用,某公司有权利向第三方公司主张工程款。硚口某局与第三方公司签订《委托代建协议书》后,某公司与硚口某局签订《施工合同》并进行备案,与第三方公司签订《补充合同》。从《委托代建协议书》与《补充合同》的内容以及组织施工过程中,第三方公司进行了现场管理、办理设计变更、组织竣工验收及接受工程交付等的实际情况来看,某公司组织施工实际履行的是与第三方公司之间的《补充合同》。某公司应依据

《补充合同》向第三方公司主张权利。同时，硚口某局与第三方公司之间系委托代建法律关系，并非建设工程施工合同关系，双方签订相关合同时是否招投标不影响委托代建合同效力。

**案例** 郑州市某建设有限公司与北京某投资有限公司建设工程施工合同纠纷，最高人民法院，(2015)民一终字第＊＊号二审民事判决书

【法院裁判】通许县人民政府与某投资公司所签订的合同不是建设工程施工合同，不属于《招标投标法》的调整范畴。首先，某投资公司的性质是投资公司而非从事建设工程施工的建筑企业。其代通许县政府投资通许县某中学新校区项目是作为建设方而不是施工方来参与项目的开发建设的。《招标投标法》除了保障建筑市场中的公平竞争外，更主要的目的是通过招投标，选择确定具有与工程项目要求相符资质的施工单位，以科学、合理的工程造价来进行施工，以保证工程质量。而某投资公司根本不是建筑企业，该公司从事投资管理的专业性质决定其不可能直接承包案涉工程项目的施工，而只是代通许县政府作为案涉项目的建设方向项目投资。换句话说某投资公司就是通许县政府为案涉项目确定的投资人，案涉项目由某投资公司投资并作为建设方负责选择施工单位进行建设，建成后由通许县政府购买。之所以说通许县政府与某投资公司之间的合同不受《招标投标法》的调整，是因为该合同并非确定一个必须进行招投标的项目最终由哪个施工单位进行施工的合同。该合同既不涉及建筑施工企业是否通过公平竞争进入案涉项目，也与如何确定施工企业及其与工程质量相关的工程款等问题无关。

观点二：未经招标投标程序的代建合同无效

政府投资的代建项目，属于政府使用财政性资金进行采购的服务。《政府采购法》第2条第2款规定："本法所称政府采购，是指各级国家机关、事业单位和团体组织，使用财政性资金采购依法制定的集中采购目录以内的或者采购限额标准以上的货物、工程和服务的行为。"其中，采购是指以合同方式有偿取得货物、工程和服务的行为，包括购买、租赁、委托、雇佣等；服务是指除货物和工程以外的其他政府采购对象。《政府采购法实施条例》第2条第4款规定："政府采购法第二条所称服务，包括政府自身需要的服务和政府向社会公众提供的公共服务。"代建合同中，政府为了弥补自身经验和专业能力的不足而委托代建方提供

代建服务，显然属于法律规定的政府购买服务的范畴。

因此，无论代建合同是否因具体服务内容被定性为建设工程合同，都应当落入《政府采购法》及配套实施条例的规制范围；未经招标投标程序且不符合《政府采购法》所规定的采取其他采购方式的前置条件的，则应当属于《民法典》第153条规定的违反法律、行政法规强制性规定的范畴，即代建合同无效。

> **案例** 张某某、某经济技术开发区管理委员会委托代建合同纠纷再审，最高人民法院，(2021)最高法民申\*\*号再审民事裁定书
>
> 【法院裁判】首先，根据《招标投标法》第3条第1款第1项"在中华人民共和国境内进行下列工程建设项目包括项目的勘察、设计、施工、监理以及与工程建设有关的重要设备、材料等的采购，必须进行招标：(一)大型基础设施、公用事业等关系社会公共利益、公众安全的项目……"，以及《工程建设项目招标范围和规模标准规定》第7条第3项"勘察、设计、监理等服务的采购，单项合同估算价在50万元人民币以上的，"必须进行招标的规定，案涉项目属于政府采购项目，依法应当进行招标。双方未履行招标投标程序直接签订《委托代建合同》，违反了法律行政法规的强制性规定。根据《合同法》第52条第5项的规定，应当认定《委托代建合同》无效。

> **案例** 青海某房地产开发有限公司与某县住房和城乡建设局委托代建合同纠纷，青海省高级人民法院，(2017)青民初\*\*号一审民事判决书
>
> 【法院裁判】根据《政府采购法》第2条第2款、第4款的规定，各级国家机关、事业单位和团体组织，使用财政性资金采购依法制定的集中采购目录以内的或者采购限额标准以上的货物、工程和服务的行为，包括以合同方式有偿取得货物、工程和服务的购买、租赁、委托、雇用等行为，均属于该法规制范围。根据该法第26条、第4条规定，公开招标应作为政府采购的主要采购方式；政府采购工程进行招标投标的，适用招标投标法。根据《招标投标法》第3条的规定，大型基础设施、公用事业等关系社会公共利益、公众安全的项目的勘察、设计、施工、监理以及与工程建设有关的重要设备、材料等的采购，必须进行招标，具体范围和规模标准，由国务院发展计划部门会同国务院有关部门制订。根据上述法律授权制定的《必须招标的工程项目规定》第5条规定，使用国有资金投资项目，勘察、设计、监理等服务的采购，单项合同估算价在100万元人民币以上的，必须进

行招标。根据本院查明的事实,案涉工程系同仁县 2011 年新建廉租房中央预算内投资项目,案涉委托代建合同及委托代建补充协议估算价远超过 100 万元。综合以上法律、行政法规的规定,双方当事人未依法履行招标投标程序直接签订委托代建合同及委托代建补充协议,违反了法律、行政法规的强制性规定,根据《合同法》第 52 条第 5 项的规定,应当认定委托代建合同及委托代建补充协议无效。

## 第四节　委托代建合同中委托方的要点解析

如何通过核心交易文件来实现各方的利益诉求,准确定位各方的法律关系,规避各自的风险等核心事项等一直是代建项目中的痛点与难点。本书从法律角度对代建合同进行探讨解析,以期对委托方的注意事项作出提示。

### 一、代建方的选择

在代建项目中,代建方代行委托方职责,进行全过程、全方位的建设管理,与其他建设方式相比权限范围较大。因此,为保障项目按照预期质量和工期竣工,需要选择具有工程建设管理能力和经验的专业单位,重点关注代建方所属开发商是否专业及所属地域等因素,包括代建方的历史沿革、企业性质、实力口碑、产品品质、开发管理能力、品牌溢价情况等,并结合代建项目的具体类型分析其擅长的产品类型、过往代建项目经验等。

### 二、代建模式的选择

（一）纯收取服务费的代建模式

代建方负责项目管理团队组建、规划设计管理、工程质量管理、成本管理、营销管理、竣工交付管理等开发环节的全过程,代建方与委托方各司其职,权利义务范围较为明确。

（二）股权代建模式

代建方在合作项目中占有较小比例的股份,但根据委托方和代建方的相关委托协议,由持小股的团队操盘。代建方投入部分股权,实质上起了与委托方共担开发风险的作用,双方亦可以对企业的信用资源和采购资源进行共享,更有利于加强合作中的信任关系。但与此同时,代建方因直接参与投资而对项目管控有一定话语权,并且其与委托方并非一致行动人,因此需特别注意监管机制的具体落地。

此外,部分代建方以同股同权的方式参与项目的合作开发,委托方与代建方的风险和利益深度捆绑,合作开发协议就权责和利益的约定方式至关重要,因此有必要让代建方在项目基金谈判阶段和相关协议的拟定过程中介入,确保商业条件的一致性及具体计划的可执行性。

**三、代建管理费的设置**

(一)按销售额的固定比例收取:一般适用于市场较好、单方售价及利润较高的项目

一方面,优质地段的项目市场化和销售价格较高,以销售额为基数计提代建费更能享受项目升值优势。另一方面,可以将超出预定均价的部分作为代建方品牌溢价,协商按照溢价部分的固定比例额外追加费用。

与此同时,该收费模式往往对应要求代建方兜底利润总额或成本,双方约定的销售均价通常高于周边均价,且项目实际定价权全部交由委托方行使。一旦市场下行、售价下跌,或者委托方为加快销售主动降价,按销售额的固定比例收取代建费的弊端就会被明显放大。因此,选择该收费方式需要企业营销部门和法务部门全流程介入,报价也会相对谨慎。

(二)按报建的建筑面积×单方收费标准核计收取:一般适用于销售难度较大、施工难度较大、配套及园林施工规模较小的项目

(1)销售难度较大的项目,通常建设进度已达标,但销售进展尚不理想,按照销售额的固定比例收取代建管理费并不利于调动代建方的积极性。

(2)施工难度较大的项目,其施工进度受限于工艺复制、设备标准化等条件,施工进度同比其他项目较慢,甚至可能因为某些原因无法按计划完成项目的全部工作,因而以实际报建的工程量计收代建费更为合理。

(3)配建大型公共建筑、公园等不可售物业,以及园林施工规模较小的项目,可售部分不能涵盖全部工程量,不可售部分无法合理平摊,根据实际建设面积计收代建管理费更符合实际需求。

（三）按审定后的工程决算总投资额×固定比例收取：一般适用于销售难度较大、园林配套面积较大且不可售或自持建筑面积较大的项目

园林及地下车库等配套项目均不可售，但施工花费及成本投入切实存在且数额较大，因此，更适合按照项目总投资的固定比例收取代建管理费。

对于自持或不可售建筑面积较大的项目，如果使用销售额的固定比例收取代建管理费，则需要对不可售部分物业进行估值，预期不同极易导致双方出现分歧；相较而言，按照总投资额计收可以通过双方共同确认的成本预算提前核算应收的费用总额，在项目不可售部分工程量完工前即可通过调整付款比例，完成代建管理费的阶段性收取。

## 四、业绩管理目标的制定

代建方本质上是第三方服务机构，在以费率计取服务费的模式下，工程费用越高则代建服务费越多；代建方作为管理主体，为了获得更高的经济收益，往往对成本控制缺乏内在动力，也可能为了迎合委托方快速完工的需求，在项目实施过程中刻意忽略质量管理。因此，为了使代建项目在成本、质量、建设周期等方面达到平衡、保障项目顺利完成，委托方需要注意：在项目开始前保障代建方对项目具有综合了解，并根据项目的开发周期、施工进度、委托方资金配比情况等与代建方共同制定切实可行的业绩管理目标。在合同履行过程中，委托方应就可能或已经突破业绩管理目标的情形及时确认，明确权责归属或办理变更商洽。此外，建议将工期目标、成本目标与管理费挂钩，如有延期或超支，应按一定比例或额度予以扣减，或者根据销售目标对代建方进行超额奖励。

## 五、监管措施的制定

（一）供应商选择及合同审查权

委托方可以就开发全流程所涉及的供应商制定监管措施，包括设计、施工、监理、采购、前期物业等。在许多代建项目中，代建方为了保障项目开发的品质，维护代建方的品牌声誉，也为了代建方及其集团获得更多盈利，会要求有选任供应商的决策权，相关合同均由代建方拟定并管理合同履行。

此时，为了避免对项目失去控制，委托方需要注意增加代建方对供应商选择的责任。例如，要求供应商存在严重违约事件时，委托方有权相应扣减代建方的

管理费、超额管理费等代建报酬;同时,建议要求代建方提供高额度的银行履约保函等,从而确保其具备足够的履约能力。

如果进一步加大监管力度,委托方可收回所有对外合同的审查权,由委托方在合同签订前对合同进行审阅,具体而言,应对以下方面强化审阅:(1)合同资金支付应符合预算。(2)符合项目实际经营需要。(3)不会导致项目公司承担担保或连带责任。(4)不会影响正常经营。(5)合同内容如涉及股东会或者董事会决议事项,应经过股东会或者董事会决议通过。(6)合同内容如涉及招标投标等前置审批程序的,应满足前置审批流程。

此外,建议要求代建方定期上报合同台账,供公司成本部门及财务部门交叉核对,如果发现资金支付、实际签署合同数量和信息不符等情况或其他潜在履约风险,应当及时质询并纠正。

(二)档案建设及管理

建议在代建合同中明确代建方的档案建设和管理义务,了解代建方具体的档案体系标准,将其实际使用的档案清单经双方共同确认一致后作为合同附件,要求代建方在合同履行期间定期向委托方提供最新档案清单供委托方存档备查。此外,建议对档案移交义务约定相应的违约责任,鉴于档案损失不宜估量计算,可经双方协商确定最低赔偿金额,如果涉及损失大于最低金额,则以实际损失为准进行赔偿。

(三)工程造价管理

工程造价的高低会直接影响项目的投资效益,工程造价管理强调对工程成本进行确定以及控制。具体而言,为了控制工程造价成本,通常在事前为项目设置目标成本,但工程在施工过程中存在诸多不确定因素,导致目标成本在工程施工过程中处于波动状态,最终工程造价往往高于预期的目标成本。

1. 可以通过限额设计控制目标成本。实操中,多数工程目标成本的形成通过"投资估算、初步设计概算、成本预算、目标成本"的方式予以确定。目标成本确定后,由于施工现场不确定因素、施工方施工困难,或者变更使用需求而提出设计变更,或者因设计单位自身设计管理缺陷引起的设计修改,都可能引发目标成本的超支。因此,应对项目进行整体分析考量,以此目标成本和各子项目目标成本额度对项目进行限额设计。在限额设计的过程中,需要在满足功能要求、规范及质量保证的前提下,控制功能过剩、减少不必要的支出,以达到通过"限额设计"控制"目标成本超支"的目的。

应当注意，项目施工现场情况复杂，在施工过程中出现目标成本调整的情况无可避免，但针对目标成本调整，应当根据项目实际需求严格限定调整原因、程序和方式。在实务中，目标成本的调整因素包括设计变更、材料价格波动、施工技术缺陷、政策调整、疫情影响等，但无论是何种原因，均须严格把控调整事由的适用前提。

2. 建议设置目标成本超支的追责机制。对不符合前述适用前提的成本增加涉及的单位进行相应追责惩罚，以平衡部分成本超支。该机制主要通过超支成本索赔达成，成功索赔是合理弥补部分成本的有效手段，是索赔条款的合理兑现。具体而言，索赔需要做好动态管理，委托方应注意在工程施工阶段收集齐全、明确、无异议的索赔证据，主要包括现场施工照片、双方合同索赔条款约定的、基于索赔的工作联系单等形式的书面记录。

3. 建议明确目标成本费用范围。采用"正面列举+反面排除"的方式明确界定目标成本范围，为成本完成阶段的索赔和成本分摊做好基础性工作，为目标成本超支追责惩罚提供依据。

4. 对目标成本的调整程序和方式制定详细的内部管理制度并遵照执行。例如，设计变更导致工程变更时，应明确代建单位对工程变更的管理并审查工程变更的相关资料，重点包括变更理由的充分性、变更程序的正确性、变更估价的准确性，防止任意提高设计标准、改变工程规模、增加工程投资，切实把投资控制在代建控制目标范围内。同时，委托方应要求监理单位严格审查现场工程签证，加强变更工程现场签证的审核。

### 六、责任条款的制定

（一）免责事由条款

建议对代建方提供的代建合同文本中规定的免责事由仔细审核，注意避免代建方"两头免责"的陷阱，即一方面在代建合同中免责，另一方面在和总包单位的合同中将同样的风险转移给总包单位。

（二）违约责任条款

一般的违约责任是严格责任，只要存在违约事实，除非有法定或约定的免责事由，否则不影响违约责任的承担，违约方是否存在过错在所不问。

但代建合同存在特殊性，根据《民法典》第929条的规定："有偿的委托合同，因受托人的过错造成委托人损失的，委托人可以请求赔偿损失。"既然代建合同包含委托合同内容且有偿，有观点认为在代建方发生违反委托代建合同约定的情形下，只有在受托人存在过错时方得以要求代建方承担违约责任。因此，委托方应当在充分细化违约责任条款的基础上，严格落实代建合同履行过程中的沟通留痕，以防后续发生纠纷时，无法举证代建方就违约事宜存在拖延、怠工、消极响应等错误，从而无法请求赔偿损失。

**案例** 南京某有限公司、云南省国有资本运营某产业有限公司委托合同纠纷，云南省昆明市呈贡区人民法院（原云南省呈贡县人民法院），(2020)云0114民初＊＊号一审民事判决书

【案件情况】被告云南某公司辩称，一、原告存在违约行为，且未完成合同约定的义务。第一，原告存在以下违约情形：（一）施工的进度并未控制在2017年11月20日完成；（二）工程的总造价超过了1.3亿元；（三）整个工程设计方面并没有完成相应的工程设计图纸的审核，以及提供相应的审查报告；（四）在整个招投标里面，原告并没有协助完成招投标工作；（五）在工程施工以及工程设备采购方面超过概算；（六）在双方签订的项目管理合同中明确了原告派驻现场的项目管理人员的具体名单，并明确约定经被告书面同意，原告可更换派驻人员名单在实际管理过程中，未按照双方约定的管理人员进行派驻，也没有征得被告同意的基础之上，就私自更换相应的项目管理人员。原告的上述行为，严重违反合同约定。第二，根据合同约定，原告管理工作目标包含质量、安全、进度和投资4个方面，进度方面要求应在2017年10月20日前完成工程的竣工验收，投资方面要求将工程造价控制在1.3亿元以内，力求优化设计。原告仅完成了合同约内容中的18个月，但18个月里面的具体的义务原告并未完成。第三，原告的具体义务包含技术服务、施工管理、合同管理、信息及文件管理、设计咨询与审查、工程分包与物资采购管理、投资咨询与审查等7个方面，但原告仅举证证明其工期18个月已经完成，并且超过了7个月，但未举证证明其按照合同约定实际完成了相应的管理义务。

【法院裁判】本院认为，原、被告双方签订的《EMC项目委托管理合同》系双方真实意思表示，该合同真实、合法，各方均应全面严格履行各自的合同义务。

本案被告提出原告未尽到合同约定的管理义务,导致案涉项目严重超期以及超概算等,故不应支付相应管理费,但经本院查明,本案案涉项目即恒昌某 EMC 项目,业主方是恒昌某公司,被告云南某公司系该项目的投资方,恒昌某公司与被告云南某公司在项目建设过程中发生争议,并通过法院进行诉讼,最终法院认定双方均存在过错;相反,被告并未举证证明原告作为被告委托的项目管理单位,存在违约或未尽到管理义务的情形。综上,本院认为,原告作为无过错一方,有权要求被告支付合同约定的管理费 400 万元,扣除已经支付的 280 万元,被告尚欠原告管理费 120 万元(400－280)。

(三)赔偿上限条款

建议拒绝接受代建方的赔偿上限条款,或尽量排除、减少代建方在具体违约情形下的责任限额,例如,针对成本等具体管理目标的惩罚赔偿责任,避免代建方对其承担成本超额部分的金额作出限制。

(四)解约事由条款

除了对工程质量、工期超期、管理团队违约、道德风险等单方解约事由进行约定,建议明确约定:成本目标超过一定比例或销售目标超过一定比例未经双方事先书面确认的,委托方可以单方解除合同。

(五)代理权条款

建议单独设立条款,明确代建项目中委托给代建方的具体事项及时间周期,并明确代建合同并非授予代建方代理权限;与此同时,建议将前述内容告知代建项目所涉供应商等相关方,以避免后续因是否授予代理权出现权利义务纠纷。

## 第五节　委托代建合同中代建方的要点解析

代建合同中,委托方可能依据自身的优势地位,将项目建设中的风险转移给代建方承担,导致代建方同时承担业主方责任和施工方责任。委托方、代建方发生纠纷时,如何确定责任主体、如何在委托方和代建方之间分配责任,仍然缺乏明确的裁判规则。本节从法律角度对代建合同进行探讨分析,以期对代建方的注意事项作出提示。

## 一、委托方的选择

如果代建方对于开发理念和相应的品质、成本控制、付款节奏等与委托方相差较大，没有与委托方达成共识，项目的品质定位和最终效果可能会与预期偏离；一旦据此出现纠纷，代建方将面临品牌名誉受损的风险。因此，在确定合作关系之前，代建方需要对委托方的经营诉求进行了解并充分沟通，表明自身的理念和价值，确保双方在产品营造各方面达成一定共识，避免委托方过度干预。

在商业代建中，部分委托方是中小开发商，这类委托方风险抗压能力、资金周转能力均不及规模房企，一旦资金出现问题，代建方的款项容易被拖欠并据此承受损失。同时，由于项目通常依靠代建方的品牌影响力进行宣传，消费者对于项目的认知很大程度上基于代建方的影响力，一旦出现非因代建方原因，或因产品标准降低而导致的事故或质量问题，将直接损害代建方的品牌名誉。

## 二、项目可行性的预先分析

项目可行性分析应综合考虑项目概况，包含项目名称、项目总投资、建设地点、主要经济技术指标、建设内容（含地块平整、建安工程施工、设备及工器具购置、规划红线范围内的绿化、公建配套和市政基础设施配套等）。代建的本质是管理体系流程的整体输出，预先分析项目可行性不仅为后续工程建设形成信息铺垫，也为设定代建费用等事项做前置准备工作。

## 三、代建合同性质的约定

如果明确约定双方是委托关系，则代建方与施工方发生纠纷时，施工方或将直接起诉委托方，如此对于代建方而言较为有利，尚未明晰的权利义务关系及责任分担均可以通过法庭审理予以明确；即便施工方选择起诉代建方，基于委托关系，代建方所承担的后果最终仍系由委托方承担。在该约定模式下，代建方所面临的风险较低。

如果委托方拒绝将合同性质明确为委托代理合同，则双方应就各事项的权责进行细化约定，包括但不限于代建方与施工方的合同中，若代建方被判令承担违约责任，赔偿责任在代建方、委托方之间如何分配；代建方与施工方发生纠纷所产生的诉讼费、律师费如何承担；代建方追讨所得的违约金、赔偿款归属何方等。

**四、代建工作范围的细化**

虽然代建项目不需要品牌房企重资产投入，但因为涉及房地产建设过程中多体系的协调配合，同样需考虑单方耗费的成本，代建规模越大、代建成本越低。具体而言，代建工作范围涉及前期管理、施工过程管理、后期管理。

（一）前期管理

前期管理包括前期资料获取、规划设计及优化、前期工程事项的准备（如勘察、监理、采购等相关招标投标及合同的洽谈签订等）、前期四证及各细化审批事项的报批报建等工作。

对于代建方，前期管理最核心的是规划设计方案的编制及设计理念输出，这是代建能力及品牌影响力的体现要点之一；部分代建方将规划设计费计入整体代建费中统一核算，但出于费用处理方式以及抵扣税费的需要，多数代建方将设计费作为独立费用计入项目的正常工程成本中进行支出，要求项目公司在招标投标中必须选择代建方指定的下属设计单位完成规划设计工作。即设计费依然是代建方计收，但不再合并到代建费中，而是单项支付并独立出票。

应当注意，除规划设计及相关图纸优化由代建方主导解决之外，其他所有事项的牵头人、招标投标等程序的组织人以及合同签订人均为委托方。即使委托方基于各种原因不能完成牵头或组织工作，为了有效实现风险防控，代建方不应该主动接手负责，这不仅是项目合作能够平稳推进的直接需求，更是代建方与委托方划分责任界限的根本方式。

（二）施工过程管理

施工过程管理包含工程质量、进度、安全、建材人员、成本控制、工程款项预算及支付管理、施工方案变更及审核等工作。

施工总包、分包已形成专业化的业务体系，施工管理基本由代建方遴选长期合作且对其产品体系熟知的建设总包单位进行项目建设；相较而言，后续品质存在本质区别来源于工程管理，其中最重要的影响要素即为管理团队及管理理念。对于相同的模板和建材，团队对施工工艺、技术经验以及应急预案等熟悉与否将直接导致最终施工成果的巨大差异，优秀的代建方通常具备整套施工管理守则、管理标准和技术体系。

### (三)后期管理

后期管理包括工程竣工、消防等各项验收及报批报建、建设资料的审核及收集归档、工程竣工结算及成果移交、建档移交及办理房产物业相关合格证件等工作。

后期管理事项相对于前期和过程管理较为简单,主要对于建设成果的后续流程及办证手续加以完善,相关环节往往受制于政府相关部门的审核批复,在管理技术和理念层面没有预留给代建方较多管理主动权。

诚然,代建合同的履约完成、代建费用的大额支付节点通常设定在项目竣工验收阶段。因此,在代建方与委托方主动权均较为有限的完善阶段,双方务必根据竣工验收及办证进度合理协商设置费用支付比例和节点。

### 五、管理目标的设定

管理目标包含总投资目标、工程质量标准、建设工期等。总投资目标一般按照单方成本与施工建筑面积的乘数得出,博弈核心在于成本区间的确定。标准化的代建方一般具备成熟的成本测算及管理系统,成本管控体系也相对完善,因此,在多数代建项目中,双方会设定一定的成本波动区间作为成本控制界限,比如确定成本数的上下浮动不超过5%,合同中也会增加不可抗力条款,例如因建材价格波动等其他不可抗力因素导致成本上升的情形。

此外,代建合同通常会约定非代建方原因导致的项目竣工延迟,可相应顺延或协商解决,比如委托方不配合各项流程,或因委托方隐瞒事项导致项目报批报建重来,或大规模重新调整设计施工方案导致项目不能按期完工的情形。

最难定量衡量的是工程质量标准。委托方的知情范围有限,工程质量达标与否的话语权基本归属于代建方;除非对品牌极度强势且有专门要求,质量标准的约定条款一般都会描述为"确保各分部、分项工程质量一次性达到国家、省市及地方相关专业验收合格标准,整体工程一次性验收合格",即依靠官方标准进行认定。

### 六、工程造价的管理

首先,与委托方就待发生专业工程的招标定价原则、目标成本的过程动态变化修正原则、审批权责、目标成本预留不可见成本科目等达成共识,作为项目下一步开发建设的管理依据。

其次,梳理项目已发生工程成本、细化至不同专业工程,并根据项目付款条件、代建方自身成熟的管理经验,结合项目当地市场实际情况,选择适合项目的产品定位标准,再进一步预测项目待发生专业工程成本。

最后,代建方成本管理团队梳理待发生专业工程成本设计方案,并会同设计人员对专业工程设计方案进行优化,对规划方案、技术指标、结构形式、建筑用料、设备选型等影响成本的重要子项进行技术方案比选,进一步更新项目待发生专业工程成本后,整体修订项目目标成本数据。

### 七、违约责任的风险规避

在代建合同中,代建方基于代建项目的组织管理工作收取较低比例的代建费或者管理费,代建方并不是承担建设工程交付义务的承包方,不享有建设工程承包方的权利和利益,因此也不应当要求其在没有过错的情形下承担延迟交付建设工程的义务,否则将导致利益失衡,毕竟委托方才是建设项目最终的实际受益主体。因此,代建合同中代建方的违约责任应为过错责任,该定性直接影响委托方和代建方在违约情形发生时争议焦点和证明焦点的确定,代建方应当重点关注合同履行过程中的沟通留痕及注意义务,审慎处理各项行为,避免被认定为存在主观过错进而承担违约责任。

> **案例** 新疆某房地产有限公司、某建设管理集团有限公司委托合同纠纷,新疆维吾尔自治区高级人民法院,(2021)新民申＊＊号再审民事裁定书
>
> 【法院裁判】关于房地产公司主张建设管理公司赔偿损失的再审申请理由能否成立的问题。房地产公司主张建设管理公司赔偿损失的再审申请理由不能成立。理由如下:首先,房地产公司与建设管理公司之间签订了《房地产项目开发委托管理合同书》(以下简称委托管理合同),该合同中约定房地产公司委托建设管理公司全面负责涉案项目开发建设的管理工作,双方之间系委托合同关系。房地产公司主张建设管理公司在委托管理涉案建设项目期间存在过错,导致涉案项目中48栋别墅超红线建设,应当赔偿涉案项目逾期完工造成的销售利息损失,对此,房地产公司应当对建设管理公司存在过错承担举证责任,并对其主张的损失与建设管理公司的过错行为之间存在因果关系承担举证责任。原审庭审

期间,双方均确认涉案建设项目存在超红线建设48栋别墅的情形,但对于超红线建设的责任应由谁承担存在分歧。根据双方签订的合同内容约定,房地产公司负责办理项目前期审批各项手续,包括涉案项目经营资质的取得、立项、建设用地规划许可、规划方案、初步设计、施工图、建设工程规划许可、施工许可等内容,涉及与土地使用权确权、土地交付、用地性质与用途调整以及规划设计条件调整相关的前期审批事项由房地产公司负责。其次,原审法院查明,涉案项目工程由房地产公司与案外人新疆某建设工程有限公司签订建设工程施工合同,对涉案项目进行施工建设。从双方签订的合同内容及原审法院庭审调查反映,涉案项目的立项、规划许可、施工许可、工程发包、合同签订均由房地产公司负责,涉案项目的工程建设系由新疆某建设工程有限公司负责,同时涉案工程项目中还存在设计单位、监理单位,建设管理公司虽为管理涉案工程的受托人,但并非涉案项目的发包人,也不是涉案工程的承包人,涉案项目的超红线建设涉及立项、规划、设计、施工、监理等诸多管理及控制因素,房地产公司在本案中并未举证证实涉案工程的超规划建设行为系建设管理公司的原因导致,亦未举证证实建设管理公司在委托管理过程中存在导致涉案工程超红线建设的过错行为。另外,房地产公司在本案中主张涉案项目工程存在超规划建设导致延期竣工,其主张建设管理公司赔偿建设资金的资金占用利息损失,因涉案工程的施工过程中存在变更规划、设计及土地使用权变更等情形,房地产公司作为涉案工程的建设方及发包人,涉案工程投入建设资金系其经营所需,房地产公司并未举证涉案房产项目的延期销售原因系建设管理公司所致,故原审法院认为房地产公司主张建设管理公司赔偿该部分资金占用利息损失无合同及事实依据不予支持并无不当。

经过本章梳理,代建的相关概念及合同性质已经较为明晰;鉴于代建合同对双方权利义务关系规制的重要地位,亦对招标投标程序、资质等影响代建合同效力的因素予以分析,并对委托方、代建方在实务中的要点予以逐一提示,以期对代建合同所涉问题进行系统化呈现,帮助各方预先规避或者妥善处理代建合同履行过程中的争议。

因代建合同在实务中的争议问题波及较广,地方规制和裁判规则亦有不同,较其他建设工程案件更为复杂,因此,化解思路不应局限,笔者将在现有梳理成果上持续关注。

# 第八章　城市建设类企业与资产运营

## 第一节　城市建设类企业资产运营模式选择与法律风险解析

### 一、城市建设类企业发展背景

作为国内城市建设的主力军,城市建设类企业自成立以来,在中国城市的建设开发、配套服务、产业推动等方面起了不可替代的重要作用。不管是土地整治、地产开发,还是水电气暖、环保绿化、城市服务,金融服务中,都能发现城市建设类企业的身影,它们是中国改革开放建设中不可或缺的中坚力量。

就城市建设类企业发展历程而言,2014年前企业作为政府融资平台,以土地开发和基础设施建设为主,通过土地出让收益和政府信用融资来推动城市的建设和发展;《国务院关于加强地方政府性债务管理的意见》推动了城市建设类企业经营与政府隐性债务的分割,开启了城市建设类企业市场化自主经营的改革之路。

2018年以后,城市建设类企业在"十三五"国企改革的背景之下,进一步加速转型,通过业务、经营、管理、融资的规范化与核心升级,在公司治理经营、市场运作管理、激励制度完善等方面都做出了不懈努力。

### 二、城市建设类企业特点与缺憾

(一)大部分传统城市建设类企业业务结构差,缺乏可长期发展市场化业务

城市建设类企业缺乏长期战略安排,只承担了地方政府的众多基础设施以及公益性项目的投资,没有可以长期发展的市场化业务,其项目成因更多是因为城市建设基础的需要。

（二）大部分传统城市建设类企业资产结构差，资产流动性差、负债包袱重，造血能力不足

城市建设类企业承担了地方大量的融资和城市基础设施建设的职能，其现金来源主要是融资和政府财政性资金的支持，资产结构、收入来源相对单一，营利能力较差，无法满足偿债的要求，还债压力相对较大。

（三）大部分传统城市建设类企业市场化能力和自主经营意识差

尽管做出了相应的努力与改变，城市建设类企业的主要业务依然来源于政府购买，市场化业务占比较低，新业务的开拓能力和市场竞争能力相对较弱，距离行业优秀企业的差距比较大。

（四）传统城市建设类企业在管理理念和经营机制相对僵化，还有待于进一步的提升

现有少量城市建设类企业管理模式相对老化，任务导向性明显，在公司治理、经营理念、制度流程、人才结构、绩效激励等多方面相对僵化，未做相应的市场化改革，制约了整体企业的运营效率和发展活力。

### 三、城市建设类企业资产运营模式概述

运营模式本身并没有一个确切的定义，由于我国房地产行业的发展，也有不少专家学者对运营模式进行过深入研究。有学者研究认为，运营模式是一个企业形成及运转的基础条件、经营方式和措施。简而言之，运营模式就是企业以何种方式获取利润，与企业的战略计划和措施密切相关。

我国的房地产企业在开发房地产项目时，最传统的方式就是采用重资产开发模式，也就是以土地所有权为核心，开发商掌控着整个项目开发的全流程，甚至最后的物业管理环节都是开发商在运作。这样的模式也被称为"香港模式"。而这样的模式需要房地产企业投入大量的资金，这样就造成现金流的利用效率特别低，特别是对中小型房地产企业而言风险很高，特别容易发生资金链断裂的情况。但是丰厚的利润依然吸引着大量的投资者进入房地产项目中。由此也催生了疯狂增长的信贷市场，造成房地产行业筹集资金的成本一路高涨。

另外，我国土地资源是由政府高度垄断。从2010年中国房价飞涨以来，中国的土地价格也在不断高涨，企业对获取土地的不理智性也放大了房地产运营的风险，许多抗风险能力较差的中小型房地产企业都在这样大浪潮中面临生存

危机甚至破产倒闭。因此,寻找新的运营模式并摆脱房地产开发的瓶颈是大多数房地产公司追求可持续发展的唯一途径。

基于不同的分类判断标准,城市建设类企业资产运营亦可进行多重分类,而将投入成本同收益比例作为划分纬度,将城市建设类企业的资产运营模式区分为轻重资产等运营模式,对于城市建设类企业资产运营有着重要参考价值。下面将详述此中区别。

(一)重资产运营模式

重资产运营模式也没有公认的定义,它是相对轻资产运营模式而言的。重资产模式主要是指,在房地产企业运营过程中,企业资产中的非流动资产占比非常高。重资产运营模式的企业,资金很大一部分都用来购买原材料,构建厂房等资产,这些资产很难瞬间套现,所以重资产运营的房地产企业有两种极端情况:一种就是具有相当规模的大型企业,这样的企业具有雄厚的资金实力,这样高占比的固定资产反而是企业能力的象征,能够让客户对企业产生信心。另外一种就是中小企业,这样的企业资金实力不足,时刻都承担着巨大风险,同时为了应对市场竞争,还不得不持续进行资本性支出,这样的重资产运营模式就很容易让这样的中小企业出现自有资金的匮乏,面临破产风险,而我国房地产企业大多数都具有显著的重资产运营特征,因为它们的产业报表中的资产大部分是土地和开发成本。随着市场变化和通货膨胀,企业的资本性支出也在不断增加,资金链断裂随时可能发生。而在商业活动中,企业资产规模与质量往往是相对方选择合作、商业伙伴的重要决定因素之一,在某些情况下甚至占据考量因素的第一位。

重资产运营模式的界定,主要是将轻资产作为参考系,是指企业在建厂房、购设备、购原材料、广告等方面投入大量资金,形成固定资产、固定用途,以规模经济获取效益的运营形态。其运营优势在于资本、技术投入大,从而带来门槛高,市占率高等特点,且运营模式不易被效仿,易形成行业寡头垄断,产生规模效应。企业在此过程中不仅仅拥有资产增值和租金的双重收益。但欲戴皇冠,必承其重,重资产带来的问题同样亦是显性且影响重大的。

首先,重资产运营模式对于企业资金要求极高,尤其针对城市建设类企业而言,其涉及重资产标的体量大,重资产运营带来的压力要远超其他类企业。

其次,重资产运营模式资金回笼速度较慢。在重资产运营下,租金是回笼资金的主要方式，但相较于投入的资金规模，租金产生的现金流相较羸弱，易造成资金链断裂的情况。与此同时，尽管持有地产产权能较为稳定地实现资产增值，但此部分增值无法通过现金方式及时反馈给企业，可能致使企业无法维系正常运营。

最后，重资产运营模式下，企业作为产权持有人，需要完全自负盈亏，尽管在商业运作合理，市场情况良好的环境下，自持产权带来的收益率会相应提高，但同样意味企业缺乏对冲方式，未能做好风险分摊，长远视角下并不利于企业发展。

国内的房地产运营模式基本上都是借鉴香港发展起来的重资产运营模式，虽然这样的模式让我国的房地产企业进入了飞速发展的30年阶段，但是其弊端也渐渐显现出来，国内房地产主要运作模式其实就是先投资去竞拍拿地，拿到土地之后就进行项目融资，筹到钱就开始建设开发，项目封顶即开始售卖实现资金回笼，然后投资者再利用赚到的钱进行其他的房地产项目开发。这样的运营方式也让我国的房地产企业十分重视土地储备，使得土地固定资产在企业资产结构中占比很高，因为在项目开发中土地是最基本的生产要素，如果没有了土地其他的都无从谈起，同时由于国家控制土地造成土地资产的稀缺，也拉升了企业拿地成本。

房地产项目的开发持续大量资金投入，使得项目运营资金密集度高，并且大多数中小企业只能依靠高息借款来保证自身现金流。我国目前的金融市场还不算很发达，银行机构往往倾向于将钱借给国有企业等大型企业，而我国房地产企业发展到现在的规模，仅仅依靠企业自身的资金流想维持项目的运转几乎是不可能的，银行对房地产企业的支持较少所以私有房企往往只能通过股东借款或者其他高息贷款渠道自筹资金，这也使得我国房地产企业有息负债率很高。根据统计年鉴，2015年中国房地产开发投资总额达125,203亿元，其中国内银行贷款仅仅只有20,214亿元。其中大部分为自筹资金和其他企业资金。这种高负债率表明中国的房地产公司已经到了变革的时刻，经过30多年的高速发展，我国房地产企业面临的行业形势大不如前。土地资源稀缺、建设成本上涨、政府调控收紧、行业竞争加剧等外部环境的变化使房地产企业发展进入瓶颈期，也使传统重资产运营模式受到严重阻碍，无法适应全新的市场环境。

(二)轻资产运营模式

轻资产运营模式就是充分利用自己的外部资源,减少自己对项目的现金流投入,从而能够将企业资金压力分散开来。实际上,轻资产模式就是充分利用财务的杠杆效应,以最少的资金投入赚取最大的利润。而轻资产的主要特征主要是两个方面:①轻资产运营模式的企业固定资产及存货所占总资产的比重较低,现金和流动资产比较多;②轻资产运营企业比较重视自身品牌价值,注重品牌建设和营销能力的构建,同时与在其他方面有优势的商业伙伴合作开发项目来减少本企业的投资成本。

区别于传统意义上的重资产模式,轻资产运营模式不再受到厂房、设备、土地等高投入要求的限制,转而将企业规模与投入规模限缩,使得企业能够以较低的经营、财务杠杆撬动较大的资产规模,从而保证高资产回报率与现金流,盘活存量资产,企业运作更为灵活,而按照底层资产的不同,不动产证券化产品分为酒店、商业、办公、产业园、长租公寓等多种类型。

1. 轻资产运营模式的优势　与传统重资产模式相比,轻资产运营模式具有以下优势

(1)专业分工明确。在开发建设、销售、物业管理及幕后资本金融支持等价值链各方面都有专业参与者,在高度专业分工下参与者专注自己的领域。部分企业聚焦于产业链某个环节发挥企业自身在品质管理、成本及品牌价值等方面的优势,从而获取更多利润收益,同时,通过收益继续加深在本领域的优势,并将该优势提升为企业市场竞争的关键能力。专业化运作使企业对市场形势的判断更准确,可降低企业经营风险。

(2)融资渠道多元。房地产开发存在投资规模大、回收变现慢等特点,导致许多房地产企业资金周转困难甚至倒闭,轻资产模式能有效缓解这一难题。多家企业参与同一项目,多方共担风险分享收益,使房地产企业的风险得以稀释。轻资产模式下房地产企业不再负责全部资金筹集工作,通过组建基金的方式筹集项目所需资金,大大降低自身对项目资本的投入,也减轻对银行资金的依赖。企业在获取充足资金的同时降低融资成本,以小资本撬动大资本,分散风险,获取更高收益。实现融资渠道多元化,既保证了房地产企业的资金需求,又使融资成本得以平衡。

(3)营利模式转变。在轻资产模式下,房地产企业与其他企业合作开发,不

再依靠土地与房产增值获取超额收益,营利模式发生转变,由资产收益模式转向费用收益模式。在通过售卖房屋获取收益分成的同时,企业也可对项目进行全程管理。通过提取管理费与超额收益提成获取利益,这种营利模式相较于资本增值型营利模式而言,对市场政策的依赖较小,收益来源更广泛、稳定。

(4)提高企业效率。在轻资产运营模式下,企业自身效率优势被放大效率高的企业获得更高回报。轻资产运营能使企业将资本集中到投资效率更高的部分并有效规避风险,实现资本的高效配置。

2. 轻资产运营转型的必要性

经过多年发展,传统重资产运营模式逐渐暴露缺陷。随着房地产市场环境的变化,房地产企业需转变原有发展思路,适当借鉴轻资产运营优势,缓解当前企业发展面临的困境。房地产企业轻资产运营转型能解决以下发展困境。在前文基础上,可以看出轻资产运营转型必要性:

(1)缓解企业资金危机。轻资产模式能摆脱重资产投入,将房地产开发企业从全程管理的传统模式中解放出来利用合作、入股、品牌输出等方式缩减开发企业的参与环节,从而达到资金投入大幅缩小的目的,减轻企业的资金压力。

(2)弱化对土地资源的依赖。轻资产运营的开发模式能让企业在不持有土地情况下,通过合作开发等方式参与房地产项目开发,一定程度上减轻了企业对于土地使用权的依赖。房地产企业可在土地开发权持有增量减缓甚至下降情况下,保持多项目开发。

(3)提升企业营利能力。摆脱重资产束缚后,因资本投入更少,房地产企业财务决策更灵活,同等情况下获得更高利润回报,净资产利润率等财务指标得到大幅改善。同时,改变了企业单一的收入来源,为企业提供更多营业收入渠道,如开发管理费、运营维护费等。

(4)削弱市场波动的影响。轻资产模式将企业营业收入的组成由单纯销售转变为各环节管理及整体利润分配,降低土地资源在企业资产构成中的组成占比。营收渠道多元化在分散运营风险的同时,也减轻了市场变化对企业的影响。

(5)优化资本结构。轻资产运营可减轻企业对重资产增持的依赖程度通过丰富的融资渠道,降低高息负债占比。轻资产模式下的企业具有更高的现金储备、研发投入。轻资产模式克服了重资产运营劣势,优化房地产企业资产结构,增强企业风险承载能力,提高企业资产运作效率。

3. 轻资产运营的模式

房地产企业传统重资产模式无法适应当前市场形势,而轻资产运营则可在一定程度上克服房企困境,因此,进行轻资产运营转型有利于房企的可持续发展。具体来说,轻资产运营主要有以下几种。

(1) ABS(资产证券化)方式

资产证券化一般是指企业通过打造资金池,以资产未来产生的现金流为偿付条件,向投资者发行证券进行融资的过程。企业通过资产证券化可以较快达到融资目的,缓解资金压力,优化企业资产负债表等,是支撑轻资产运营模式的重要方式,其中 REITs 是资产证券化的典型代表。

第一种是股权过户模式,即将国企持有的部分股权转让给作为投资人代表的管理人,运营商则继续进行原有运营模式,持续产生现金流。随着更多知名企业的入驻,地产的名声也越来越大,租金也越来越高,它的价值就会越来越高,投资人间接持有股权的价值也越来越高,以此实现较为稳健的资产增值。

第二种为物业抵押模式,即主体发行证券化产品,同时用物业进行抵押,依靠物业的信用拉高产品的评价,从而降低发行的利率。在这种模式下,投资人认为风险更加可控,目前发行难度比没有强主体增信的股权过户型模式要小。

第三种为现金流质押的证券化模式,即将物业产生的未来的现金流做证券化,仅基于现金流构建产品。但此种方式需要运营能力强的投资人进行联合运营,参与融资与运营过程,通过其运营能力,培养高价值项目,如此才能使得现金流情况提升,达到更好的融资目的。

(2) 产业园区模式

我国现行法律法规未对"产业园"作出明确定义,学术界也未达成一致,在实践中一般认为产业园即由政府或企业为实现产业发展目标而创立的特殊区位环境。根据联合国环境规划署(UNEP)认为,产业园区是在一大片的土地上聚集若干个企业的区域。它具有如下特征:开发较大面积的土地;大面积的土地上有多个建筑物、工厂以及各种公共设施和娱乐设施;对常驻公司、土地利用率和建筑物类型实施限制;详细的区域规划对园区环境规定了执行标准和限制条件;为履行合同与协议、控制与适应公司进入园区、制定园区长期发展政策与计划等提供必要的管理条件。

产业园区可以打造品牌,通过提供产业服务以达到营利目的。就服务内容而言，其服务内容不仅可以涵盖园区内主要企业的生产性、科技性、生活性需要，例如办公场地、办公设备的提供，上下游企业的对接，甚至对于高新科技产业园区来说，针对技术设备批量供给、企业合规——政策解读、ESG规范等都是产业园区的优质服务提供方向，通过集中整合园区内技术、人才、资金、供应链、信息等优秀生产要素，形成园区独有特色，从而达到独特的竞争优势。

基于不同标准与维度，产业园区运营模式的区分存在差异，本节基于园区运营主体发挥功能为要素进行分类，主要归纳为五种产业园区运营模式。

一是政府主导运营模式。政府主导运营模式与行政主导型园区存在异曲同工之妙，但分属不同概念。在此种模式下，投资方为政府，其运营模式为入驻企业提供税务、行政事务代理的服务，从而收取服务费用。政府部门为招商往往会给园区提供代理、税费上的优惠，提升园区引资能力。此种运营模式因其营利模式与资金回笼慢、不稳定等特点，仅适用于一些未产生规模效应，管理要求较低的园区，就大型园区而言，缺乏可适性。广州天河软件园即为政府主导运营管理的典型。

二是投资运营模式。投资运营模式即通过政府投资建设园区，后将房租、固定资产作为合作资产，孵化有发展潜力的中小企业，在企业成长后通过吸引外部战略投资者或上市，得以实现资产增值并顺利退出。此种运营模式的特点在于前期资金投入大、资金回笼慢。园区在前中期很难获取回报，但其能较好推动地区经济发展、助力缺乏资金的有潜力中小企业发展，后期回报率将较为可观。浦东软件园即属此种模式。

三是服务运营模式。随着生产性要素的多元化要求成为企业发展过程中不可避免的重要问题，仅仅充实企业运营资本已不能完全满足企业发展需要，因此企业对园区的服务提出了更高的要求。服务运营模式园区应运而生。园区除为入驻企业提供政策优惠、合作资产外，还加强了人才招聘、派遣、信息提供等软服务，优化了企业的人才、信息管理结构，加强了园区与企业之间的连结，增加了园区盈利的途径。

四是土地营利模式。房地产市场的蓬勃发展使得土地增值的营利能力远超行业水平，土地营利模式下的园区在获得土地收储、初步开发、拍卖的功能后，通过控制大面积土地，进行初步开发后，短期提升土地价值，进行地产开发或转让。此种模式为园区后期开发奠定了雄厚的财力基础，但存在较多法律风险。此种模式下中关村软件园当属翘楚。

五是产业运营模式。产业运营模式下的园区在提供传统意义上的园区服务外,还承担了调节、完善、强化区域产业链运营的作用,其设立目的即整合资源,构成完整产业链,在投资初期园区就会进行招商引资,引入符合产业链要求的企业。此种运营模式的产业园较之其他模式往往要具备3种职能:行政功能、服务功能、企业投资运营功能。这对园区的运营投资方监管、运营能力实为较大考验。

(3) 产业基金投资模式

此种模式即通过全链条孵化和投资高科技企业,在实现园区资源整合的同时,通过运营管理使得资本溢价完成资产增值。在此种模式下,产业园区地产商向产业投资商进行了角色转换,产业园区开发者不仅需要具备较好的产业开发运营能力、招商能力和服务能力,还需具备较强的资金募集能力、项目、企业评估能力,对国企能力提出了较高要求。在此种模式下,园区不仅能够实现自身资产增值,还能根据政策导向与国家需要,及时调整投资方向,扶持缺乏资金支持的高新技术产业,以促进整体产业转型与结构升级。

(4) 开发性 PPP 模式

PPP 模式是指政府与私人组织间为合作建设项目,以特许权协议为基础形成的一种伙伴式关系。PPP 模式是政府和社会资本合作,利用各自的优势资源、发挥各自的优势特点,在组织模式上进行的一种创新。通过资源的整合利用和风险分摊,政府和社会资本双方以合同作为合作基础,相互制约、相互激励,最终得以实现对生产要素的创新利用和价值的提升。从过去几年的实践来看,PPP 模式无论在提供市场化资金、改善我国地方政府治理能力、发展公共基础设施都起了巨大的作用。

在轻资产运营模式下,房地产开发产业链中不同环节都将有各个专业化的公司具体负责,不再由某一个房地产企业全盘经营,这样房地产企业更多的是扮演一个组织管理者的角色,凭借自身的核心竞争优势,通过整合行业资源和资本杠杆提升公司价值。所以,房地产企业在开发环节中要强化输出自身的项目管理标准,保证项目的质量,确保在自己的品牌下的项目都有一个统一的管理标准和质量标准,牢牢掌握自身对全程运营管理的控制权,努力开发和设计出可复制的精细化管理模式,扩大品牌在市场上的占有率,进一步提升品牌价值。

## 第二节　城市建设类企业资产运营模式的法律风险

政策支持与优惠是城市建设类企业运营的商业地产的优越性的重要来源。目前，包括产业园区在内的开发项目缺乏高位阶的法律、行政法规支持，其建立依据与规范大都以行政规章、地方性法规和其他规范性文件的形式呈现出来，而这些规范具有时效性、不稳定性、效力位阶层级低等特点。在缺乏统一性高位阶文件规范的情况下，各地对于商业地产的态度与政策大相径庭，致使各地产尤其是产业园区开发模式大相径庭，再加上商业地产的开发与运营周期长的特点，在此期间政策变动可能性增强，甚至可能出现根本性否定原先政策的情况。即使原则上新政策不溯及既往，但亦存在运营者与相关企业权益受到波动影响的可能性。

基于这种情形，国企应当时刻同政府有关部门保持交流，在政策可能发生变化与调整时同入驻企业等各方及时交流，以期最大限度地保证商业地产运行的稳定性，维护品牌效应。

(一)轻资产模式面临的法律风险

"轻资产"用有限资产获取最大收益，是所有企业追求的最高境界。在房地产企业开发风险日益增大的当下，"变轻"不仅仅是一种选择，也是一种必然，但是，值得注意的是，这里的资产"变轻"，绝不是法律风险变小。相对于更多项目开发投入"重资产"的法律风险，"轻资产"的法律风险可能在形式和内容上有所不同。"轻资产"运作可能以下几方面的风险比较突出。

1. 房地产项目合作开发的法律风险

根据笔者的经验，合作开发前当从以下两方面注意：一是合作各方应确保合作行为的合法、有效、规范。为确保合作开发合法有效，应做好项目的市场调查，熟知相关的国家和地方政府政策，聘请专业人员编写缜密的可行性报告。由于合作开发的形式多种多样，有的是联合开发，有的是利润分红，有的则是实物分配，其中的风险不尽相同，作为房地产企业，应当根据具体的合作方式来甄别风险。二是严格约定违约条款，防止违约事件的发生，重视约定违约责任是合作开发项目必须注意的一个问题。一般来说，合作开发项目的周期较长，过程复杂，详细具体的违约责任能够起到督促当事人履行义务,从而能够保证项目顺利进行。比如,在房地产合作开发中,如果供地方没有按约定时间提供符合"七通一平"等条件的土地,而合同又缺乏相应的违约条款,不但会造成供地方没有压力,而且容易引发出资方对其履约能力和诚意的严重质疑,进而使矛盾激化、合作破裂。

基于此,订立并审核内容详尽清晰的合作开发合同,对于防范和控制房地产项目合作开发项目法律风险的意义非常重大。合作开发合同至少应包括以下内容:(1)项目概况:包括但不限于合作双方的基本情况、土地现状及基本资料、合作项目报批手续及资料等。(2)合作方式:合同应书面明确约定双方采取合同型合作开发模式还是法人型合作开发模式等,如采取合同型合作开发模式,建议合作双方成立项目开发部并独立负责合作开发具体事宜,同时应明确双方的组成人员等;如采取法人型合作开发模式,则应明确项目公司的设立时间、注册资本、出资方式、双方可以委派的董监高及议事规则等。(3)合作双方的权利义务分配:包括项目总投资数额及投入方式、土地使用权证的过户或变更登记、工程建设项目相关许可证书的办理、资金到位进度安排及监管、其他双方认为有必要的事项。(4)利益分配方式:包括但不限于合作双方的利益分配方法、分配时间、分配方式、分配比例等。(5)合作期限。(6)违约责任:针对合作双方不同的违约情形约定具体的承担金额或承担比例。

2. 多渠道融资的法律风险

不可否认,对于多数房地产企业来说,难以像万科、绿地这样的企业那样以品牌输出模式进行净资产运作,更多的可能是在项目融资的多元化上面下功夫,在融资的广度和深度上做文章。就房地产公司融资的渠道来说,有人总结说可能不少于 20 种,比如,公司上市、发行债券、海外融资、银行贷款、信托、私募基金、并购、民间借贷等。对于实力雄厚、信誉良好的大型房地产开发企业来说,几乎所有的融资方式都可以选择,其中有几种融资方式(譬如上市融资、发债融资、海外资金等)几乎成为它们的专利。而对于中小企业来说,应积极采用开发商卖方信贷、联合开发、夹层融资、信托融资、工程承包融资、获得外单位投资等未被大型企业所垄断的方式进行融资。对于大部分房地产企业来说,融资成本都非常高,信托、私募融资成本更高。融资成本高对开发企业来说就意味着更大的风险。轻资产操盘模式下,多渠道融资是必然,房地产企业能否把握住每种融资模式的法律风险,减少项目开发的风险,实际上并非易事。以房地产私募基金为例,提供基金方的公司要求的投资回报一般会达15%以上,在整个融资担保上,它会要求房地产项目公司的母公司提供担保,股东提供保护,还要进行股权质押,甚至进行股权融资。

对于房地产公司来说,一旦无法归还借款,除了任人宰割外几乎没有任何选择,房地产企业应当深谙各种融资的法律风险,结合企业的实际情况,尽最大可能减少项目融资的风险。我们建议:(1)慎重选择融资对象,有能力的情况下应尽量优先选择银行等正规金融机构融资贷款,以保障资金来源合法合规。(2)严谨确定融资数额,在适当比例内确保计划融资规模与实际资金缺口相匹配。经营过程中需要资金周转的资金数额通常可依据前期规划材料等估算,确定科学的融资结构和负债比例。(3)按照规定程序办理相关手续,一方面,注意严格履行企业内部程序,依照合规合法程序召开股东(大)会、董事会、监事会等,并签署同意各渠道融资议题所涉文件以及授权委托书等;另一方面,与融资方沟通、协商、谈判、签订合同等全流程中,最好要有律师等专业人员参与协助。(4)严格按照融资用途利用款项,合理安排资金用途,标准至少应为确保用于企业正常的生产经营,且能够对资金的真实去向作出合理说明及提供佐证材料。

## (二)轻资产项下产业园区模式面临的法律风险

### 1.项目地块用地性质涉及法律风险

通常情况下产业园区地块的用地性质为"工业用地""仓储用地"。根据《土地利用现状分类》(GB/T 21010—2017)第6项的规定,"0601 工业用地"指工业生产及直接为工业生产服务的附属设施用地、"0604 仓储用地"指用于物资储备、中转的场所用地。但在产业园的招商中,入园企业的实际需求往往还包括企业总部办公、商业经营甚至是职工宿舍等,致使园区将原本规划用途为"工业用地""仓储用地"的土地实际建设为办公、商业、居住用途,造成了土地实际用途与规划用途不符的情况。

尽管结合实践经验,政府部门出于鼓励产业园区项目发展的目的,对产业园内部违反规划用途使用的情况,以较松的监管态度进行处理,一般在不发生重大社会事件或产业园投资者存在重大违法、违规及违反合同约定的情形下,不会对产业园项目中轻微变更使用用途的情形进行处罚。但依据《土地管理法》第25

条第 1 款的规定,"经批准的土地利用总体规划的修改,须经原批准机关批准;未经批准,不得改变土地利用总体规划确定的土地用途"。产业园区存在再次申请原批准机关批准的法律风险。

为规避国土空间规划带来的法律风险,我们建议考虑采取以下风险防范措施:(1)将国土空间规划中的刚性管控要求,作为项目投资开发的基本依据,并严格予以执行,以便在合法范围内实现自身利益的最大化。(2)严格按照法律规定完成项目用地控规的编制、修改以及审批。①以当地的国土空间总体规划为依据编制控制性详细规划,不突破生态空间、农业空间等刚性管控要求;②按照"双评估"机制,委托第三方专业机构对自行编制的控制性详细规划进行评估,具体包括资源环境承载能力、国土空间开发适宜性两方面;③严格按照法律规定进行后期修改,避免在不符合条件的前提下自行修改;④坚持先规划后建设原则,严格按照法律规定完成审批,避免在尚未完成审批的情形下开始投资建设。(3)以生态文明建设以及绿水青山就是金山银山等国土空间规划为前提理念,做好项目用地的环境保护工作。(4)严格按照法律规定完成项目用地的审批手续。

2.项目资产转让涉及法律风险

国企在投资建设商业地产后,出于回收资金抑或营利等目的,会将建设完成后项目资产出售或出租给第三方,而部分地区明确规定,产业园区的项目资产的整体或分割转让需经有关部门审批,且有关部门可以通过锁定不动产登记部门的房屋交易系统进行限制,在未提供有关部门批准的情况下,无法办理产权的转移登记手续。与此同时,有关部门甚至对买受人的资质进行了相应限缩,如《北京市住房和城乡建设委员会、北京市发展和改革委员会、北京市科学技术委员会等关于进一步完善已建成研发、工业项目转让管理有关问题的通知》(京建发〔2019〕216 号)规定:"建设单位整体转让已建成研发、工业项目的,买受人应是区政府审定的企业或专业园、公共服务平台、孵化器运营机构。"

因此,我们建议国企在进行分割转让前,应事先咨询有关部门是否存在对园区中资产进行转让或出租的限制以及对买受人资质是否有要求,在做到合法合规的前提下,再行转让。

3. 国有企业投资涉及法律风险

国企同园区内企业合作的良好方式之一即为合资新设。因考虑到股权投资与收购的局限性与争议性，本节暂且按下不表，仅就合资新设此种投资方式进行分析。

4. 合资公司主营业务合规风险

国有企业通过合资新设进行投资，在投资论证阶段面临的首要问题是确定投资方向，这实际上是与合资公司的主营业务方向或计划紧密相关。不同于民营主体在投资方向的灵活性，各地出台的国有企业投资监管规定一般会明确国有企业投资应聚焦主业。四川成都、浙江等多个地方还明确规定了国有企业非主业投资项目规模比例，并纳入监管。如《成都市市属国有企业投融资及借款和担保监督管理办法》第11条规定：非主业投资规模不得超过企业年度投资计划中非政府项目投资规模（按合并报表口径）的10%。此外，北京、四川、广东、浙江等地的国有企业投资监管规定还要求国有企业不得投资当地国资监管部门出台的投资负面清单内的项目。因此，我们建议国有企业通过合资新设投资，在投资论证阶段确定合资公司的主营业务方向或计划时，需考虑是否与主业方向一致或与主业是否具有协同效应，是否在国资监管部门制定的投资负面清单范围以内等问题。否则，国有企业面临合资新设方案无法通过国资审批的风险。

5. 国有企业作为股东的主体适格和拟派人员适格风险

在顺利合法合规确定合资方向后，还需考虑国企是否是适格的主体以及拟派人员是否适格的问题，我们建议：

首先，根据当前各地国资委的普遍要求，除非经国资监管部门特别批准或存在特殊例外规定，三级国有企业原则上不得再行设立子公司或进行股权投资，进而导致管理层级再次扩大。因此，如拟投资国企层级不符合前述要求，会面临合资新设方案无法通过的问题。

其次，若合资公司主营业务属于金融等特殊行业，相应的行业监管法规可能对合资公司的股东设定了相应的资质条件。在此种情况下，国有企业在确定拟投资主体时需要进行事前自查确认。否则，存在合资新设方案被否的可能性。

最后，国企有向合资公司委派董事、监事或高管人员的义务。如合资公司涉及金融、医药等严监管、高要求行业，行业监管法规对董事、监事、高级管理人员附加了资格条件，若国企未能在投资前确定适格的拟派人员，无法及时派驻人员到岗，可能产生影响国企行权等严重后果。

（三）资产证券化相关风险

就产业园区资产而言，可能存在转让受限的资产范围包括土地使用权、建筑物所有权、公司股权、经营权等。各个地区对于所管理的产业园区资产的转让限制规定不尽相同，以下以北京、上海、苏州、深圳为例，结合相关规定对相关产业园区资产转让限制的规定进行归纳总结。

首先是针对产业项目的限制性规定，即限制的对象是有特定用途的资产（通常为工业项目或研发项目）。其中，根据资产性质的不同又可以分为两类，即直接转让土地及其上建筑物或通过转让持有土地及其上建筑物的公司股权间接达成转让目的。对于该类限制，各地的规定不尽相同：北京产业园区内的研发、工业项目（包括土地、房屋与股权）转让需经过园区管委会的审批，如转让方为园区开发企业还需经过北京市人民政府的审批；上海的工业用地、房屋及其对应股权转让需经出让土地使用权的行政主管部门同意；深圳的协议出让的高新技术项目用地转让需由深圳市规划和自然资源部门批准。

其次是针对受让方的限制性规定，即限制的对象是受让资产的主体。对受让方进行限制的方式分为两类：一类为政府部门享有对土地的优先购买权，另一类为政府主管部门对受让方进行审核，两类方式根据具体项目可能存在重叠。前一类情形包括北京中关村国家自主创新示范区内土地所在地的区政府对园区内土地使用权转让享有优先购买权，苏州工业园区土地储备中心对园区内土地使用权转让享有优先购买权以及深圳市政府及其指定部门对整体转让的工业楼宇及配套用房享有优先购买权；后一类情形包括北京开发区、产业园区内的产业项目、苏州工业项目用地以及深圳一级工业用地管理线内土地。若前述双重限制均适用，则需对应政府部门放弃优先购买权且受让方经过主管部门审核方可转让产业园区资产。

（四）房屋租赁涉及法律风险

1. 房屋租赁公开招租与评估风险

2016年出台的《企业国有资产交易监督管理办法》（以下简称32号令）对国有企业股权转让、增资和资产转让进行了统一规范，但国家层面对国有资产租赁并未出台统一的规范性文件。鉴于国有资产租赁也属于广义的国有资产交易范畴，存在较大国有资产流失风险，许多地方在出台落实、细化32号令要求的国资监管规定时也将国有企业资产租赁一并纳入监管范围。其中,在交易方式上,除明确规定的特殊情形外,国有资产租赁需通过公开方式进行,其中达到一定金额或面积条件的必须进入产权交易机构招租。

但是,由于招商是商业地产发展的重要决定因素,因此若局限于前述规定,则会极大程度上影响招商效率与吸引力,故部分地方出台的国有资产租赁监管规定将园区房屋租赁作为适用的例外,授权国有企业自行制定租赁规则。比如,《广东省省属企业资产租赁管理暂行办法(试行)》第28条规定:"属于企业主业投资经营的专业市场、商业综合体、产业园区等资产租赁事项,按照有关政策、市场规律、行业发展特点及企业投资管理规定执行,由省属企业自行制定实施细则。"此外,《成都市属国有企业资产招商管理办法》《天津市国资委印发关于进一步规范市属国有企业房产土地出租工作的若干规定(试行)的通知》也有类似规定。

就租金评估问题,根据《企业国有资产评估管理暂行办法》中规定,将整体资产或者部分资产租赁给非国有单位,应当对相关资产进行评估。此外,地方出台的国有资产租赁监管规定一般也会规定房屋租赁需评估,但存在特殊情况的,可采用估价、询价等其他变通方式。

因此,我们建议:无论房屋租赁是否适用地方国有资产租赁管理规定,原则上都应进行评估。此外,与资产转让不同,为提高效率,国有企业运营的房屋租赁无须每次都进行单独评估,可以就同等条件的房屋资产进行整体评估,且评估结果在一定期限内有效可反复使用。

2.竣工验收前提前招租风险

提前招商为商业地产聚集提供了较大便利,但同样蕴藏法律风险。园区为提高商业地产入驻率,往往会提前招租并同入驻企业签订房屋租赁合同。根据《最高人民法院关于审理城镇房屋租赁合同纠纷案件具体应用法律若干问题的解释》第2条规定:"出租人就未取得建设工程规划许可证或者未按照建设工程规划许可证的规定建设的房屋,与承租人订立的租赁合同无效。但在一审法庭辩论终结前取得建设工程规划许可证或者经主管部门批准建设的,人民法院应当认定有效。"

因此,我们建议:在取得建设工程规划许可证之前,国有企业与入驻企业提前签署的租赁协议存在被认定无效的风险,基于以上考虑,双方可先签署租赁意向协议,待取得建设工程规划许可证后再签正式租赁协议。

3. 格式租赁合同风险

国企运营的商业地产房屋租赁合同一般采用格式合同,而根据《民法典》第 496 条、第 497 条规定,提供格式条款方负有注意说明义务,且若提供格式条款方"不合理"免除或减轻其责任、加重对方责任、限制对方主要权利、排除对方主要权利的,格式条款无效。

因此,我们建议:在拟制起草租赁合同时,应当避免在权责划分、违约责任方面过分严苛,不但可能会致使格式条款的失效,亦会增加同入驻企业间的谈判协商成本,甚至产生诉讼纠纷。

4. 租赁合同约定解除权行使风险

根据《民法典》第 562 条的规定,约定解除权的设立与行使均基于当事人的自由意思表示,原则上若条件成就,则守约方可无限制行使约定解除权。但第九次《全国法院民商事审判工作会议纪要》第 47 条又对约定解除权的行使作出了一定限制,法院仍会基于"违约程度"与"合同目的"为标准作出自由裁量。而就城市建设类企业投资项目地产尤其是产业园区而言,园区内或商业地产内房屋租赁并不是单纯的商业资产出租行为,除支付合同约定租金外,往往出于商业地产设立目标和追求品牌效应,还会对入驻企业的业态、营业收入、税收、财务、接受考核等方面作出多方面要求,除去逾期支付违约金外、上述事项的违反往往也能成就约定解除权的条件。但此种要求法院亦可能不予支持。

因此,我们建议:在合同约定时,宜将入驻企业的业态分布、营业收入、税收、财务、接受考核等方面约定为合同的核心目的,如此法院在考量时大概率会支持约定解除权的行使。

与此同时,运营方亦须将商业目的纳入考量范畴,即使入驻企业确有违约行为,不宜轻易行使单方解除权,而宜辅以违约金等其余制约手段。即使最终付诸行使,也尽量保证在催告并给予入驻企业合理期限后再行使。

## 第三节　定建租赁模式概述及法律性质

**一、定金租赁的概念**

定建租赁是指产业用地或工业用地的土地使用权人(以下简称建设单位)，根据未来房屋租赁方(以下简称定建方)提出的设计要求和建造标准，在地块上建造厂房、仓储设施等物业，待建造完成后出租给定建方的交易模式。定建方与建设单位之间成立的并非单一的买卖/租赁合同法律关系，而是融合了委托定建、租赁、回购的一种非典型性、复合性法律关系。

定建租赁根据定建方对房屋定建要求深度的不同大致可分为下列方式：定建方提出全部设计图纸，建设单位组织落实全部工程的施工；定建方提出全部具体设计要求，建设单位组织落实全部图纸设计和全部工程施工；定建方就部分工程(通常为土建和安装工程)提出具体设计要求，建设单位组织落实相应的图纸设计和工程施工。定建方自行组织其他部分工程的设计和穿插在定建施工过程中的相应的交叉施工(通常为装修和部分特殊设备设施的安装工程)。

**二、定建租赁的法律性质**

(一)定建合同并非建设工程合同

定建租赁合同是建设单位和定建方就双方在交易中双方权利和义务进行详细约定的合同，通常包括定向建造条款及租赁条款，部分定建租赁合同包括定建方对租赁厂房的购买选择权条款。定建部分通常包括建造内容、建造标准、验收交付标准、施工报建手续的办理、设计文件审核确认、施工管理、建造费用确认方法等内容。租赁部分主要包括租期、起始日、租金、用途、维修和保养、公用事业费支付、续约选择权、优先购买权等内容。

虽然定建租赁合同在很多条款上可以参照建设工程合同的约定，但根据《民法典》第788条规定："建设工程合同是承包人进行工程建设，发包人支付价款的合同。建设工程合同包括工程勘察、设计、施工合同。"其与建设合同在法律上有着本质的区别。

在定建合同中,定建方与建设单位并不是发包人与承包人的关系。一般而言,只有房屋和土地使用权的所有权人,在有关建设许可和立项证照中,才具有法律法规规定的发包人的主体资格;同时,建设单位因为不具备施工单位的承包资质,而无法成为承包人。因此,定建租赁合同虽然可以部分参考建设合同的条款,但在性质上并非建设工程合同。

(二)定建合同并非承揽合同

根据《民法典》第770条规定:"承揽合同是承揽人按照定作人的要求完成工作,交付工作成果,定作人支付报酬的合同。承揽包括加工、定作、修理、复制、测试、检验等工作。"定建租赁合同与承揽合同的根本不同在于,定建租赁合同中的定建工程的所有权在定建过程中和定建完成后(或者定建完成后的一段时间内)归建设单位所有,而承揽合同的工作成果的所有权在定作过程中和定作完成后一般应归属于定作人。因此,《民法典》范畴内承揽合同中涉及定作物所有权属以及基于定作物所有权属于定作人的相关规定不应适用于定建租赁合同。

此外,在承揽合同中,承揽人交付工作成果后,定作人应当给付报酬。但定建租赁合同中,定建方并不直接给付报酬,而是由建设单位与定建方签订租赁合同,将房屋租赁给定建方,并在一定期限内收取租金。而定建方支付的租金只是或者主要是承租和使用租赁房屋的对价。

(三)定建合同是否为商品房买卖合同存在争议

定建合同的法律性质需结合协议约定的具体内容、双方的权利义务关系来判断。鉴于根据《最高人民法院关于审理商品房买卖合同纠纷案件适用法律若干问题的解释》,商品房买卖合同是指房地产开发企业将尚未建成或者已竣工的房屋向社会销售并转移房屋所有权于买受人、买受人支付价款的合同,且"商品房"也未将研发用地上的高新产业服务(研发办公)用房排除在外,因此涉及销售内容的定建合同,存在被认定为商品房预售合同的可能。

进一步来讲,由于研发用地上房屋目前无法取得预售许可证,根据《最高人民法院关于审理商品房买卖合同纠纷案件适用法律若干问题的解释》第2条,"出卖人未取得商品房预售许可证明,与买受人订立的商品房预售合同,应当认定无效",在此情形下,定建合同存在效力上的风险。

**案例** 南京金江春物流有限公司与王祥房屋买卖合同纠纷二审民事判决书，（2020）苏＊＊民终11633号

【法院裁判】金江春物流公司就案涉土地签订的国有建设用地使用权出让合同中，明确约定出让土地用途为科技研发用地。根据该土地用途性质及江浦街道园区管委会出具的相关文件，该土地上开发的房屋不得转让、销售给个人。而金江春物流公司为规避相关规定，与王祥签订了案涉《金江春创意科技园定制联建投资协议》，虽以"定制联建投资"为名义，但实际系对双方形成的房屋买卖合同关系进行隐藏……据此，关于双方之间房屋买卖合同关系的效力问题，应根据商品房买卖等相关法律规定进行审查。《最高人民法院关于审理商品房买卖合同纠纷案件适用法律若干问题的解释》第2条规定，出卖人未取得商品房预售许可证明，与买受人订立的商品房预售合同，应当认定无效，但是在起诉前取得商品房预售许可证明的，可以认定有效。根据案涉土地用途性质，金江春物流公司不能取得商品房预售许可证明，金江春物流公司将案涉房屋销售给王祥个人，依法应当认定为无效。合同无效后，因该合同取得的财产，应当予以返还；不能返还或者没有必要返还的，应当折价补偿。

**案例** 北京长安光大机电设备有限公司等与北京京鑫置业有限公司商品房预售合同纠纷一审民事判决书，（2021）京＊＊＊＊民初30737号

【法院裁判】《预定制开发协议》包含了双方名称、房屋坐落、购买单价、交付条件、面积误差及处理方式、违约责任和争议解决方式等，具备了《商品房销售管理办法》第16条规定的商品房买卖合同的主要内容，因出卖人未取得商品房预售许可证明，《预定制开发协议》应当认定无效。

# 第四节 定建租赁模式的法律风险防控

## 一、定建租赁合同的效力问题

《最高人民法院关于审理城镇房屋租赁合同纠纷案件具体应用法律若干问题的解释》第2条："出租人就未取得建设工程规划许可证或者未按照建设工程规划许可证的规定建设的房屋，与承租人订立的租赁合同无效。但在一审法庭

辩论终结前取得建设工程规划许可证或者经主管部门批准建设的,人民法院应当认定有效。"而建设单位在与定建方签订工业厂房定建合同时仅取得了土地使用权和项目立项,并未开始开工建设,也未取得建设工程规划许可证。在此情况下,如双方发生争议,法院可能认为定建租赁合同违反国家法律和行政法规的强制性规定,属于无效合同。

为避免合同效力存在问题,建议将定建合同与租赁合同分开签署,即先签订定建合同,待房屋定建完成或取得建设工程规划许可证后,再签署租赁合同。

同时,为了避免未来租赁条件有所变动,建议在签署定建合同的同时,确认租赁合同的关键条款并作为定建合同的附件,同时在定建合同中约定租赁合同的签订时间、签订条件、任何一方擅自变更该附件中的买卖合同的条款、不签订买卖合同等均视为违约等。如此能够将定建与买卖关系共同锁定,又可防范合同无效。

## 二、设计标准的确定与变更

### (一)实际施工图纸的确认

建议在定建合同中约定一个双方在开工前对于施工图进行确认的程序,提前规避:业主与定建方经常就施工图是否符合定建方提出的设计标准产生争议,并引发设计返工、迟延交付等违约责任。

### (二)基于设计标准而产生的业主额外建设成本补偿以及工期调整

建议在定建合同中设定双方在确认施工图后共同确定增加建设成本金额以及工期的程序,并约定在确定增加建设成本金额及工期之前暂缓开工。

定建方提出的设计标准必然导致厂房建设成本的变化(通常都是增加建设成本)以及建设工期的变化。为此,双方一般会在定建合同中约定由定建方对于导致业主增加的建设成本进行补偿并确定工期。但如若仅以设计标准而非以施工图进行测算,难以确定相对准确地增加建设成本金额以及工期。在此情况下,双方也难以就此达成一致。

### (三)设计标准可能面临的政府审批风险

建议在定建合同中对此等政府审批风险进行约定,并根据协商情况设定不同的处理原则:如当规划审批结果与定建方的设计要求存有冲突时,是直接执行规划审批结果还是双方解除定建合同;如直接适用规划审批结果,由此产生的建设成本的调整由何方承担等。

在定建模式下,由于房屋的设计系按照定建方的要求执行,一般都包含了定建方的特殊需求,而非标准厂房的一些已广泛接受的建造标准,因此可能带来规划审批上的难度与风险。

(四)设计变更引发的上述三项内容的连锁调整

在实践中,定建方往往在施工过程中提出设计变更的要求,由于定建厂房的增加建设成本金额以及工期都是基于原定设计要求和施工图确定的,进行设计变更会影响工程的造价和工期,从而引起双方的争议。为此,有必要在定建合同中约定业主是否有义务接受定建方在施工过程中提出的设计变更要求,如若约定为有义务接受设计变更,还需要进一步约定调整及确认施工图、报管理部门审批、调整建设成本、调整工期的相关程序。

此外,尽管定建合同可对于上述事项作出具体约定,但一旦发生上述事项,还需双方在履约过程中按照合同约定予以协商(如确定金额、工期等),为避免久拖不决影响合同的正常履行,建议在定建合同中对于一定期限内未能协商一致的情况约定一个处置原则。

(五)对设计变更进行限制

建议在定建合同中约定如:"双方同意,乙方(即定建方)及其设计师均不再提出对施工图纸的设计变更要求,除非:(1)如果不进行某项变更,将不能达到双方已经确认的乙方使用房屋的基本功能;(2)如果不进行某项变更,将不能满足通常的施工技术要求或房屋验收的标准;或者(3)某项变更已经双方协商一致并形成书面文件。"

### 三、交叉施工的风险控制

交叉施工容易导致建设单位和定建方的施工管理、工期、质量等方面的责任难以区分。应尽量避免交叉施工的情况,如若定建方因赶工期等原因必须提前进场,则应由双方严格且合理划分各自的工作界面(兼顾竣工验收等必备环节),并在定建方进场前应共同对于业主已完工程的状态予以确认,对于双方的施工配合事宜(如脚手架的拆除、垂直运输设备的提供等)作出具体约定,以避免出现日后无法认定责任方的情况。

### 四、设备调试与试生产的税收风险控制

建议定建合同中,对于定建方仅可进行安装调试不可进行试生产作出明确约定。安装调试是安装工程的一部分,属于厂房施工行为,而试生产则是生产行为,属于厂房使用行为。定建方若以安装调试为名进行试生产,很有可能导致税务部门在税务检查时认为,定建方试生产和缴纳税收的行为即表明该厂房已投入使用,按照规定厂房应从投入使用的次月起缴纳房产税。

### 五、关于定建房屋验收标准的特殊性

建议注意在施工合同中约定的验收标准要与定建合同中的验收标准相互一致,否则容易出现,根据国家标准和施工合同定建房屋通过验收,但根据定建合同的约定,房屋无法通过定建方的验收的情形。

### 六、定建方对定建工程施工过程的监控、查验的权利及其限制

建议在定建合同中约定清楚定建方(包括其授权的工程咨询公司)监督的权利和介入的范围、定建方监督结果与建设单位委托的工程监理单位的监理结果不一致时的处理程序和处理原则。

通常情况下定建方都会对定建房屋的施工过程进行监控,有时一些国外的定建方还会聘请专业的工程咨询公司对施工的整个过程进行监控。这种监控对保证建设单位按照定建合同的约定来履行定建义务往往非常重要。

### 七、定建工程风险的承担约定

对于如原材料价格上涨、因为法律法规的变化而导致定建成本上涨、地下障碍物,还有汇率风险等难于预测的风险,特别是如果某种风险受制于定建方的具体定建要求及其变更时,定建方和建设单位应当在定建合同中约定清楚。

### 八、定建后的转让、出租风险

根据《关于加强上海市产业用地出让管理的若干规定》第16条,对于不同类型产业用地上的房屋/物业的转让、出租有不同的规定。其中规定,对于产业项目类工业用地和产业项目类研发用地,宗地上的物业应整体持有;标准厂房类工

业用地宗地上的房屋不得分幢、分层、分套转让，可出租；通用类研发用地宗地上的房屋可出租，建设用地使用权人须持有70%以上的物业产权，剩余部分可转让。园区平台、领军企业的通用类研发用地上，除生活配套设施以外的物业可转让不超过50%。园区平台采用直接转让的比例不得超过可转让物业的60%，领军企业采用直接转让的比例不得超过可转让物业的40%。园区平台转让的物业，自转移登记之日起5年内不得再次转让，5年后确需转让的可由园区平台或区政府指定机构按约定价格优先回购，放弃优先回购的可以转让给符合产业准入要求的企业或研发机构。领军企业转让的物业只能由领军企业或区政府指定机构按约定价格回购。

对于禁止转让的部分：可能导致工业厂房定制合同无效，且存在厂房交付后无法办理过户登记的风险。

因此，须了解清楚关于转让和过户的政策规定，审核土地建设和使用监管协议、工业厂房定制合同中关于交易过户的限制，防止转让超限额。对于可转让物业，应在出让合同中明确转让方式、产业准入要求和退出机制（与土地出让合同对应，形成一环扣一环的要求），并且根据规范性文件约定再转让条款。

同时，在招商运营过程中，对于相应的租售条件及可能遇到的政策障碍等，建议向入驻企业履行告知义务，不宜在政策尚不明朗的情形下，向入驻企业作出保证性承诺。并且在定制合同中明确约定，对于政策原因导致合同无法继续履行的，双方互不承担责任。